云南省哲学社会科学创新团队成果文库

山地旅游
非功用性体验价值研究

A Study of Non-utilitarian
Experience Value of Mountain Tourism

明庆忠　史鹏飞　著

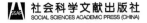社会科学文献出版社
SOCIAL SCIENCES ACADEMIC PRESS (CHINA)

国家自然科学基金项目
"山地旅游目的地人地关系地域系统变化及其机制研究"（41961021）

《云南省哲学社会科学创新团队成果文库》
编辑说明

《云南省哲学社会科学创新团队成果文库》是云南省哲学社会科学创新团队建设中的一个重要项目。编辑出版《云南省哲学社会科学创新团队成果文库》是落实中央、省委关于加强中国特色新型智库建设意见，充分发挥哲学社会科学优秀成果的示范引领作用，为推进哲学社会科学学科体系、学术观点和科研方法创新，为繁荣发展哲学社会科学服务。

云南省哲学社会科学创新团队 2011 年开始立项建设，在整合研究力量和出人才、出成果方面成效显著，产生了一批有学术分量的基础理论研究和应用研究成果，2016 年云南省社会科学界联合会决定组织编辑出版《云南省哲学社会科学创新团队成果文库》。

《云南省哲学社会科学创新团队成果文库》从 2016 年开始编辑出版，拟用 5 年时间集中推出 100 本云南省哲学社会科学创新团队研究成果。云南省社科联高度重视此项工作，专门成立了评审委员会，遵循科学、公平、公正、公开的原则，对申报的项目进行了资格审查、初评、终评的遴选工作，按照"坚持正确导向，充分体现马克思主义的立场、观点、方法；具有原创性、开拓性、前沿性，对推动经济社会发展和学科建设意义重大；符合学术规范，学风严谨、文风朴实"的标准，遴选出一批创新团队的优秀成果，根据"统一标识、统一封面、统一版式、统一标准"的总体要求，组织出版，以达到整理、总结、展示、交流，推动学术研究，促进云南社会科学学术建设与繁荣发展的目的。

编委会

2017 年 6 月

前　言

从"仁者乐山，智者乐水"的"比德"说到"绿水青山就是金山银山"的"两山"理念，"山"早已超越地理环境的范畴，在推动物质文明与精神文明相协调、生态保护与经济发展相统一的过程中蕴含着独特的象征意义。近年来，山地旅游以迅猛之势席卷全球，这也必将对山地资源丰厚的中国，尤其是"九分山和原，一分坝和田"的山地大省——云南，在大众旅游深化发展、全域旅游战略示范、品质旅游创意设计的旅游发展新阶段产生巨大的带动效应，山地旅游发展亦受到了足够的实践及学术观照。然而，除少量资源丰富的山地外，山地旅游的发展往往陷入重效益、轻内涵和有理念、缺衔接的窘境，其中原因纷繁，却难以回避供需脱节的现实问题。倘若旅游者只是为了享受精致的服务、千篇一律的产品，那何以选择山地？于旅游者而言，山地的比较优势究竟为何？山地旅游的内在价值何以彰显？本书的讨论将以上述问题为切入点，希冀为山地旅游研究及实践提供些许参考。

本书将山地情感性、精神性、象征性特质与旅游者个性化、情感化、多元化消费需求相统一，聚焦山地旅游体验，以情境理论、情感认知评价理论、顾客感知价值理论为支撑，在溯源山地非功用性内涵的基础上，创新性地提出"山地旅游非功用性体验价值"这一研究主题，试图从新的视角探究山地旅游比较优势、山地旅游价值彰显等现实问题。在对山地旅游非功用性体验价值的剖析中，本书搭建了"逻辑框架梳理—价值内涵解构—体验价值测度—优化路径探析"的分析框架，重点回答了3个研究问题："什么是山地旅游非功用性体验价值？其中包含哪些潜在的具体维度？""如何测度山地旅游非功用性体验价值？不同案例地的非功用性体验价值维度是如何表现的？""山地旅游非功用性体验价值各维度间存在怎样的关系，如何基于这种关系提升山地旅游非功用性体验价值水平以促进山地旅游可持续发展？"

针对研究问题 1 这一探索性问题，本书以大数据爬取技术获取马蜂窝、知乎网的山地旅游网络游记，将其作为原始资料，运用扎根理论方法，通过逐级编码，抽象出 55 个初始范畴、13 个主范畴，逐步"浮现"出"山地旅游非功用性体验价值"的核心范畴，辨识了山地旅游非功用性体验价值的具体维度，并对其内在机理及实质进行了阐释；针对研究问题 2 这一描述性问题，本书以扎根理论分析成果为依托，以国内外相关研究成果为参考，遵循一系列量表开发程序，开发出山地旅游非功用性体验价值测度量表，并以云南省典型山地旅游目的地玉龙雪山景区、苍山景区为案例地，通过问卷调查获取相关数据，经过探索性因子分析、信度分析、验证性因子分析、Mann-Whitney U test（曼-惠特尼 U 检验）的连续过程检验，修正了测度量表，对比分析了玉龙雪山景区和苍山景区的测度水平；针对研究问题 3 这一涉及因果性的问题，本书摒弃了传统的线性和对称思维，引入 csQCA（清晰集定性比较分析）方法，对所构建的山地旅游非功用性体验价值"投入—收益"复杂因果模型进行了检验，分析了影响山地旅游非功用性体验价值收益的多个条件组态，在此基础上，提出了山地旅游非功用性体验价值收益优化提升路径及策略建议。

对上述 3 个研究问题进行探析后，得出如下主要结论。

（1）山地旅游非功用性体验价值的核心范畴是"人—山对话下的成己之路"，包括山地旅游非功用性体验价值投入和山地旅游非功用性体验价值收益两个向度共计 13 个维度。其中，"人"的身体是山地旅游非功用性体验价值生成的中介，"山"的情境是山地旅游非功用性体验价值彰显的载体，"成己"是山地旅游非功用性体验价值的终极指向。山地旅游非功用性体验在中国的实践彰显了个人主义价值，其体验价值的意义中心是自我意识的回归和成就自我的终极指向。

（2）山地旅游非功用性体验价值测度量表包含山地旅游非功用性体验价值投入（包括 21 个测量项）和山地旅游非功用性体验价值收益（包括 32 个测量项）两个部分，所编制的测量项简约地表征了所测维度，具有较高的信效度；经测度，山地旅游非功用性体验价值在不同山地旅游目的地表现出显著差异，可作为山地旅游目的地特色化定位、差异化发展的重要依托。除情感价值外，玉龙雪山景区在山地旅游非功用性体验价值方面的整体水平高于苍山景区，两地在多个山地旅游非功用性体验价值维度和具体属性方面存在统计上的显著差异。

（3）山地旅游非功用性体验价值投入和山地旅游非功用性体验价值收益之间存在复杂的因果关系，证实了所构建的山地旅游非功用性体验价值"投入—收益"因果模型是合理的；可以山地旅游非功用性体验价值投入为突破口，从定位重构、业态创新、产品设计、意境生成、文化表征、情感联结等几个方面，有效提升山地旅游非功用性体验价值收益水平。

本书着眼于"山地旅游非功用性体验价值"这一研究主题所进行的探究，是对旅游者与山地"人—山"关系新的诠释。在对 3 个具体研究问题做出回答后，本书认为：山地旅游非功用性体验价值是山地旅游发展的内核，是山地旅游的比较优势所在，也是山地旅游内在价值彰显的重要途径，对深化山地旅游研究并指导山地旅游发展具有重要意义。

本书是"文旅融合与全域旅游发展"云南省哲学社会科学创新团队所承担的国家自然科学基金项目"山地旅游目的地人地关系地域系统变化及其机制研究"（批准号：41961021）的成果之一，同时受到云南财经大学研究生创新基金项目"山地旅游非功用性价值认同测度研究"（批准号：2020YUFEYC034）的支持。全书由明庆忠和史鹏飞共同构思完成，明庆忠教授对全书的主要思想、总体架构等进行了系统设计，史鹏飞博士在框架细化和文本撰写过程中承担了重要任务。此外，韩剑磊博士、刘安乐博士、韩璐博士对本书部分章节的撰写提出了宝贵意见，刘宏芳博士、柴焰博士、邹建琴博士、郑伯铭博士为本书的数据收集与分析提供了帮助，云南财经大学旅游与文化管理研究生教育中心桂荣芳、杜苏莉、唐雪凝、闫昕、周志利、李梦雪等为本书的统稿校对做了大量工作，骆登山、陈梅、李燚、王爱霞、孙蓉蓉等为本书的资料整理提供了重要帮助。在此向诸位致以深切的谢意！

希冀本书出版能为山地旅游非功用性及旅游体验研究的进一步深化提供切实帮助，为山地旅游可持续发展提供些许参考，吸引学界和业界更多专家学者关注山地旅游非功用性体验的理论探索和实践创新；殷切期盼山地旅游非功用性体验价值的提出，能够唤起对山地旅游的批判性反思，启发更多新视角与新理念赋能山地旅游良性发展，助力"两山"理念的实践及物质文明与精神文明相协调。

目 录

绪　论

近年来，随着各类山地旅游目的地的规划开发，我国山地旅游得以快速发展，渐成一大新趋势，并成为业界和学界共同关注的热点。在大众旅游深入发展、全域旅游创新布局、品质旅游稳步推进的背景下，山地旅游的健康可持续发展将对未来旅游市场格局产生重大影响。在旅游需求个性化凸显，情感性、精神性消费倾向日趋显著的情况下，在学界对人类需求如何影响其行为和旅游体验的深入探索中，内在情感体验和精神特质的非功用性是极具研究价值的研究范畴之一。

山地不仅具有丰富的旅游资源，也承载着人类共同的精神价值和情感共鸣。正因为如此，对山地旅游的探索和人山关系的研究应当重视其中的非功用性内涵。山地旅游的非功用性体验价值也将逐渐成为目的地的核心吸引和差异化特质，渗透到产品设计、品牌营销、服务优化等各个方面，催生全新的山地旅游发展格局。

本部分将首先介绍本书的研究背景，引出山地旅游非功用性体验价值研究的逻辑起点；其次，系统梳理国内外相关研究动态，明确研究的问题、主要目的、理论意义及实践价值；最后，阐释本书的研究思路、研究内容、研究方法及研究重点、难点等。

一　研究背景

（一）旅游者需求和目的地选择的新特点

随着体验经济时代的到来，由"物质实用型"向"精神享受和自我发展型"转变成为重要的消费倾向。旅游者需求和目的地选择也逐渐向体验性、象征性、情感化等非功用性方向转变。具体而言：一是个性化和差异化凸显。追求时尚、展现个性、表达自我是当前旅游消费的重要特点，旅游者在目的地选择和产品购买过程中，偏向于通过旅游信息的收集、期望目的地的系统比较而做出消费决策。追求自我一致性、重视内涵的消费偏好承载着旅游者对目的地的深切期待。二是多元化和高层次发展。随着人们生活水平的提高，旅游消费逐渐向高层次转移，旅游者的体验过程不再是走马观花、行色匆匆，而是要求深度体验，既需要审美、享乐，也需要社交、学习，尤其呈现旅游者追求内在体验和自我完善与发展的倾向。三是情感化和精神性过渡。旅游者在选择目的地时，渴望在直觉顿悟、情感慰藉和精神感知中获得愉悦体验。尽管旅游供给市场日新月异，但能够彰显内在情感和精神体验的目的地往往在情感纽带的串联下呈现较为稳定的市场需求特征。综上，旅游者需求已不以身体完善和利害关系等功能属性为主导，追求体验性、象征性、情感化等非功用性特质正成为旅游市场的新特点。

（二）目的地开发及转型发展的新要求

从国家层面看，旅游已经成为幸福产业和民生工程，在展示国家形象、拉动经济增长、弘扬精神文化、反哺生态保护等各个方面具有重要意义。在大众旅游新时代、全域旅游新格局、品质旅游新战略的旅游发展态势下，持续发掘文化和旅游消费潜力，促进构建"双循环"新发展格局成为旅游目的地转型升级和高质量发展的重要目标；打造能够承载旅游者共同价值，创造具有自然原真生活品质的共享共感空间成为旅游目的地的重要导向；在"以文塑旅，以旅彰文"的文旅融合发展背景下，旅游目的地成为推动物质与精神文明协调发展的重要载体。从省域层面看，在"三个定位"、"三张牌"以及万亿级现代旅游文化产业构建、自贸区建设的驱动下，作为旅游大省的云南面临着重大发展机遇，正处于深入推进全域旅游、加快旅游产业转型升级、打造国际康养旅游示范区和健康生活目的地的关键期，在旅游文化创意、业态创新、品牌创设、IP 培育等方面提出了诸多新要求。然而，相当一部分目的地在产品开发和业态拓展方面欠缺面向旅游者的深度体验价值挖掘及体验性、象征性等非功用性要素的全面整合提升能力，其发展未能呈现市场预期效果和应有的社会带动效应。与此同时，云南这样一个"九分山和原，一分坝和田"的山地大省，山地资源丰富，开发价值明显。山地旅游在盘活云南省旅游发展、发挥旅游发展潜力方面的战略意义日益凸显。探寻新理念和新理论，破除山地旅游发展难题，引领山地旅游消费新需求，为云南省旅游转型升级提供经验借鉴，适逢其会，正当其时。

（三）山地旅游深度体验性特质挖掘的新机遇

山地因旅游资源丰富、层次分明及自然与人文资源相复合等特点一直备受游客青睐。据 2020 年国际山地旅游联盟发布的《世界山地旅游发展趋势报告（2020 版）》，2019 年全球山地旅游人次已达 12.2 亿，旅游收入达 1.36 万亿美元。山地旅游的市场增速已超过旅游业整体增速，山地旅游正成为新的消费热点而受到旅游者追捧，这凸显了山地旅游的巨大消费潜力。观古今中外，从刘禹锡"山不在高，有仙则名"到汪国真"没有比脚更长的路，没有比人更高的山"，从莎士比亚"山岩不及我们坚定"到罗曼·罗兰"具有了向上的力量，才能一眼望到山外的大地"，山地被赋予了丰富的人文内涵，寄托着浓厚的情感。以原真环境和高梯度效应[①]为依托，拥有深刻人格化意义的山地将成为吸引旅游者从生活世界跨越到旅游世界能动参与和深度体验的"召唤结构"。在山地环境与游客心理的相互浸染中，山地表现出极大的体验性、象征性、情感性等旅游非功用性体验价值比较优势。然而，由于传统观光旅游发展模式的束缚和山地旅游资源功用性价值方面表现出的屏蔽效应，山地非功用性体验价值在规划开发和理论研究上所获的关注度都有待提高。自古便承载着文人士大夫"山水比德"价值和真善美文化理想等象征意义和哲学精神的山地，正面临着山地旅游产品开发同质化、生态保护日趋严峻、旅游非功用性资源存量难以转化为产业竞争优势的发展窘境，而非功用性体验价值开发为山地旅游带来了新的发展机遇，将成为山地旅游提质增效、创新发展的必由之路，对云南成为旅游强省、实现全域协调发展等

---

① 山地高梯度效应是明庆忠等（2006）为深入探索随着山地地理要素变化出现的人地复合生态系统梯变现象，进行山地综合研究而正式提出的概念，意指伴随着山地海拔、相对高度以及坡度坡向变化而来的自然—人文综合效应，包括能量高梯度效应、气候—自然带谱的高梯度效应、山地地貌的高梯度效应、资源利用和人类活动的山地高梯度效应以及人居环境的高梯度效应等。

方面具有重要意义。如何通过对山地旅游非功用性体验价值的研究，实现山地旅游特色开发、持续发展，亦是本书研究的逻辑起点。

二　国内外研究动态

（一）　山地旅游相关研究

登高览胜或极限探险等山地活动自古有之。作为人类利用山地的重要方式之一，山地旅游被认为是推动山区发展的重要路径（程进等，2010）。山地旅游也是学界的研究热点。20 世纪 60 年代，国外学者就对山地旅游的相关问题展开了讨论（Bugyi，1963）。总体而言，国外山地旅游研究涉及目的地产品开发、生态保护、旅游者、社区居民、服务设施等多个方面。通过文献阅读梳理，本书将国外山地旅游相关研究成果归纳为环境研究、利益相关者研究和规划开发与可持续发展研究等三个主题。国内山地旅游研究较晚于国外，但在 20 世纪 80 年代已开始对山地旅游的探索（叶康先等，1982；张朝有等，1983），特别是郝革宗先生 1985 年发表的《我国山地的旅游资源》一文，被认为是国内较早关于山地旅游资源分类的重要成果之一。从早期侧重资源评价与开发研究到综合关注旅游地开发、环境问题、旅游市场、文化内涵等主题，国内学者关于山地旅游的研究内容不断细化和丰富。国内山地旅游研究将基于"人""山"两方面，归纳出山地旅游目的地、利益相关者两个主题进行梳理。

1. 国外山地旅游研究

（1）环境的研究

①山地旅游活动对环境的影响。山地资源优势与生态脆弱性并存的特点使山地旅游活动与环境间的关系一直受到学界重视。在山地旅游的早期研究中，国外学者常常将山地旅游置于生态旅游的研究范畴中。譬如，Nepal（2002）在研究山地生态旅游发展时，对山地旅游发展困境以及山地环境的脆弱性进行了探讨，并提出了山地生态旅游的发展建议。其对山地生态旅游的界定也被认为是较为经典的山地旅游概念之一（程进等，2010）。类似地，Cole 等（2002）同样关注到山地生态旅游。他们以分析

生态足迹的方式量化研究喜马拉雅山区游客中心马纳利（Manali）的可持续性，展现了自1980年初旅游业发展以来生态足迹的变化，直观刻画出山地旅游发展对环境的影响作用。近十年来，国外学者开展了诸多有关山地旅游对生态环境负面影响的研究，包括阿尔卑斯山（Rehnus et al.，2014）、安第斯山脉（Barros et al.，2015）等在内的山地旅游的环境问题为学者所揭示。可以预见，在相当长的一段时间内，山地旅游活动对环境的影响仍将是山地旅游研究的重要主题之一。然而这些研究并未否定山地旅游活动本身，主要观点是期望山地旅游发展能够建立核心生态保护区，在核心区外围进行开发，推进山地旅游可持续发展（Korňan et al.，2020）。

②气候与山地旅游。气候变暖对包括山地滑雪、山地冰川在内的山地旅游发展产生了重要影响。在这方面，国外学界给予了相当大的学术观照。例如气候变化对瑞士滑雪旅游的影响（Gonseth，2013）、对塞尔维亚山地旅游的影响（Djordjevic et al.，2016；Vukoicic et al.，2018；Basarin et al.，2018），以及对中国玉龙雪山冰川旅游的影响（Wang et al.，2010）等。从研究结果看，大部分学者强调了气候变暖的负面影响（Miserendino et al.，2018；Léa et al.，2020），但也有学者关注到了其中的双重效应。譬如，Purdie等（2013）便指出，冰川的消退威胁着新西兰冰川旅游业的发展，但不断扩大的冰川湖也增加了人们冰川旅游的可能性。此外，有学者从旅游者视角进行的探索更深化了对气候与山地旅游这一主题的研究。Steiger等（2016）以德国南部山地旅游者为例，分析了天气状况对各类旅游者的影响。结果表明，年龄较大的旅游者对高温更敏感，体育旅游者对凉爽的天气更喜爱，初次出行的旅游者对雨水更敏感，有孩子的家庭则更喜欢高温，这对山地旅游产品开发与市场营销等都具有现实意义。

（2）利益相关者研究

①旅游者。在有关旅游者的研究中，旅游者旅游动机、行为与态度是国外学者非常关注的主题。在旅游动机方面，国外研究证实了探新猎奇、康体运动、文化体验、展现自我价值、休闲娱乐等为山地旅游的主要动机（Maher et al.，2001；Bichler et al.，2020），同时有研究指出，恶劣的天气和沉闷的氛围等会消减旅游者前往山地旅游的意愿（Bausch et al.，2018）。在旅游者行为方面，逗留时间、家庭收入、活动选择等被认为会影响山地

旅游者的支出（Fredman，2008），主观规范、激励措施等对山地旅游者垃圾管理行为会产生不同程度的影响（Hu et al.，2018）。而最近的几项研究表明，同一主题山地旅游活动下选择不同交通媒介的旅游者在行为偏好方面存在差异（Buning et al.，2019；Schlemmer et al.，2020）。在旅游态度方面，Pütz 等（2011）的一项研究通过访谈及对区域经济简化模型的引入，分析了阿尔卑斯山冬季旅游中游客对技术造雪的态度，指出人工造雪越来越为游客所接受。

②目的地经营管理者与社区居民。山地的休闲旅游价值为地方发展创造了巨大潜力（Tampakis et al.，2019），国外学者也从目的地经营管理者与社区居民对山地旅游发展的态度方面进行了系统研究。例如，Nepal 等（2008）以加拿大不列颠哥伦比亚省中部维尔山为案例地，考察了居民对旅游业带来的社会经济和休闲机会以及旅游业发展前景的态度。Ngowi 等（2018）探究了坦桑尼亚乞力马扎罗山社区居民对旅游业发展的满意度。相关研究表明，总体而言社区居民对山地旅游业发展持积极态度，基础设施建设和环境改善与否是影响居民支持度的重要因素（Tampakis et al.，2019）。与此同时，国外学者也揭示了社区居民的感知异质性（Brida et al.，2010）。除社区居民外，也有学者分析了目的地管理者、经营商等对开展山地旅游的态度问题。Paunović等（2019）探讨了目的地管理者对在阿尔卑斯山和迪纳里德山区之间发展可持续旅游业的态度差异。Duglio 等（2019）通过混合研究方法，分析了地方政府、酒店经营商等利益相关者对意大利西北阿尔卑斯山索阿纳（Soana）山谷的旅游开发态度。

（3）规划开发与可持续发展研究

山地旅游的研究往往落脚于如何规划开发及可持续发展的问题上。从上述文献即可窥见，国外对山地旅游活动造成的环境问题极为重视，关于山地旅游可持续性的探讨（Saz et al.，2008）、山地旅游生态责任的履行问题（Tsiaras et al.，2015）等被学者关注。相比理念的探讨，量化分析技术的运用更容易产生指导性和操作性兼备的研究成果。例如，Kan 等（2018）将 SPCA、遥感技术和 GIS 技术相结合，对西藏城镇生态脆弱性进行分析，为高山旅游区规划开发中的生态脆弱性评价提供了可推广的模式。Zheng（2019）对山地旅游生态环境污染自动预警方法进行了深入研究，为景观的监测和绿色发展提供了可靠的依据。Pan 等（2019）运用 Delphi 方法建立了山地健康旅游的空间适宜性评估系统，并通过实证发现伊宁市及其周边地区具有作为综合性和全国性健康旅游目的地的潜力。然而，尽管从山地自然生态角度所进行的规划开发与可持续研究已较为丰富，但山地文化内涵、精神特质（Necheş et al.，2015）以及旅游者、服务提供商等利益相关者因素（Chakraborty，2020）在山地旅游可持续发展研究中还有较大的探索空间。

2. 国内山地旅游研究

（1）山地旅游目的地研究

①山地旅游资源评价。合理利用和有效保护山地旅游资源对山地旅游发展至关重要（徐飞雄，1994），旅游资源评价则在一定程度上成为科学化、集约化利用旅游资源的基础。正因为如此，山地旅游资源评价一直贯穿于国内山地旅游的研究过程中。早在 20 世纪 90 年代初，就有学者对山地旅游资源规划开发原则进行了系统论述（徐飞雄，1994），为山地旅游资源评价提供了理念指导。此后，万绪才等（1998）运用定量方法对安徽山地旅游资源进行评价分析，在此项研究基础上，建立了山地旅游目的地旅游环境质量综合评价指标体系和结构模型（万绪才等，2002）。冯德显（2006）从广义和狭义两个方面给出了山地旅游资源的定义，并归纳了类型多样、资源复合、资源聚集、资源多面等山地旅游资源的特性。近年来，对山地旅游资源评价呈现出更为细化的特点。例如，龙亚萍等（2018）利用西南地区气候观测数据，结合旅游气候指数法、GIS 技术等对四川省山地旅游气候资源进行了系统评价。

②山地旅游开发。山地旅游开发在国内研究中占据重要地位。较早时期，有学者提出空间思维观的点、线、面、体山地旅游开发理念（张述林等，2008）和山地时空三维立体开发模式（李娴等，2011），以促进山地旅游充分依托优势，健康持续发展。史鹏飞等（2020）将"慢旅游"与山地旅游相结合，创新性地提出与山地旅游适宜的"慢山"模式，为山地旅游发展提供了新的可能。除开发理念和模式的探讨外，学者一方面聚焦国内特定区域，对长江流域（张建等，2005）、河南（冯德显等，2006）、福建（侯长红等，2008）、秦岭（刘宇峰等，2008）、黑龙江（石长波等，

2009)、南岭（黄静波，2009）、贵州（甘露，2017）等区域山地旅游开发问题进行了研究。其中，冯德显等（2006）在其著作《山地旅游开发与管理》中系统分析了河南山地旅游发展的条件及其与周边山地资源富集区的竞合关系，并对太行山、伏牛山、嵩山、鸡公山等河南境内名山提出了系统性开发思路，为其他地区山地旅游开发提供了有价值的参考。另一方面，学者也对山地探险（沙艳荣等，2009；李颖喆，2013）、山地休闲（曾文萍等，2010）、山地度假（陈君奇，2011）、山地生态（贾婷媛，2011）、山地体育（柳志生等，2017）、山地健康（周晓琴等，2017）、山地冰川（明庆忠等，2019）、山地研学（田瑾等，2020）等特定类型的山地旅游产品展开了研究，从空间布局、产品体系、市场营销等多方面对山地旅游产品开发进行了深入分析。

③其他相关研究。基于山地旅游目的地视角，一些与山地环境及资源特殊性密切相关的研究主题也引起了国内学者的关注，例如季节性、旅游安全、环境影响等。在山地旅游季节性方面，山岳型景区旅游季节性产生的原因以及季节性的影响等，很早便进入了山地旅游的研究视野（陆林，1994）。近些年，有关山地旅游季节性的研究更为深入，有学者已关注到不同山地旅游地旅游流季节分布形态、季节性强弱程度等问题（万田户等，2015），以期更深入地揭示山地旅游季节性的内在机理。在山地旅游安全方面，马永勇等（2008）以泰山为例，从危机预防、危机处理、危机反馈三方面进行了危机管理分析，对山地旅游安全研究有参考意义。张永领等（2014）以物元模型为基础，建立了山岳型景区应急能力评价模型，对提高景区突发事件应急救援能力具有重要价值。在山地旅游环境影响方面，丁祖荣等（1994）较早地论述了索道建设造成的山地水土流失等生态破坏问题。郑敏等（2008）总结了针对山地旅游资源建立生态补偿机制的必要性。此外，与国外研究类似，气候变化下的山地旅游发展也得到了国内学者的关注（王世金等，2012）。但相比之下，国内在山地旅游与环境方面的研究成果明显偏少。

（2）山地旅游利益相关者研究

①旅游者感知与行为研究。目前，国内学界已对山地旅游者感知与行为展开了较为深入的研究。例如，陆林等（1996）以黄山、庐山为例，分

组测定了旅游者旅游经历对山地旅游目的地感知的影响。结果表明，有了实际的旅游经历后，旅游者对黄山、庐山的感知差异性更为显著，旅游者在庐山的旅游体验质量高于黄山。这一研究通过不同组别的对照试验将旅游者与山地情境、游前与游后感知、感知形象与体验质量等联系起来，对现阶段的相关研究亦很有启发。此外，游客满意度（夏巧云等，2012）、行为选择的影响因素（张欢欢，2016）等主题也备受重视。近年来，山地旅游的感知与行为的研究出现了一些新视角。譬如，刘培学等（2018）以三清山为例，分析了游览景点、游程长度等与游客的愉悦度、满意度和融入度等体验维度的关系，对旅游线路设计、旅游体验质量优化具有实用价值。杨效忠等（2019）针对山岳型景区的旅游拥挤问题从物理和心理层面建立二维指标，探究了游客拥挤感知强度及影响因素等问题，这些研究将启发学界对与山地旅游者相关问题的进一步探索。

②社区居民相关研究。山地旅游发展中，社区利益需求突出，需在山地旅游发展过程中把握好社区参与要素（陈兴，2013）。这一观点在国内研究中早有端倪。例如，杨方义（2005）探讨了将社区发展融入旅游发展的社区生态旅游模式，并提出构建西南山地社区生态旅游合作社网络以促进生态旅游发展。闻扬等（2009）分析了四川山地旅游社区参与问题，并提出了完善利益分配机制、健全培训机制等社区参与的旅游发展策略。近年来，国内研究更关注微观视角下社区参与的内在机理及过程。韩国圣等（2013）以安徽天堂寨旅游区为例，研究了山地旅游发展初期社区居民的去权类型及政府、社会支持、社区精英、居民个人等多方力量综合作用的形成机制。朱鹤等（2018）以云丘山景区的两个自然村落塔尔坡村和康家坪村为例，从微观尺度研究了在旅游影响下，乡村聚落生产、生活、生态等多维重构过程。

综上所述，国内外学者对山地旅游的研究成果颇丰。从涉及领域看，国内外学者对环境影响、可持续发展、资源/产品开发、旅游者感知与行为等主题都较为关注，也颇为重视理念、战略层面的探讨。近十年来，对旅游者、社区居民、目的地经营管理者等山地旅游利益相关者的研究逐渐增多，呈现出一种从侧重于目的地研究到综合关注目的地、利益相关者等领域的研究趋势。从研究方法看，早期国内外山地旅游研究中较为依赖地理学方法，对国家公园（国外）、山岳型景区（国内）等进行案例分析。随着对山地旅游者、社区居民等关注度的日益提高，对市场营销学、心理学、社会学等学科方法的借鉴逐渐增多，同时对量化研究和质性分析均有所涉及。总体来看，山地旅游研究内容较为丰富，研究方法较为多样。然而在西方地理学"情感转向"和旅游体验研究关注特定旅游活动的形势下，山地在精神性、情感性方面的特殊性应该为旅游研究者所重视。关于这方面的文献将会在山地旅游非功用性体验部分进行梳理，不过总体而言，通过混合研究方法关注山地旅游者体验性内涵，把握山地旅游体验性、象征性特质的研究还有进一步发展的空间。

（二）非功用性相关研究

19 世纪初，欧洲享乐主义的盛行以及自然疗法的走红使得海洋和海岸成为流行时尚，彼时"3S"的疗养功效成为时尚生活的缩影，带给人们极大的心理满足。加之有形制造业产品开发及相应消费者行为模式的影响，旅游行为在较长的时期内被认为是功用性目标驱动的。目的地功能属性如 3S 资源、康体 SPA 等成了旅游产品定位及营销的重点。对此，Prentice（2006）提出了质疑，并对当时的营销模式进行了批判，认为其忽略了体验性和象征性等独特卖点。事实上，国内学者在 20 世纪末就注意到了旅游开发中存在的问题，并指出旅游景点开发中只注重景观客观属性而忽视其社会属性和象征属性的做法应当被予以纠正（王宁，1997）。从旅游研究的脉络来看，不管是旅游的神圣性内涵（瓦伦·L. 史密斯，2007），还是旅游体验的愉悦性本质（谢彦君，1999），都表现出明显的区别于实体功能和功利化追求的特点。这种与实体功能与功利化追求联系微弱的特点被称为非功用性（曲颖等，2012）。在旅游个性化消费渐成趋势的背景下，以体验性特质和象征性特质为代表的非功用性在旅游研究中愈来愈受重视。特别地，谢彦君在关于旅游体验愉悦的分类中，将是否超越利害感和功利性的愉悦分别定义为审美愉悦和世俗愉悦，这已经可以看出非功用性与旅游体验结合的端倪（谢彦君，2005）。本部分将在溯源哲学、心理学、市场营销学非功用性研究的基础上，从旅游非功用性要素、旅游非功用性感知/体验价值、特种旅游活动中的非功用性三个方面梳理国内外相关成果。

1. 非功用性研究溯源

（1）哲学领域

非功用性一词本身便被赋予了哲学色彩。例如，康德在《论优美感和崇高感》一书中指出，"……习惯上总是只把能向我们更粗鄙的感受提供满足的东西称之为有用的，亦即那些能使我们饮食丰盛、衣着和居室器用奢侈以及宴客浪费的东西；……然而即使是一个有着最粗鄙和最平庸的感受的人也能够觉察到：生命之中看起来似乎是最多余的那些魅力和安逸，却在吸引着我们最大的关怀……"（康德，2001）。在这里，"最多余"的"那些魅力和安逸"与"有用的"东西相对，显示出"美与价值"，较早地从哲学层面揭示了非功用性的基本内涵。此外，阿甘本在对当代的权力及权力机制进行分析时，挖掘出了悬置及非功用性的神学范式，认为停止正在做的事情，使其非功用化，就会使发生作用的权力机制显露出来，从而打开一个切口，使我们构想一种新的可能性（黄晓武，2015）。这些论述颇有"无用之用，方为大用"的意味，尽管其所表达的非功用性与本书的作用对象及具体内涵有所差别，但是对崇高、纯粹以及象征性等要素的诠释却具有一致性。

（2）心理学领域

心理学家主要以心理和生理两种取向来研究需要和动机（邹统钎等，2008）。人本论的主要人物马斯洛（Maslow）所倡议的需要层次论，以及皮尔斯（Pearce）从旅游角度对马斯洛需要层次的重新诠释，在具体层次划分时都突出表现了生理和心理两个维度。马斯洛和皮尔斯需要理论最高层次的自我实现需要以及 Murray 所提出的包含成就感、支配感、自主性等方面的心因性需要（psychogenic needs）都体现了非功用性的内在特质，更偏重于强调心理的作用，注重个人的内在感受（邹统钎等，2008）。而在与本书更为直接相关的旅游心理学领域，包括 Dann 的推拉理论、Crompton 论述的意识性动机以及田中喜一、麦金托什等学者对旅游动机的分类，都可探寻到非功用性的踪迹。譬如，田中喜一对旅游动机的分类，主要有心理动机、精神动机、身体动机和经济动机等四类（甘朝有，2001）。其中，心理动机和精神动机较身体动机和经济动机明显更具有精神性、情感性等非功用性特点。我国学者对旅游动机的分类也体现了功用性与非功用性两种倾向。孙喜林等（2016）在归纳旅游动机时所提出的审美、宗教动机显然比商务动机更具非功用性。

（3）市场营销学领域

市场营销学领域关于"非功用性消费需求"的研究颇丰。有诸多学者在对消费行为内在机理的分析中给出了关于消费需求的不同界定。Bayton（1958）、McGuire（1976）在消费需求分类中明确提到了"情感需求"。Hirschman 等（1982）提出了享乐性消费的概念，并指出消费的结果主要体现在产品提供的享受和愉悦感方面，一次消费的成功与否主要取决于产品本身而非其所发挥的功能效用。诸多学者虽然在消费需求分类中提出了不同的概念，但都承认"功用性需求"之外存在其他的消费需求，这一部分消费需求被我国学者曲颖称为"非功用性消费需求"（曲颖，2014）。Park 等（1986）将"非功用性消费需求"细分为"体验性需求"和"象征性需求"。从已有成果看，"非功用性消费需求"的研究也基本遵循两个脉络：一是基于体验性视角，着重关注消费产生的"情感利益"（Pham，1998；侯建荣等，2016）；二是从价值表征性的视角对自我概念等进行分析阐释（Hung et al.，2011；银霞，2018）。近年来，国内外学者还特别关注功用性需求和非功用性需求的对比分析（李峰等，2017；邱晔等，2017；Choi et al.，2020），为非功用性研究的深化提供了重要参考。

2. 国外旅游非功用性相关研究

（1）旅游非功用性要素

从 MacCannell（1973）关于旅游真实性的论述，到 Cohen（1979）对旅游体验从外感到内感递进阶段的划分，再到 Schmitt（1999）从感官、情感、理性等角度对旅游体验的解构，国外学界对旅游体验中的情感性、精神性要素都给予了重要关注。Goossens（2000）在旅游情境下构建了一个"享乐动机模型"，用以说明情感是如何刺激和诱导目的地选择的。在该模型中，目的地选择被描述为享乐反应的直接产物，旅游者对目的地及其属性的情感足以驱使旅游者做出旅游行为。近年来，有关情感与游客满意度、行为意向等方面的研究成为一大热点。例如，Prayag 等（2017）将游客的情感体验、感知的整体形象、满意度和推荐意向联系起来，构建了一个综合模型，对旅游消费中的情感动机进行研究，结果表明旅游者的情感体验在总体形象感知和满意度评价中起着先导作用。Baldwin 等（2020）使用沉浸式模拟旅游环境来衡量其对旅游者缓解生理和心理压力并改善情绪的潜力，模拟结果的有效性也在一定程度上说明旅游非功用性研究中情境变量的重要性。

（2）旅游非功用性感知/体验价值

感知/体验价值的维度分类给予了非功用性体验价值研究以启发。例如，Sanchez 等（2006）在对 24 项旅游产品感知价值进行研究后，划分出功能价值、情感价值、社会价值三大感知价值维度，这也是后续研究对感知价值维度进行分类的基本框架。当前，学界较为重视将多维感知价值与行为意图联系起来进行研究。Luo 等（2020）将感知价值概念化为功能价值、货币价值、情感价值、认知价值和社会价值等 5 个价值维度。在此基础上，对中国千禧一代游客的目的地忠诚度进行了测度，验证了情感价值、认知价值和社会价值对忠诚度的显著影响。Fu 等（2021）参考 Mathwick 等学者的分类方式，将体验价值分为功能价值、享乐价值和审美价值，并对其与游客幸福感、行为意图间的关系进行了实证分析。这些成果表明，多维的价值分类和功能价值外的非功用性价值已经在感知研究中受到关注。然而稍有局限的是，价值维度的分类往往基于对已有文献的梳理，特定旅游情境和旅游活动的特殊性没有得到相应的重视，而各维度的具体内涵及不同时间规律、不同空间尺度的具体表现等问题也没有引起足够的关注。

（3）特种旅游活动中的非功用性

特种旅游活动具有强调自主性、个性化，重视精神满足和深度参与等特点（杨新军等，2005），表现出较强的非功用性。包括黑色旅游、红色旅游、探险旅游等方面在内的研究都为非功用性提供了重要的研究参考。Isaac 等（2014）以韦斯特博克集中营遗址为例研究黑色旅游动机时指出，旅游者前往参观黑色旅游地的主要动机源于主观的自我理解、好奇心、良心，以及目的地的"必去"和排他性。旅游者通过具体的仪式消费产生黑色旅游地的意义，以塑造属于自己的黑色旅游体验（Jamalian et al.，

2020）。这种特殊体验与实体功能、功利性追求联系微弱，更多地表现为意义生产和内省体验。最近的一项红色旅游研究发现，红色旅游目的地游客自我一致性解释功能一致性变异的程度要高于邮轮旅游等类型的游客。此外，自我一致性对目的地忠诚的影响明显大于功能一致性（Zhou et al.，2020）。在我国学者曲颖的研究中，自我一致性恰是非功用性的关键维度（曲颖，2013）。Cai 等（2020）对北极旅游体验的探索更反映出非功用性的内涵。北极旅游体验是一个旅游者突破身体障碍而实现自我成就的过程，这一过程伴随着危险与未知，却能带来"精神充实"。

3. 国内旅游非功用性相关研究

（1）旅游非功用性要素

"非功用性"一词在国内旅游研究领域的应用最早见于曲颖等（2012）发在《旅游学刊》上的文章——《旅游目的地非功用性定位研究——以目的地品牌个性为分析指标》。在后续的著作中，曲颖对非功用性定位进行了系统分析（曲颖，2013；曲颖，2014），这是与市场营销学领域非功用性需求一脉相承而又基于旅游对象的特殊性加以丰富的探索。尽管曲颖的研究并未给予非功用性一个学理性的定义，但对情感形象和品牌个性维度的系统阐述仍为非功用性的深入研究提供了指导。从已有研究来看，情感性和象征性特质是国内旅游非功用性相关研究中突出的两大要素，并形成了较为丰富的研究成果。例如，沈鹏熠（2012）通过实证研究证实了情感体验、思考体验、行动体验和关联体验对感知价值和游客信任的直接显著、正向影响，并认为上述体验从不同侧面反映了游客从目的地获取的功能、情感、象征利益。陈钢华等（2019）探究了目的地浪漫属性的结构维度，并建立了目的地浪漫属性维度的理论框架。褚玉杰等（2020）从精神意义和文学研究层面出发，探讨了精神性体验与边地旅游的关系。可见，从精神、情感角度探究特定旅游类型内涵、维度等已经成为国内旅游体验及相关研究的一大趋势。

（2）旅游非功用性感知/体验价值

与国外研究相类似，国内通过感知/体验价值分类以探索其与旅游者行为意图关系的研究亦很丰富。例如，王跃伟等（2019）将目的地品牌感知价值划分为功能价值和情感价值两类，系统探究了乡村旅游地的重游意愿。正如前文所述，这类研究的理论及实践价值毋庸置疑，但在感知/体验价值维度划分的完备性及各维度作用机理等方面的分析略有局限。在这方面，国内学者进行了一些有价值的探索。张涛（2007）综合运用多种数据分析方法对节事感知价值进行分析，识别出便利价值、服务价值等六大节事感知价值，并将其归纳为实用性和享乐性两大价值维度。魏遐等（2012）以西溪湿地公园为案例，开发出一套湿地公园游客体验价值量表，为游客体验价值的测量提供了可参考的量化工具。其中包含的信任、关怀等因子呈现出了非功用性特点。相比之下，那梦帆等（2019）的研究则更为系统，那梦帆等以扎根理论的逻辑理路为支撑，对网络游记资料进行解构分析，辨识出功能价值、享乐价值和符号价值等三类体验价值，在对各维度价值内涵进行深入阐释的基础上开发量表加以验证，在很大程度上弥补了前人研究的局限。

（3）特种旅游活动中的非功用性

国内学界对特种旅游活动也颇为关注，其中亦有较多有关非功用性的探索。例如，张群（2010）从体验视角探讨黑色旅游属性时指出，黑色旅游具有原始资源已毁性和象征性并存、旅游者带有悲情心理等特点。在谢彦君等（2015）对黑色旅游的研究中，黑色旅游被认为是旅游者脱离了利害关系而与黑色旅游景观进行近距离接触并对其进行欣赏的一种旅游形式，所获得的是一种特殊的愉悦性体验。徐克帅（2016）定义红色旅游时，强调了红色旅游在基于社会现实的情境下，促使旅游者获得神圣体验并强化社会认同中的独特价值。关于探险旅游这一具有挑战性和冒险精神的活动，是什么力量促使探险者前往偏远地区甚至付出生命的代价，成为研究的一个重要主题。程励等（2016）在对探险旅游的分析中论述了探险旅游者在人与自然"对抗"中寻求刺激的心理需求，并引入逆转理论对探险旅游者的决策行为进行分析。此外，愈来愈细化的特定旅游类型和精神性、情感性研究已经受到关注。已有学者对圣地巡礼旅游者的行为特征和情感进行了探索，剖析了电影神圣化和旅游制度化过程的内在机理（郝小斐等，2020）。

综上所述，尽管国内外鲜有学者直接以"非功用性"进行研究，但哲学、心理学、市场营销学等多种学科领域的相关研究已经证实了非功用性的存在及其存在的价值，并为深入进行跨学科研究提供了可能。从旅游领域的研究看，国内外学者对旅游体验的论述已在本质规定性上揭示了旅游的非功用性特质，而包括情感类、象征性、精神性等非功用性要素的研究已经成为旅游研究的热点；在旅游感知/体验价值方面，从或繁或简的价值维度分类中可以窥见，感知/体验价值实际上存在两大类，一类是包含成本、价格、便利等效用的"功用性"价值，另一类则是与实体效用相关性较弱，包含情感、审美、享乐等要素的非功用性价值；特种旅游活动的研究对非功用性具有重要的参考价值，细分主题下旅游活动的情感性、精神性研究渐成趋势。自我国学者曲颖等于 2012 年正式提出目的地非功用性定位的问题以来，从功用性到非功用性研究的价值转向已经走向了学术自觉。较为遗憾的是，现阶段旅游非功用性研究仍较为碎片化，缺乏理论的统辖；质性研究和混合研究方法的不足也在很大程度上限制了旅游非功用性研究的深入。在后续研究中应从多学科交叉视角探寻非功用性研究的切入点，并将定量与定性方法相结合探索旅游非功用性的相关问题，促进旅游非功用性理论框架的建立和研究的深化。

（三）山地旅游非功用性相关研究

山地的旅游价值已无须赘述。郝革宗（1985）在对我国山地的旅游资源进行分类论述时指出，山地的旅游功能包括游览、观赏、攀登、避暑、疗养及滑雪等方面。尽管这样的概括更侧重于实体功能，但郝革宗先生在具体论述时已涉及宗教文化、红色革命文化等颇具非功用性的精神特质。相比之下，卢云亭（1988）对国内名山的旅游功能的分类在更大程度上具有非功用性的特点，培育美感、养心健心、磨砺意志、文化体验等都被囊括在内。事实上，从拥有十二主神的奥林匹斯山到"龙脉之祖"神山昆仑，人格化意义和象征性特质早已成为人山关系中情感联结的重要部分。从旅游的角度看，山地丰富的自然和人文资源使之具备形成多种旅游业态的可能性。而其中，山地探险旅游、山地宗教旅游、山地红色旅游等特种旅游活动表现出了更多的精神性、象征性、情感性内涵。为深入理解山地旅游非功用性，本部分将对国内外山地旅游，尤其是山地特种旅游的非功用性相关研究进行梳理。

1. 国外山地旅游非功用性相关研究

国外对山地旅游的动机、情感体验等研究多针对山地宗教旅游和山地探险旅游等特定主题的山地旅游类型。Hu（2015）的研究是少有的对一般山地旅游非功用性进行系统研究的成果。Hu 肯定了山地的象征性特质和自我认同价值，认为旅游者对山地旅游特征的感知是深刻的情感体验，并运用隐喻抽取技术，识别出 19 种山地旅游环境的典型元素，在此基础上将元素分为放松型、愉悦型、成就型 3 类。Tsaur 等（2013）基于对中国台湾 339 名登山者的调查数据，探讨了超越性体验、畅爽与幸福之间的关系，认为"超越体验""畅爽"是登山旅游体验的重要内容。此外，Qunming 等（2017）基于畅爽体验理论建立结构方程模型，对大围山滑雪场生态旅游者畅爽体验、积极情绪和忠诚度之间的关系进行检验，揭示了生态旅游者畅爽体验的基本维度。更为丰富的研究还是有关山地宗教旅游和探险旅游的精神内涵分析。例如，在以喜马拉雅山区为例识别宗教旅游者中的典型朝圣者时，Singh（2005）认为尽管大多数宗教游客趋向世俗化角色，但仍有部分信徒坚持神圣旅行。Zhang 等（2020）以五台山为案例地，构建并验证了一个包含逃避现实、休闲、幸福、个人充实、虚无、联结感的六因素模型，以此确定了 GGA 游客精神旅游的多维尺度，一定程度上弥补了以往在山地宗教旅游研究中对女性游客关注不足的局限。在山地探险旅游研究中，Faullant 等（2011）通过对德国登山者进行问卷调查并构建结构方程模型，从个性以及恐惧与快乐等维度，探讨了登山探险中旅游者体验的满意度。Pomfret（2006）在对山地探险旅游者的相关研究中，着重论述了旅游者在登山过程中的差异化情绪、畅爽感和顶峰体验。通过对 38 位阿尔卑斯山脉的背包探险旅游者进行半开放式访谈，进一步肯定了个人情感因素在山地探险活动中的决定作用（Pomfret，2012）。Duits（2020）的一项研究拓展了对山地探险旅游的研究思路，以神话传说和意志力概念等为切入点，意在为山地探险旅游提供新的解释。研究认为山地探险旅游能够使人获得满足感、成就感、充满意义的生活，不能用所获得的外部利益来衡量攀登主义行为的价值。其阐述带有浓厚的非功用性色彩。

2. 国内山地旅游非功用性相关研究

国内较早地展开了对山地旅游精神内涵、象征特质等的探索。不同于国外，国内研究在一般的山地旅游活动方面给予了更多的学术观照。陆林（1997）在以黄山旅游者为实证分析对象探讨山岳旅游者动机行为基本特征时指出，黄山旅游者主要旅游动机在田中喜一的动机分类中可归于精神动机，主要是出自对知识的需求，较早地对山地旅游精神动机进行论证。在山地旅游规划与开发方面，学者关注到顺应游客"顶峰"体验需求、重视"意境"开发对山地可持续发展的重要意义（冯德显，2006；王晓萌，2009；李晓琴等，2011）。王晓萌（2009）更是认为，我国山岳型景区最大的特色是与中国文化及传统哲学相契合的意境，正式将中国传统美学的"意境"概念引入山地旅游中。分析山岳型景区的意境及优化更新策略，反映了学界对非功用性审美的重视。近年来，有学者通过 UGC 数据等对五台山（刘智兴等，2013）、黄山（刘超等，2017）、泰山（潘莉，2018）等部分名山的游客感知和形象定位进行研究，识别或解构了其中的精神元素、感知形象与品牌个性，肯定了山地景观文化寓意和情感要素的积极意义。此外，王命盛等（2015）识别并分析了游客对福州鼓山与广州白云山两个非宗教性山岳型景区中宗教空间要素的感知。吕丽辉等（2017）构建结构方程模型分析山岳型景区敬畏情绪对游客行为意愿的正向影响，在一定程度上为山地旅游非功用性研究提供了参考。特种旅游活动方面揭示了更为丰富的精神及情感内涵。例如，程励等（2016）以扎根理论的研究范式对山地探险旅游者的决策行为进行研究，辨识出畅爽感、使命感、朝圣、自我发展等内驱动力对探险旅游决策行为的影响。林源源等（2017）通过对乞力马扎罗山登山者的访谈，揭示了山地探险旅游者体味生命及自我实现等审美体验过程。卢小丽等（2018）在分析井冈山红色旅游质量、满意度和忠诚度时指出，景区"苦"的红色特征质量是游客忠诚度高低的关键，这些红色特征质量能引发游客内心深处的情感共鸣。游红霞等（2019）以普陀山为例对山地朝圣旅游的景观生产等问题进行了探究，认为在山地朝圣旅游中，景观生产完成了将信仰转化为旅游资源的过程，使神圣化的景观具有了直击人心的力量，凝聚了相关主体的情感诉求。

综上所述，国内外学者在山地旅游的研究中普遍关注到了情感性、精神性、象征性等非功用性内涵。特别是山地特种旅游活动,成为国内外学者的研究焦点。从具体的研究内容看,山地旅游非功用性相关研究多关注特定的山地案例和特定主题的旅游活动中旅游者的动机、感知维度、情感特征、行为意图等,尽管相关成果足以给后续研究以启迪,但结论的普遍适用性略有不足。能否形成一套山地旅游非功用性研究的理论框架,并在此基础上提炼出一般山地旅游情境下的普遍性规律,进而对特定山地情境旅游非功用性进行解构,或是今后山地旅游非功用性研究需要解决的重要问题。从研究方法看,山地旅游非功用性研究领域量化研究和定性分析运用相对均衡。近年来,利用 UGC 数据,运用扎根理论、文本分析等质性研究方法的成果不断涌现,通过构建结构方程模型分析山地旅游者行为意向的研究亦不断增多,不过将定性与定量方法相结合的混合研究仍然不足。总体而言,山地旅游非功用性是一个有价值的研究领域,但目前尚未形成系统的理论架构,研究内容也急需拓展和深化,尤其是立足于山地特质进行的非功用性要素识别、价值认同等方面的研究值得进一步挖掘。

(四) 研究评述

从整个旅游领域的发展来看,山地旅游及旅游非功用性相关研究起步相对较晚,但在国内外学界的共同努力和业界需求的推动下,二者都已成为研究热点。通过对国内外山地旅游、旅游非功用性以及相关领域交叉研究成果的梳理发现:总体而言,国内外对山地旅游的研究从视角的选择到方法的运用都较为丰富,研究内容亦较为多样;旅游非功用性研究方面,尽管直接研究较少,但相关研究为非功用性研究的深入开展奠定了理论和方法基础;山地旅游的象征性、情感性体验特质近年来已受到国内外研究的重视,虽然尚未建立起系统的理论架构,但从学科发展和市场需求的角度综合研判,山地旅游非功用性可能成为未来山地旅游的研究热点,并有利于旅游体验研究的细化。在理论和方法的运用方面,从地理学角度关注山地旅游资源特征和人—山关系,从经济学、管理学角度关注旅游者行为特征,从心理学、人类学、社会学等视角探索旅游者内在动机等都已成为相对成熟的研究路径,且较为注重多元方法的应用。在前文对山地旅游、旅游非功用性和山地旅游非功用性研究进行梳理和述评的基础上,本书将对相关主题的研究不足及可以突破并拓展完善的主题与方法做进一步的说明。

1. 研究内容

（1）山地旅游

国内外山地旅游研究内容都较为丰富，但相比之下国内研究多围绕目的地规划、产品开发及山地旅游影响等主题，基于旅游者乃至其他利益相关者行为态度、感知体验等方面的研究尽管很早便有，但成果相对较少。在旅游个性化需求不断凸显的背景下，深入把握山地旅游者的感知体验和行为特点将为山地旅游精准营销和可持续发展提供有价值的参考，相关研究值得进一步探索。涉及旅游者的已有研究常以特定山地情境下旅游者满意度、感知价值、行为意向等为主题，且多以探险、朝圣等细分旅游者类型为研究对象。在西方地理学"情感转向"和旅游体验研究不断细化、深化的背景下，山地旅游在精神性、情感性等非功用性特质方面的特色应当受到关注，山地旅游在旅游体验中的特殊性应该被深入探究。在现有研究的基础上，将一般山地旅游者置于目的地情境中，紧扣山地特质，突出象征性、体验性的研究，以及探讨旅游者山地旅游非功用性体验价值特征的研究等可以成为下一步山地旅游研究的重点。

（2）旅游非功用性

首先，非功用性相关研究有诸多成果，并且涉及多个学科领域，但大多呈碎片化，涉及非功用性的一个或几个方面，在研究的系统性上有待进一步加强。其次，就旅游非功用性的研究而言，尽管部分研究已经触及本书的相关讨论，尤其是一些特种旅游活动中已不乏深入探索，然而从整体上来看，对旅游非功用性体验的内在机理、旅游非功用性的理论架构的研究还有很大不足，不同主题旅游活动中非功用性体验价值的差异比较还较为欠缺，具有广阔的研究空间。为推动旅游非功用性体验的深入，有必要对上述问题进行探讨。最后，我国有学者从旅游需求的角度回答了"什么是非功用性"的问题（曲颖，2013），但缺少对"非功用性是什么"的探索，更缺少在具体情境下对非功用性体验价值要素、维度识别测度的系统性研究，没有构建起具体旅游情境下的非功用性应用模型和与之对应的一套科学合理、逻辑严密的测度方法，需要进一步夯实基础理论、拓展研究空间、丰富研究方法，有关分析探索可以从这个方面进行突破。

（3）体验价值

在上述研究回顾中，笔者将体验价值置于旅游非功用性相关研究中进行了梳理。从中可以发现，相关研究多表述为感知价值而非体验价值，感知价值与体验价值在内涵与外延上是否有所区别将是后续对体验价值的研究首先要厘清的问题。此外，在旅游感知/体验价值的相关研究中，感知/体验价值往往处于从属地位，研究者更为关注基于感知/体验价值的旅游者行为，尤其是游后的行为意向。在这一领域的研究中，国内外学界都形成了较多的成果。然而这些研究虽已克服单个体验/感知价值维度视角的局限，并进行了价值维度划分，但划分依据多源自现有文献，没有充分考虑目的地情境因素和旅游者的能动参与，应引入多元理论、方法进行更为科学的维度划分。最后，本书无意否定从感知/体验价值出发对旅游者行为研究的价值与意义。然而作为旅游研究中的一个重要范畴，希冀能有更多的研究聚焦体验价值本身，对不同旅游者、不同旅游情境下的体验价值内涵、表现等问题进行探索。

2. 研究方法

现有研究在研究方法的运用上主要存在三个问题：一是尽管因子分析（FA）、对应分析（CA）、重要性—表现性分析（IPA）等量化研究方法已在具体的研究中得以应用并取得了良好的研究效果，但综合国内外研究成果来看，质性研究仍然占据主导地位，旅游非功用性的量化研究及混合研究有待突破；二是部分研究通过对以往研究成果的梳理，主观划定维度，设计量表，进而对旅游者感知体验进行测度，在要素识别、维度划分的全面性上存在局限；三是部分研究关注到了 UGC 数据在研究中的便利性和低成本，以单一 UGC 数据为样本，配合扎根理论、文本分析法等研究方法进行深入研究，尽管在构念框架搭建过程中更依据旅游者感知，但由于 UGC 数据的使用群体限制等问题，研究结论的适用性尚显不足。

因此，本书将以山地旅游非功用性体验价值为切入点，首先对旅游非功用性内涵进行解构，进而通过对 UGC 数据及问卷调查的配合使用获取更为完备的样本数据，对山地旅游非功用性体验价值要素体系、体验价值测度及提升优化路径等进行分析，为山地旅游目的地非功用性体验产品开发、营销定位等提供重要依据。

三　研究问题、目的和意义

（一）研究问题

在旅游消费向体验性、象征性、情感化等非功用性消费需求转向的背景下，山地旅游如何发展这一新的命题被提了出来。倘若旅游者只是为了享受精致的服务、千篇一律的产品，那何以选择山地？于旅游者而言，山地的比较优势究竟为何？山地旅游的内在价值何以彰显？本书对上述问题的思考从山地旅游体验性本质出发，在把握非功用性需求趋势并紧扣山地旅游情感性、精神性、象征性特质的基础上，聚焦山地旅游非功用性体验，试图围绕"山地旅游非功用性体验价值"这一核心主题，在克服现有研究对山地旅游情境下旅游体验关注不充分的局限后，从跨学科交叉视角出发，系统展开对其的理论和实证研究，并希冀对以下具体问题做出回答。

研究问题 1：什么是山地旅游非功用性体验价值？其中包含哪些潜在的具体维度？

研究问题 2：如何测度山地旅游非功用性体验价值？不同案例地非功用性体验价值维度是如何表现的？

研究问题 3：山地旅游非功用性体验价值各维度间存在怎样的关系？如何基于这种关系提升山地旅游非功用性体验价值水平，以促进山地旅游可持续发展？

（二）研究目的

1. 探索山地旅游非功用性体验价值内涵与逻辑机理

以非功用性旅游体验为切入点，采用大数据获取的方式，选取能够反映山地旅游非功用性体验的典型 UGC 数据作为数据源，对山地旅游非功用性体验价值内涵进行范畴抽象和理论提炼，从而对山地旅游非功用性体验价值内涵、山地旅游非功用性体验价值具体维度进行刻画，探索山地旅游非功用性体验价值逻辑机理与内在本质。

2. 开发山地旅游目的地非功用性体验价值测度工具

在厘清山地旅游非功用性体验价值内涵的基础上，遵循量表开发的科学程序开发山地旅游非功用性体验价值测度量表，并以云南省典型山地旅游目的地玉龙雪山景区、苍山景区为实证案例，对量表科学性进行检验与修正，并对两案例地非功用性体验价值维度进行对比分析，明晰其山地旅游非功用性发展潜力，凸显其非功用性比较优势。

3. 提出山地旅游非功用性体验价值水平提升路径

立足山地旅游非功用性体验价值内涵和量化测度成果，对接山地旅游市场需求，分析其变化趋势，透视山地旅游发展的现实问题，刻画山地旅游非功用性体验价值的发展逻辑，勾勒物质与精神文明相协调的发展新思路，并结合体验价值维度的内在因果关系提出非功用性体验的优化发展路径，以期促进山地旅游健康可持续发展。

（三）研究意义

1. 理论意义

（1）进一步丰富山地旅游研究视角

经过学界前辈 30 余年的努力，山地旅游研究已对包括资源评价开发、旅游者行为意向等在内的相关问题进行了探索。然而相关研究或立足于山地自然环境的特殊性，或仅仅将一般化的旅游问题嵌套在山地背景下，对山地人格化意义的关注不够。在西方地理学"情感转向"的背景下，山地在情感性、精神性方面的特质应该在山地旅游研究中得到重视。本书以山地旅游网络游记为数据源，统御游客需求感知与目的地规划构建于同一旅游情境，尝试将旅游非功用性引入山地旅游发展逻辑框架，诠释山地旅游非功用性体验价值，以期能够进一步丰富山地旅游研究视角。

（2）进一步完善旅游体验研究体系

当前，旅游体验研究日趋丰富和成熟，旅游体验的多样性、复杂性决定了研究内容的丰富性。旅游体验研究深入的重要方向是对特定旅游类型的关注，并以新视角建立新框架。在旅游体验研究流动性范式和具身范式的影响下，山地旅游世界的情感性、精神性特质以及山地旅游体验的特殊性具有深入探索的价值。本书基于消费者行为学、市场营销学、社会学、环境心理学等多种学科视角，试图解构非功用性体验缘起及其发展的逻辑理路，形成旅游非功用性的基本构念，这在一定程度上是对旅游体验中非功用性体验价值的有益探索，能够进一步完善旅游体验的研究体系。

（3）进一步拓展山地旅游体验价值测度工具

本书以山地旅游体验为起点，突出强调非功用性体验价值的意义，在山地旅游非功用性体验价值内涵阐释与维度解构的基础上开发山地旅游非功用性体验价值测度量表，并通过对云南省典型山地旅游目的地玉龙雪山景区、苍山景区的测度，检验和修正测度量表，这将进一步丰富山地旅游体验价值测度工具，为优化"人—山"关系研究提供帮助。

2. 实践价值

（1）为山地旅游非功用性体验特质挖掘提供现实案例参照

随着旅游者个性化、多元化和情感化需求日渐强烈，对旅游目的地非功用性体验价值的挖掘迎来了新的挑战。本书通过基于 UGC 数据获取研究样本，对山地旅游非功用性体验价值进行要素识别、维度划分和系统解构，生动刻画玉龙雪山景区、苍山景区旅游非功用性体验价值水平，多维呈现山地旅游非功用性体验价值结构，将为山地旅游非功用性体验特质挖掘提供现实案例参照。

（2）为山地旅游目的地的差异化路径选择提供决策依据

山地旅游非功用性体验价值研究意在突出山地在旅游非功用性体验价值内涵方面的比较优势。本书对山地旅游非功用性体验价值的内涵解析、量化测度及对体验价值维度关系的探析等将在一定程度上展现山地旅游目的地非功用性体验的发展潜质，有助于各山地旅游目的地在山体环境、硬件设施等"硬实力"对比之外，将体验性、精神性等"软实力"纳入比较范畴，为山地旅游目的地间差异化发展路径选择提供决策依据。

（3）为山地旅游目的地特色开发、提质增效提供实践指导

在以玉龙雪山景区、苍山景区为例进行山地旅游非功用性体验价值测度的基础上，本书对山地旅游非功用性体验价值水平提升的探讨，将进一

步明晰旅游者与山地旅游目的地在旅游非功用性体验价值方面存在的契合缺口，为山地旅游目的地进行定位调整、产品升级、综合治理提供重要评判依据，为山地旅游目的地非功用性要素挖掘整合、品牌形象提升提供智力支持，为山地旅游目的地特色开发、提质增效提供实践指导。

四　研究框架

（一）研究思路

本书遵循"逻辑框架梳理—价值内涵解构—体验价值测度—优化路径探析"的研究思路。首先，从旅游消费变化和山地旅游发展背景出发，系统梳理国内外相关研究成果，提出山地旅游非功用性体验价值这一新的研究主题，厘清山地旅游非功用性体验价值研究的理论渊源及逻辑框架；其次，通过对 UGC 数据的扎根理论分析，提炼山地旅游非功用性体验价值的核心范畴，抽象非功用性体验价值具体维度；再次，开发山地旅游非功用性体验价值测度量表，选取玉龙雪山景区、苍山景区进行非功用性体验价值测度，检验和修正量表，并对两地测度结果进行对比分析；最后，运用 csQCA 方法对体验价值维度的因果关系进行探析，并在此基础上结合玉龙雪山景区、苍山景区的现实问题，提出山地旅游非功用性体验价值水平的提升路径及发展建议。

（二）研究内容

基于以上研究思路，本书的主要内容包括以下六个部分。

第一部分，绪论。首先，阐述旅游发展趋势和山地旅游发展面临的问题，提炼研究所处的背景特征，梳理国内外相关研究动态，了解具体的研究范畴和发展脉络；其次，确定研究的逻辑起点和所要解决的基本问题，介绍研究目的、意义、内容、方法并制定研究框架；最后，提出研究的重点、难点。

第二部分，研究的理论基础。立足山地旅游非功用性体验价值这一研究主题，基于国内外研究成果，归纳山地旅游、非功用性旅游体验、体验价值的基本内涵，并对相关概念进行解析；厘清情境理论、情感认知评价理论、顾客感知价值理论等相关理论，并从山地功用性和非功用性出发探寻山地旅游非功用性体验价值的理论渊源，为本书核心章节做理论铺垫。

第三部分，山地旅游非功用性体验价值解析。从山地旅游非功用性体验价值的理论基础出发，通过 UGC 数据的获取、筛选，运用扎根理论分析方法进行符码挖掘和山地旅游非功用性体验价值维度识别、完善，形成山地旅游非功用性体验价值的核心范畴。在此基础上复归山地情境，从山地旅游非功用性体验价值投入和体验价值收益两个向度刻画山地旅游非功用性体验价值的具体维度，探究山地旅游非功用性体验价值的逻辑机理和内在本质。

第四部分，山地旅游非功用性体验价值测度。首先，在扎根理论分析成果的基础上，参考国内外旅游形象、旅游感知、旅游体验价值测度等研究成果，进行山地旅游非功用性体验价值的量表开发与问卷设计；其次，选择云南省典型山地旅游目的地玉龙雪山景区、苍山景区进行实证分析，通过问卷预调研、探索性因子分析、信度分析、验证性因子分析的连续过程检验量表信效度，并对量表进行修正；最后，对两地旅游非功用性价值维度进行对比分析，为两地旅游非功用性体验价值优化提供依据。

第五部分，山地旅游非功用性体验价值维度组态分析。从山地旅游体验价值投入与体验价值收益两个维度出发，构建山地旅游非功用性体验价值"投入—收益"模型，探究山地旅游非功用性体验价值投入与体验价值收益的复杂因果关系和条件组态；在此基础上，从定位重构、业态创新、产品设计、意象生成、文化表征、情感联结等层面提炼山地旅游非功用性体验价值优化提升路径，并结合玉龙雪山景区、苍山景区非功用性体验的现实问题提出相应的优化提升策略。

第六部分，结论与展望。归纳总结本书的基本内容及观点，对研究局限、研究创新之处及山地旅游非功用性体验价值未来的研究重点与方向进行讨论。

（三）研究方法

1. 资料搜集方法

本书在三个部分的具体研究中涉及资料搜集，根据研究问题和资料性质的不同，分别选用不同的资料搜集方法。在本书第三部分的山地旅游非功用性体验价值解析中，涉及对山地旅游网络游记资料的分析。因此，主要选择网络爬取技术对山地旅游的 UGC 数据进行获取。在本书第四部分的山地旅游非功用性体验价值测度研究中，需要通过对玉龙雪山景区、苍山景区的实证分析来进行山地旅游非功用性体验价值的量表检验与修正。因此，选择问卷调查方法，通过预调研和正式调研获取测度数据。在本书第五部分的山地旅游非功用性体验价值维度组态分析中，为了结合玉龙雪山景区和苍山景区提炼山地旅游非功用性体验价值优化路径和策略建议，选择实地调研和参与式观察的方法获取相关资料。

2. 资料分析方法

本书的第三、第四、第五部分具体研究主题分别涉及"探索性研究""描述性研究""因果性研究"等研究类型。针对第三部分的"探索性研究"，本书将主要采用扎根理论分析方法，并辅之以 MAXQDA2020 质性分析软件进行系统编码，探究山地旅游非功用性体验价值内涵，辨识山地旅游非功用性体验价值具体维度。针对第四部分的"描述性研究"，本书将依托问卷调查数据，通过探索性因子分析、信度分析、验证性因子分析等统计分析方法对量表信效度进行检验，并利用卡方检验、非参数检验等方法对人口统计学变量、玉龙雪山景区与苍山景区山地旅游非功用性体验价值差异进行检验。相关分析方法将借助 SPSS26.0、Amos22.0 软件展开。针对第五部分的"因果性研究"，本书将采用 csQCA 方法对山地旅游非功用性体验价值投入和体验价值收益间的复杂因果关系进行探究，以此为依据提出山地旅游非功用性体验价值优化路径与提升建议，相关分析借助 SPSS26.0、Excel2019 进行数据预处理，并以 fsQCA3.1 软件进行定性比较分析的主要技术操作。

（四）技术路线

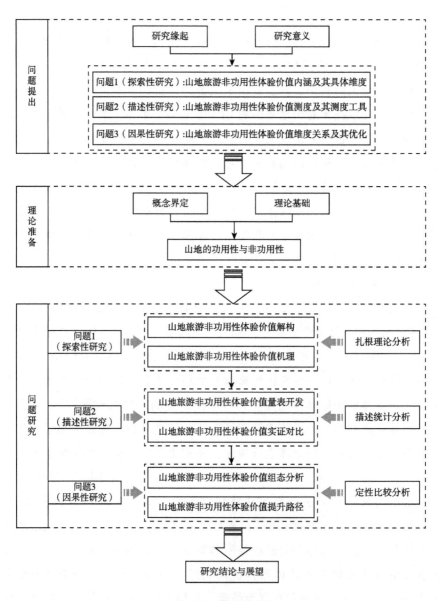

图 0-1　技术路线

资料来源：笔者自绘。

五　研究重点、难点

（一）研究重点

1. 山地旅游非功用性体验价值内涵解构

山地旅游非功用性体验价值是一个新概念，也是本书研究顺利进行的基础。在对山地旅游非功用性体验价值内涵的剖析与解构中，既要从跨学科的研究视角出发，在哲学、心理学、市场营销学、社会学等多个领域探寻非功用性旅游体验的逻辑缘起和山地旅游非功用性体验的理论渊源，也需要将旅游者置于具体的山地情境当中，层层解构和抽象出山地旅游非功用性体验价值的理论核心。

2. 山地旅游非功用性体验价值量表开发

山地旅游非功用性体验价值研究在其基本内涵与具体维度"浮现"的基础上，将通过科学量表的开发将探索性成果转化为量表测度工具，完成从定性探索到概念化、操作化的量化表征。量表开发是一项极具挑战性的任务，能否成功将直接关系到后续分析能否顺利进行，需要兼顾山地旅游非功用性体验价值范畴的全面性与指标评价的可量化、研究数据的可收集性。

（二）研究难点

1. 质性研究数据的处理

山地旅游非功用性体验价值研究将依托多元的一手资料并以 UGC 数据为主要数据来源。对所获取的大体量 UGC 数据进行符号识别和概念范畴提炼，首先要建立一套科学合理的筛选标准并对 UGC 数据的真实性进行验证，此项工作由于数据庞大，存在一定的处理难度。

2. 量表检验与修正

山地旅游非功用性体验价值测度的关键问题是量表的科学性与合理性。量表的直接来源是扎根理论对山地旅游非功用性体验价值范畴的提取和维度的辨识，由于缺少先验，对量表的科学性、完备性、信效度的保证存在一定难度，需要依托科学的统计方法，有效吸纳国内外相关成果等对量表进行多轮的检验与修正。

第一章

研究的理论基础

在西方地理学"情感转向"及旅游体验研究不断细化、深化的背景下，本书希冀从情感性、精神性、象征性等非功用性特质来诠释山地旅游的体验价值，解构山地旅游非功用性的比较优势，刻画人—山联结下的人地关系。山地旅游非功用性体验价值是一个尚未被深入探究的领域。为形成后续研究的理论基础，本章将首先在综合对比现有研究对基本概念界定的基础上，对山地旅游、非功用性旅游体验、体验价值等核心概念范畴进行系统阐释，以便于后续研究的进行；其次，对本书所采用的相关理论进行解读，为下一步山地旅游非功用性体验价值维度辨识、价值测度等分析奠定基础；最后，探讨山地的功用性与非功用性内涵，探寻山地旅游非功用性体验价值研究的理论渊源。

第一节 概念界定

一 山地旅游

从国内外山地旅游研究来看，目前山地旅游仍然缺乏系统化的概念界定。国内学界 20 世纪 80 年代便展开了对山地旅游的探索，但直到 21 世纪初才有学者给出了关于山地旅游的科学界定。在诸多学者看来，山地旅游似乎就是"山地+旅游"，于是相关研究偏重于对山地及山地资源进行分类界定，却往往欠缺对山地旅游概念的阐释。而在国外，概念化的阐释也比较少，学者往往将生态旅游、探险旅游、朝圣旅游等置于山地环境下进行研究，虽有一些概念提出，但主要是针对山地特种旅游活动的解释，能够统辖山地旅游研究的概念体系尚未构建起来。

关于山地旅游的界定，Nepal（2002）提出的山地生态旅游为后续研究提供了较好的参照。Nepal 认为，山地生态旅游是以不破坏山地自然和文化环境，能够为山地社区居民带来综合效益为前提，为旅游者提供高质量体验的旅游形式。实际上，这一概念综合关注了旅游者与东道主，聚焦旅游体验与综合效益，可以适用于一般的山地旅游，但其定义的系统性略有不足，并未充分彰显山地旅游的特质与特色。相比之下，国内对山地旅游探索之初，便强调了山地旅游资源的丰富性与独特性，并对此开展了大量研究。这种"资源导向"不仅影响了早期山地旅游开发，同样也影响了国内学界对山地旅游内涵的把握。王瑞花（2005）提出的概念是目前学界最为认可的阐释之一。在王瑞花看来，山地旅游是以山地自然环境为依托，以各种山体、水体、动植物景观、立体气候、区域小气候等自然资源和山地文化资源为主要旅游资源，开展特色旅游项目和寓多种旅游功能于一体的现代旅游形式（王瑞花，2005）。这一界定从山地旅游资源切入，在对山地旅游资源进行较为系统归纳的基础上，将山地旅游定位于一种现代旅游形式。该定义没有将山地旅游资源狭隘地局限于山体景观，而是从更广义的角度纳入了人文、地文、天文等景观资源，由此，山地被视为一个多功能的旅游综合体，这也基本达成了学界共识。在多数学者看来，山地旅游都是作为旅游活动类型的一个分支，包含以山地为载体的度假、休闲、观光、宗教、修学等多种具体的旅游活动（程进等，2010；陈兴等，2012）。2020 年国际山地旅游联盟发布的《世界山地旅游发展趋势报告（2020 版）》，对王瑞花等学者的概念做了进一步精简，报告认为，山地旅游是以山地为载体，人类是在山地的基础上进行以度假、观光、户外运动、康养、文化探寻等为目的的旅游活动与行为。

综合来看，学界对山地旅游的内涵界定已逐步清晰，多是从山地环境或旅游资源切入，落脚于旅游活动或旅游形式，这无疑对推动山地旅游开发、发展等方面具有一定的指导意义。然而不管是从山地旅游研究的深入还是从市场需求的变化来看，仍有必要对山地旅游内涵做进一步剖析。首先，山地旅游资源能够反映山地旅游特色，这一点毋庸置疑。但是，山地旅游资源不仅具有多样性、复合性、聚集性等特征，亦具有多面性和分布上的规律性（冯德显，2006），赋予了山地旅游资源以空间变化及组合开发的可能性。更确切地，山地环境的特质不仅在于资源特色，随着山地海拔、相对高度、坡度坡向等变化，还会产生自然—人文综合效应，即山地高梯度效应（明庆忠，2008）。因此，对山地旅游基本内涵的把握必须关注山地高梯度效应形成的"梯变"现象和综合生态系统。其次，不言自明却需在此处强调的一点是，旅游是一种个人行为，至少在某个环节上表现为个人有目的、有计划、能加以决策的主动行为（谢彦君，2015），山地旅游亦不可能脱离山地旅游者这一核心，遗憾的是现有山地旅游概念对此涉及不足。与此同时，有山地旅游研究证实，旅游者在山地旅游过程中呈现出对比鲜明的情感阶段（Pomfret，2006），山地旅游应当针对旅游者的需求开发旅游产品（田瑾等，2020），旅游者的情感变化理应在山地旅游基本内涵中予以彰显。最后，山地旅游是现代旅游活动的一个重要分支，其本质自然应是旅游者对愉悦体验的追求。山地旅游能够区别于其他旅游形式，亦表现在旅游体验阶段、旅游体验的深度和强度等方面。正如有学者指出的，对山地旅游的界定应当将"旅游活动"或"旅游形式"凝练到体验性本质上来（陈建波等，2017），现有山地旅游的内涵界定在把握山地旅游体验性本质及旅游者心理动机及体验过程方面存在较大局限。

基于此，本书认为山地旅游应具有以下三个方面的特征：一是作为开展山地旅游活动凭借的山地，是一个具有高梯度效应的综合生态系统，是一个复杂变化着的旅游情境；二是作为开展山地旅游活动主体的山地旅游者具有丰富且变化着的情感体验过程；三是山地旅游的根本在于旅游者对愉悦体验的追求，但体验的阶段、深度和强度区别于其他旅游形式。山地旅游可以定义为：山地旅游是旅游者受到山地高梯度效应下自然—人文特质所形成的"召唤结构"和身心压力等因素综合刺激，产生身心状态结构性失衡，经历山地情境与旅游者心理不断变化与两者的相互浸染，逐步使对山地环境崇拜、敬畏、欣赏、依恋、满足等心理意义得以产生，完成本真自我与山地情境穿越对话的体验过程。

二 非功用性旅游体验

非功用性旅游体验是本书的核心概念之一，对其进行界定是后续研究得以顺利进行的基础。这样一个概念由两部分组成：非功用性和旅游体验。相比于非功用性，旅游体验已然是在旅游领域得到广泛关注并深入探讨的主题之一，包括以 MacCannell、Cohen 和谢彦君等为代表的国内外学者对其进行了大量的研究。"体验"一词可以追溯至古希腊先哲柏拉图的"迷狂"论，柏拉图渴望通过体验使雅典人超越尘世的束缚，复归理性的天国。此后，哲学、美学及心理学领域形成了大量有关体验的论述，体验的终极价值被认为是对平庸的超越和对生命的礼赞（谢彦君，2017）。学界关于旅游体验的论述较早地出现在 20 世纪 60 年代，并于 70 年代末形成了系统的研究成果。在 Cohen（1979）看来，旅游体验是一种多功能的休闲活动，反映了个人从追求愉悦到寻求意义的不同方式，有休闲、消遣、经验、实验和存在等 5 种具体的体验方式。我国学者谢彦君（2015）则认为，旅游体验是旅游者与旅游情境深度融合所获得的身心一体的畅爽感受。这种身心一体的畅爽感受是一种重要的情感状态，成为旅游体验的一个基本特征。进一步地，谢彦君认为旅游体验的实现路径包括观赏、交往、模仿、游戏等（谢彦君，2015），这些实现路径无一不需要身体和感官的涉入。因此，旅游体验具有两个基本特征：内在的情感体验和外在的身体感官涉入。此外，谢彦君将旅游体验分为两大类，一类是没有利害感和功利性观照的"美"的审美体验，另一类则是一般伦理意义上的"善"和认知意义上"真"的世俗体验，这一分类对非功用性旅游体验分析具有重要价值。

关于非功用性，溯源多学科领域可以发现，哲学里"……生命之中看起来似乎是最多余的那些魅力和安逸……"心理学里自我成就需要、意识性动机、心因性需要等，市场营销学里享乐性和自我一致性等非功用性消费需求，无不体现着非功用性色彩。然而较为遗憾的是，各领域对与非功用性有关的论述各有侧重，尚未出现对非功用性的精确定义。在旅游领域，我国学者曲颖先后于 2012 年（与李天元合著）、2014 年在《旅游学刊》上发文，对目的地非功用性定位进行探究，并在其著作《旅游目的地"非功用性"定位研究》中对其做了系统分析。正如前文所述，该研究与市场营销学领域的非功用性消费需求一脉相承，突出强调了体验性和象征性两大特质。在曲颖（2013）的界定中，"功用性消费需求"是外在产生的消费需求，指激发消费者寻求能够解决或避免与消费相关问题的产品的需求；"非功用性消费需求"涉及的则是内在产生的消费需求，主要指激发消费者寻找能够提供社会需要并具有审美价值的产品的心理需求（曲颖，2013）。与此同时，曲颖也指出，非功用性消费需求是与功用性消费需求相对立、涵盖内容相当广泛的范畴。在她的目的地非功用性定位模型中，品牌个性和情感形象成为非功用性定位的基本维度（曲颖，2014）。然而，关于非功用性乃至旅游非功用性体验的精确定义仍旧缺乏。结合哲学、心理学、市场营销学等学科的研究以及非功用性（non-utilitarian）的中文及英文基本释义可以看出，非功用性应当包含两层意蕴：一是非实体功能性的；二是非内在功利性的。非实体功能性为表，非内在功利性为里，构成了非功用性的基本要素。另外，审视旅游体验内涵即可发现，旅游体验，尤其是谢彦君所提出的审美体验，基本上能够反映出非功用性的内在意蕴，那么非功用性旅游体验的提出是否便不具有意义了？非功用性旅游体验是否就是排除了谢彦君所谓世俗体验的审美体验？本书将通过进一步分析来对上述问题作答。

2006 年，孙天胜和曹诗图两位学者在《旅游科学》上发表了题为《对当代旅游功利主义倾向的检视与批判》的文章，对旅游的功利主义倾向提出了批判。文章指出，旅游本应是一种潇洒、诗意的生活方式，却在现实的功利化旅游开发中异化了，过度追求消费与奢侈享乐的现象广泛存在，缺乏深刻的心灵关照和精神体验，忽视了对精神世界的充盈。本应在旅游中占主导的文化功能、教育功能和精神消费功能逐渐让位于经济和物质消费，功利性大于精神性。本书提出非功用性旅游体验，在某种程度上即是希冀探寻一种良态的、复归旅游本质的旅游体验。本书认为，非功用性旅游体验与谢彦君所划分的审美体验和世俗体验并不冲突，但是对旅游体验的新界定。首先，超越功利的审美体验无疑是一种非功用性旅游体验，联结着旅游者与目的地之间的非功用关系；其次，存在于功利的世俗体验中，以追求"善"与"真"为主导的旅游体验尽管掺杂着功利的成分，但仍然表现出了较强的非功用性特点，例如旅游过程中观看体育赛事的振奋，探索求知的顿悟，亲人相聚的欢娱等，形成了旅游者与目的地之间由非功用主导的弱功利关系，应该被纳入非功用性旅游体验的范畴；最后，现代社会的异化使世俗旅游体验中充斥着淡化旅游的精神性与情感性，以物质消费和奢靡享乐为主导，对文化内涵、精神特质漠然视之的旅游体验状态，引致了旅游者与目的地之间功用主导的强功利关系，应当从非功用性旅游体验中剥离，属于功用性旅游体验范畴（见图 1-1）。

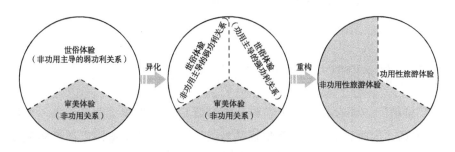

图 1-1　非功用性旅游体验及相关范畴
资料来源：笔者自绘。

　　在阐释了旅游体验及非功用性内涵后，在对非功用性与功用性旅游体验、审美体验、世俗体验之间的关系进行论述的基础上，本书认为非功用性旅游体验应该具有这样的特点：一方面，强的身体感官涉入和弱的实体功能性是其外部表现，另一方面，强的情感体验和弱的内在功利性是其内在本质（见图 1-2）。非功用性旅游体验可以定义为：非功用性旅游体验是旅游者在外部环境的综合刺激下，从生活世界跨越到旅游世界，通过身体和感官的深度参与，在强的情感体验和弱的功利性追求中实现真实与想象的时空穿越，完成自我建构的过程（史鹏飞等，2021）。这一过程最终弱化了外在的实体功能性，将自我的意义与价值最大限度地凸显出来。

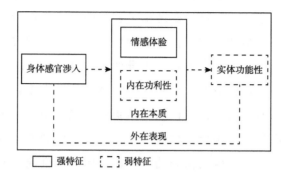

图 1-2　非功用性旅游体验的内在本质和外在表现
资料来源：参考史鹏飞等（2021）研究成果绘制。

三　体验价值

"价值"一词存在于多个学科领域，既是一个哲学概念，又是一个经济学术语，同时也具有伦理学层面的意义。哲学上的价值用以衡量实践基础上客体属性对主体的满足程度，是主客体之间意义关系的表达；经济学中的价值，是"凝结在商品中的一般的、无差别的人类劳动"；在伦理学层面，价值通常指满足人类需要的有用性。体验价值是市场营销学领域的重要范畴，主要吸收了哲学和伦理学层面的价值内涵，通常被认为是一种顾客价值，意指顾客在消费体验过程中对消费的价值判断，受到所提供商品和服务的驱动（Fu et al.，2020），是源自内心真情实感对服务价值的升华（马颖杰等，2014）。Holbrook（1999）曾将体验价值分为主动和被动两类。主动价值来自对产品和服务的身体或精神参与，而被动价值来自对产品和服务的理解、评估或响应。从旅游研究的角度来看，价值往往是旅游者与目的地间相互关系的表达（那梦帆等，2019）。旅游体验强调旅游者与情境的深度融合，因此，体验价值也将建立在旅游者与目的地多维互动的基础上。学界在对目的地价值进行研究时，多以感知价值进行分析。本书以体验价值而非感知价值作为研究范畴的原因在于，尽管体验价值在某一层面与感知价值具有类似内涵，都能表示顾客使用产品与服务后对其进行的总体评价（Butz et al.，1996），但体验价值的外延却更为丰富。根据前人研究成果，体验价值可以从两个角度进行审视：其一，从旅游者的角度出发，观察旅游目的地地理与社会文化空间带给人们的感知价值；其二，基于目的地视角，强调在目的地情境下旅游者的价值收益与价值投入（那梦帆等，2019）。所谓价值收益，是旅游者在旅游过程中所获得的多维体验价值；价值投入则是旅游体验中旅游者的资源消耗和成本代价（那梦帆，2019），这部分投入可能是物质性的，亦可能是精神性的。目前，学界对体验价值收益的关注较多，却较为忽视旅游体验价值投入与价值收益两极共存的特征，造成一定的研究局限。

综合来看，本书认为，旅游研究中的体验价值是旅游者在旅游情境中为了获得以及对是否获得身心一体畅爽感受所进行的价值输入和价值判断，是旅游者与目的地关系的直接表达形式，是对旅游者与目的地在相互浸染中的关系的审视。相比于感知价值，体验价值更加均衡地关注旅游者的主体性表达以及目的地情境特质和体验的过程性。因此，本书将综合体验价值研究中旅游者和旅游目的地两个视角，从体验价值投入和体验价值收益两个向度对山地旅游非功用性体验价值进行多维解读。

第二节 理论基础

一 情境理论

（一）情境理论的基本内涵

情境理论从严格意义上讲是一个理论群，在不同的学科领域下发展出诸如情境社会论、领导情境论、情境分析框架等理论（Belk，1975；白凯，2013）。本书致力于剖析旅游者在山地复杂环境下的非功用性体验价值，更为关注旅游者对外界环境刺激的情感变化及自我建构过程，相比之下更为适用消费行为视角下的情境分析框架。在情境分析框架下，Belk（1975）第一个系统地阐述了情境理论，对情境及情境因素等做了清晰的界定。在 Belk 的研究中，情境被认为是一系列在特定时空对行为主体行为决策产生影响作用的因素。这些因素构成了一个复杂的环境，在与标的物及个体的相互作用下产生了主体行为（Belk，1975）。情境理论认为，能够影响消费行为的因素是复杂的，除消费者自身环境外，情境因素会对最终的消费行为产生深刻影响（宣程，2019）。Belk 将情境因素分为 5 个类别，分别是：构成消费者情境有形物质因素的物理环境；涉及消费活动中他人对消费者影响的社会环境；情境发生时消费者可支配时间充裕程度的时间视角；消费者具体的购物理由的任务定义；消费者带入消费情境中暂时性的先前情绪或状态（白凯，2013）（见图 1-3）。

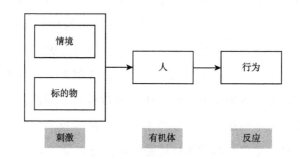

图 1-3　Belk 的情境模式
资料来源：参考白凯（2013）研究成果绘制。

（二）情境理论在本书中的适用性

消费行为会因情境的不同而有所差异，而任何消费行为都是发生在特定情境下的。当旅游者从生活世界跨越到旅游世界，就处于特定的旅游情境之中。正如白凯（2013）所指出的，在旅游情境下，就算普通的一日三餐、坐车睡觉等，都可能具有不同的感觉和意义。旅游者的情绪状态、情感变化都与旅游物理环境、社会环境、旅游时间、任务及先前的状态等情境因素密切相关。本书聚焦山地旅游下的非功用性体验价值，则必须立足山地情境，紧扣山地旅游世界和旅游场的特殊性，才能更深入地分析山地旅游的非功用性体验价值的内在机理，而不是将山地作为研究的背景和外壳。更为重要的是，情境理论建立了从情境、标的物到消费行为的分析框架，将时空与环境、主体与客体联系起来，意味着对山地旅游非功用性体验价值的研究必须从情境和标的物等刺激因素入手，在"刺激—有机物—反应"模式的指导下，逐步剖析山地旅游非功用性体验价值的相关问题，这为山地旅游非功用性体验价值内涵挖掘和维度划分提供了分析范式和视角指引。

二 情感认知评价理论

（一）情感认知评价理论的基本内涵

情感认知评价理论又被称为情感认知理论，是 20 世纪 50 年代由心理学家 Arnold 率先提出，并经由 Lazarus 等学者加以丰富拓展而形成的情感研究核心理论之一（孔维民，2002；尹继武，2009）。在 Arnold 看来，对事物的评价都具有情感色彩，并且这种评价首先是由知觉引起的。知觉的产生引起情感变化进而引致相应的情感行为。因此，理解知觉在情感、行为中的作用机理对把握情感的产生机制是至关重要的（乔建中，2008）。具体地，Arnold 认为情感并非直接由外界刺激所引起，外界刺激需要经由认知评价才能促成情感的产生。认知评价的过程是一个价值判断的过程。在这一过程中，主体对外界刺激物的好坏性质等进行价值判断，一旦主体意识到刺激物对其的价值意义，就将进一步产生情感。Lazarus 在此基础上对认知评价过程进行了阶段划分，他认为认知评价不是一次即可完成的，而是需要不断地对外界刺激与主体关系做出判断，经历初评（主客体关系的价值评估与判断）、再评（拟采取行动及行为控制的评估与判断）、终评（行为反应后的目标一致性和反应有效性的评估与判断）等过程（孔维民，2002）。Lazarus 意识到，外界刺激与主体间的关系不是一成不变的，而是处于一个动态变化的过程中，因此认知评价是一个不断往复的过程。在认知评价中，人们将对主客体间关系、情绪与行为反应等做出多维评价。与此同时，Arnold 和 Lazarus 都认为个体差异等因素会影响情感的产生。

由此可以归纳出情感认知评价理论的基本内涵：人们对外部环境情感的反应是在人们依据认知进行价值判断的基础上产生的（乔建中，2003）。情绪是外部环境刺激、主体生理行为及心理认知评价共同作用的结果（刘婷婷等，2020）。其中，认知评价的核心是对主客体间关系的价值判断（孙小龙等，2018）。

（二）情感认知评价理论在本书中的适用性

情感认知评价理论将认知评价融入情感产生的分析路径中，基于主客体关系的价值判断被视作情感产生的重要前置因素，并揭示了认知评价的阶段性和反复性。这一理论对本书具有重要的指导意义。首先，非功用性旅游体验是本书的一个核心范畴，而强的情感体验和弱的内在功利性作为非功用性旅游体验的内在本质，与情感有着紧密的关联。情绪认知评价理论突出了认知评价在情感产生中的作用，这间接证实了本书从非功用性体验价值切入的理论合理性。其次，传统的关于体验价值或感知价值的研究往往呈现价值维度划分的"结果"，而忽略特定情境下情感体验的多变性、累积性等特征。把握非功用性体验价值的过程性将成为贯穿本书的基本理念。最后，情感认知评价理论所构建的"环境—生理—认知—情感"概念模型对揭示山地旅游非功用性体验价值的内在机理具有重要参考价值，本书将以情绪认知评价理论为基础，对山地旅游非功用性体验价值的产生、变化、作用机理等进行系统阐释。

三　顾客感知价值理论

（一）顾客感知价值理论的基本内涵

顾客感知价值是市场营销学的核心理论之一。对于感知价值，众多学者的界定稍有差异，但无疑都是从顾客的立场出发，强调顾客对于产品和服务的主观评价（王颖，2013）。其中，Zeithaml、科特勒和 Woodruff 等人的观点非常具有代表性。Zeithaml 等归纳了感知价值的 4 种内涵：一是一些顾客非常看重产品和服务是否具有低廉的价格；二是一些顾客认为价值就是经济学中的效用，即产品或服务的主观满意程度；三是一些顾客认为价值就是购买的"质量"与花费的"金钱"之间的平衡；四是一些顾客用全部投入能够得到的全部来衡量价值（Zeithaml et al., 1990）。科特勒则以顾客让渡价值来剖析感知价值。在科特勒的分析中，让渡价值被分为两类：一类是包含形象、人员、产品、服务价值的顾客总价值；一类是包括精力、体力、时间、货币等成本的顾客总成本（科特勒，2003）。Woodruff引入"手段—目标"理论，将顾客感知价值分为属性层、结果层、目标层3个层次，提出了顾客感知价值层次模型（见图1-4）。其中，属性层是产品的性能特征，结果层是顾客使用产品后取得的效果，目标层是产品带来的最终结果（Woodruff，1997）。Woodruff的分析将属性、结果、目标串联起来，形成了层层递进的价值层次。在此基础上，Woodruff还提出了包括价值维度确定、价值测量、价值分析在内的价值测量方法（秦雪，2008）。

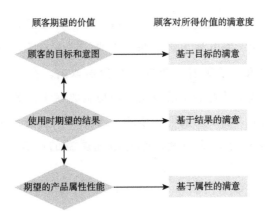

图 1-4　Woodruff 的顾客感知价值层次模型
资料来源：参考王颖（2013）研究成果绘制。

（二）顾客感知价值理论在本书中的适用性

通过对比分析，本书以体验价值而非感知价值作为后续研究的核心概念之一。然而不可否认的是，顾客感知价值理论仍然是本书重要的理论支撑，在多个方面为后续研究提供指导。首先，顾客感知价值是有层次的。Woodruff的顾客感知价值层次模型着眼于"手段—目标"，对顾客感知价值进行了层次的划分，表明顾客感知价值不仅是属性层的产品性能，还有在其之上与消费者个人目标所勾连的感知价值。这在一定程度上形成了非功用性体验价值的理论依据和逻辑起点。其次，顾客感知价值维度是可分类的。关于顾客感知价值维度分类的研究成果颇丰，尽管划分标准不一，但这些维度分类还是在一定程度上为非功用性体验价值维度划分提供了重要参考，有利于剖析非功用性体验价值内涵。最后，顾客感知价值是可测量的。不管是 Woodruff 的"维度划分—价值测量—价值分析"的研究路径，还是诸多学者所开发的测量量表，都为非功用性体验价值测度的实证研究提供了分析依据，对本书具有重要价值。

第三节　山地的功用性与非功用性分析

从世界范围来看，山地与人类文明有着千丝万缕的联系。阿尔卑斯山之于欧洲文明、乞力马扎罗山之于非洲文明、三山五岳之于华夏文明都有着极为重要的意义，承载着人类的精神价值取向。在人—山关系的演进中，山地环境创造了独特的生活空间，山地资源赋予人类以丰富的生产资料，山地文化成了人们鲜明的情感依托。作为一个复杂的复合系统，山地既具有功用性也具有非功用性，这对山地旅游的研究与发展具有重要启示。

一　山地功用性：生存与生产的物质空间

作为与非功用性相对的范畴，功用性表现出了强的实体功能性和内在功利性。山地功用性首先体现了人类依托山地生存发展的基本属性，彰显了山地独特的资源环境特色。在人类早期，山地富集的资源为人类的生存繁衍提供了重要的物质资料，与河流等一道孕育人类文明，居住于"深山密林"中的人自发形成了山地聚落，以采集狩猎作为主要的生存方式（赵巧艳等，2019）。进入农业社会，山地的气候、生物资源及其分布的地带性特征，在很大程度上符合农业经济的发展需求，山地形成了农、林、牧等多元化的生产空间，"靠山吃山，靠水吃水"成为农业经济重要的生产理念。进入近现代，山地广布的资源仍然为有形制造业提供着重要的生产资料。可以说，山地功用性的一个重要指向便是立足于人类生存，推动各种经济形态的发展。不仅如此，山地独特的环境还在其他方面体现着功用性特点。例如，山地在古代与近现代军事史上，常常发挥军事要塞及屏障的功能，在军事对峙及防御过程中起到了重要作用（郑霖，1998）。在功能性之外，山地亦在功利性方面表现出功用性特征。其中最显著的，或是古代帝王利用山地的神圣化意义强化"君权神授"的"正统"政治意志，以及部分帝王行使专制皇权于名山上大兴土木，以满足奢靡享乐之私欲。

整体来看，山地功用性往往联结着人类的生存与生产，这在特定的历史阶段对推进人类生存与发展发挥了积极作用。与此同时，一部分个人的功利性行为也存在不同程度的消极影响。功用性的双重影响在如今的山地发展中依然存在。一方面，山地仍然在很大程度上推动着经济社会发展；另一方面，除个人的功利性行为之外，功用性思维的"资源导向"发展模式以及人类需求的无限扩张和人类的无度索取，使山地生态面临着极为严峻的局面，山地的发展潜力受到了很大制约，也无法满足愈加多元的个性化消费需求。在这种情况下，山地作为物质空间的功用性应该进行自觉转向，融入更多的山地非功用性特质。

二 山地非功用性：浪漫与理想的精神王国

山地非功用性是人类与山地相联结的精神属性，体现了山地的情感性、精神性、象征性特质。山地丰富的非功用性特征，在中国有着深厚的文化基因。首先，是中国古代的山崇拜，这一点从上古的传说中便可体现。山地不仅是生产生活的物质载体，更可"出云兴雨"，因是盘古的躯体所化而具有神性。山地的"神格化"意义受到创世神话的影响，也与宗教及君主专制下"君权神授"的政治伦理有关（杨胜利，2018）。其次，是传统儒学所奠定的"山水比德"价值取向以及凸显的人文精神。儒学开启了从重神转向重人的价值走向，使山地较早地进入了人们的审美视野（史鹏飞等，2020）。在儒家经典《论语》中，"山"共出现了9次，不同程度地彰显了等级秩序、道德义理和主体审美等多种象征意蕴，凝结了真善美的文化价值（杨胜利，2018），儒学的价值取向对后来的文人士大夫产生了重要影响。备受儒学浸染的文人墨客登高览胜，以诗、书、画等多样的创作形式寄情于山水，以表达期盼以及对怀才不遇的感叹，山地的人格化意义凸显出来，成为一种超越功利、富含意蕴的审美主体。最后，从某种意义上说，山地丰富的非功用性意义也与山地功用性价值有着紧密联系。正是因为山地满足了人类的生存和生产需要，形成了特定的生产空间和生活场域，强化了人—山互动，人类才对其倾注了想象力、创作力，生成了山的传说、山的故事、山的"神格化"和人格化意义，创造了山地文化，丰富了人与山地的情感联结。

从山地非功用性的具体表现形式来看，譬如丰厚的象征意义、多维的审美价值，以及磨砺身心、丰富知识、宗教朝圣等精神意蕴都应在其范畴之内。相比山地功用性，山地非功用性呈现了人类的浪漫化倾向和对真善美文化理想的追求。如果说山地功用性在很大程度上将山地视作物质空间，那么山地非功用性则致力于将山地构建为一个精神王国。接下来需要思考的是，山地非功用性如何推动山地发展及满足人类需求？山地非功用性又能以何种路径加以彰显？本书认为，山地旅游应是山地非功用性价值实现的重要路径。

三　山地旅游：亟待回归的非功用性实现路径

愉悦性休闲体验是旅游的内核（谢彦君，2015），从这个角度上说，旅游本质上具有非功用性的基本特征。审视山地非功用性的内在意义和表现形式可以发现，旅游追寻精神愉悦的根本目的与之高度契合，山地旅游是彰显山地非功用性的有效路径。回溯中国古人的游历与休闲，便可看出山地旅游与非功用性的渊源。古代文人表达了对游山的喜爱，并借此抒发了志趣，譬如李白有诗云"心爱名山游，身随名山远"（《金陵江上遇蓬池隐者》）、"五岳寻仙不辞远，一生好入名山游"（《庐山谣寄卢侍御虚舟》），杜甫有"会当凌绝顶，一览众山小"（《望岳》）、"为爱丈人山，丹梯近幽意"（《丈人山》），等等。可见，山地有挖掘非功用性特质开展山地旅游活动的文化积淀。现代山地旅游活动倘若能够把握山地在审美和文化体验中的非功用性优势，将极大地推动物质与精神文明协调发展，彰显出旅游的核心价值。遗憾的是，现代社会的快节奏带来了某种"异化"，本应突出强调的山地文化价值和精神价值长期让位于经济价值，也影响着山地旅游的发展理念，由此造成山地资源的过度利用和山地旅游价值的消减。与此同时，原本是旅游核心之义的非功用性也在奢靡享乐、漠视文化的消费模式中无法得到充分彰显，旅游者很难真正体会到身心一体的畅爽感受。"异化"了的山地旅游——功用性山地旅游，舍弃了山地非功用性的个性特质和精神价值，过分追求旅游设施的便捷化而忽视了对山地特色旅游产品的深度体验，引致"千山一面"、旅游流集中冲突等问题，造成山地旅游缺憾（史鹏飞等，2020）。因此，山地旅游需要一次回归，深挖非功用性特质，重塑非功用性价值。

综上所述，山地与人类的生存发展有着紧密关联，山地既是一个生存与生产的物质空间，亦是一个浪漫与理想的精神王国，兼有功用性和非功用性特质。长久以来，功用性思维主导着山地发展和消费体验，也引致本应极力展现非功用性特质的山地旅游难以充分凸显其非功用性价值。在山地旅游的深入研究与实践发展中，应当关注回归山地旅游本质的山地旅游非功用性体验及体验价值，这也是本书致力于剖析的研究主题。

第二章

山地旅游非功用性体验价值解析

在结合现有研究对相关基本概念进行界定、对基础理论进行阐释、溯源山地旅游非功用性体验价值理论的基础上，本章将重点揭示山地旅游非功用性体验价值的实质内涵与逻辑机理。基于对山地旅游非功用性体验价值这一主题的初步分析，本书最终确定以扎根理论为主要分析方法，以山地旅游网络游记为资料来源，通过层层编码以"浮现"出山地旅游非功用性体验价值的核心命题，并进一步阐释其内涵与机理。因此，本章首先将对所使用的资料分析方法、数据来源、资料分析工具进行介绍，明晰后续研究的思路；其次，系统阐述山地旅游非功用性体验价值解构的过程，揭示山地旅游非功用性体验价值的核心命题，并论述研究的科学性；再次，重点从价值投入和价值收益两方面对山地旅游非功用性体验价值的逻辑机理进行情境分析，透视各项山地旅游非功用性体验价值投入和收益的基本内涵；最后，再次审视山地旅游非功用性体验价值，分析山地旅游非功用性体验价值实质。

第一节　分析方法阐述

一　研究问题的明确

在"绪论"部分，本书阐述了主要希冀解决的三个问题，为了深入探析山地旅游非功用性体验这一研究主题，本章首先回答问题1，"什么是山地旅游非功用性体验价值？其中包含哪些潜在的具体维度？"对这一问题的研究，意在揭示山地旅游非功用性体验价值内涵，并为后续的量化测度及对山地旅游非功用性体验优化提升等诸多问题的探讨提供依据。根据研究的基本目标和具体的研究问题，可将研究设计划分为"探索性研究"（Exploratory）、"描述性研究"（Descriptive Research）和"因果性研究"（Casual Research）三种基本类型（Churchill et al.，2002）。山地旅游非功用性体验价值是一个尚未被充分挖掘、没有系统性研究参照的研究领域。旅游者在非功用性目的的指引下，从日常生活世界跨越到山地旅游世界，随着山地环境与旅游者心理的相互碰撞，非功用性体验价值究竟有哪些具体维度？非功用性体验价值的特征、内在机理是怎样的？这些问题在研究开展前我们都不甚了解，也无法通过先验来进行预测。因此，本章的研究为"探索性研究"，将采取与之相应的质性研究方法进行后续研究。

二　资料分析方法：扎根理论

质性研究方法有不同的类型，如民族志、现象学派、扎根理论研究以及对话分析等。扎根理论最早由 Glaser 和 Strauss 在一项有关医学的合作研究中提出（程励等，2016）。目前已发展出 3 种不同的取向：Strauss 和 Corbin 主张的系统程序取向、Glaser 主张的浮现设计取向以及 Charmaz 的建构主义取向（保继刚，2010）。在质性研究中，扎根理论是形成社会科学理论或理论性模型的一种更为科学的方法，比较适用于理论尚不完善领域的研究。本书在扎根理论的具体操作方面主要依据的是 Strauss 和 Corbin（1997）在质性研究概论中所描述的方法。

扎根理论是一种自下而上进行理论构建的方法，强调对不易察觉的问题进行概念化抽象，在资料的研究中发展理论、关注规律的呈现、发现核心要素，通过理论提炼挖掘现象背后的本质和内在逻辑（程励等，2016）。本书采用扎根理论，意在最大可能地"悬置"个人的"偏见"和研究者的"定见"，以开放的心态对原始资料进行充分解构，逐步挖掘山地旅游非功用性体验价值的具体概念和范畴，辨识各范畴之间的内在关联，形成山地旅游非功用性体验价值的具体维度，最终提炼出其中的内在机理并上升至理论。运用扎根理论进行资料处理的一般流程见图 2-1。

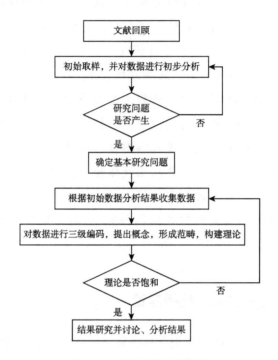

图 2-1　扎根理论流程框架

资料来源：参考程励等（2016）研究成果绘制。

三　资料来源

（一）资料选择与来源

本书在对山地旅游非功用性体验价值进行解构与维度辨识的过程中，将运用质性研究的扎根理论方法对相关资料进行分析。在研究资料选取之初，本书对访谈资料、网络游记等进行了分析比较。由于本书力图抽象一般化山地情境下的山地旅游非功用性体验价值，且在研究之初尚不能清晰把握非功用性体验价值的研究内涵，因此，访谈资料在不同空间区域获取的高成本，尤其是基于本书涉及问题无法建立科学合理的访谈提纲的局限，访谈资料将不作为本书的资料来源。随着网络时代的进步，网络游记已经成为记录旅游生活、分享旅游体验的重要载体。在学术研究中，网络游记数量多、易获取、类型多样、信息量大、具有非商业性等方面的优势，使之在旅游体验、目的地形象等研究领域受到了越来越多的学术观照，成为相关研究重要的基础性资料（史鹏飞等，2021）。基于此，本书将山地旅游的网络游记作为主要的资料来源。

山地旅游网络游记资料的收集面临三个重要问题：其一，从何处获取？其二，获取多少？其三，获取哪些？这三个问题的解决也是保证数据资料真实有效、研究结论科学合理的关键。针对第一个问题，本书首先在国内较为主流的线上旅游网站和信息分享平台进行了数据的预获取。在对相关游记资料进行甄别和筛选时发现，部分网站平台网络游记写作风格较难运用于本书，且存在大量广告类游记及转载复制类游记。在诸多网站、平台中，马蜂窝（http：//www.mafengwo.cn/）和知乎网（https：//www.zhihu.com/）的游记在风格、真实性、叙述完整性等方面均优于其他网站、平台。因此，本书主要通过马蜂窝和知乎网来获取山地旅游网络游记文本。针对第二个问题，由于扎根理论旨在要求达到理论类属饱和（程励等，2016），所选取资料样本能否覆盖、在多大程度上覆盖网络游记资料不是问题的关键，因此，本书将研究的理论饱和作为基本原则，采取理论抽样方法，将资料收集和编码过程结合起来，直至理论饱和。针对第三个问题，本书将以典型山地旅游目的地作为关键词进行网络游记的获取。为了保证所选山地旅游目的地的典型性，本书主要基于三个准则进行初选。

（1）学术观照。本书认为，典型山地旅游目的地往往是学界关注的焦点。因此，本书通过中国知网（https：//www.cnki.net/）全网数据库进行高级检索，选取核心期刊（含中文核心、CSCD、CSSCI、SCI、EI等）和硕博学位论文中提及2次以上的山地旅游目的地作为网络游记关键词搜索的备选。

（2）市场热点。本书将近年来政府、行业组织、旅游企业出台的相关山地旅游发展报告中提及的热门山地旅游目的地作为网络游记关键词搜索的备选。

（3）专业评价。本书将政府部门及行业组织评选及认定的例如中华十大名山、中国最美十大名山、世界遗产、地质公园等所涉及的山地旅游目的地作为网络游记关键词检索的重要补充。

基于以上三个准则，并对涉及的山地旅游目的地进行甄选比较后，形成了山地旅游网络游记的检索关键词表（见表 2-1），共涉及 85 个山地旅游目的地。

表 2-1　网络游记检索山地旅游目的地关键词初选集

山地名称及所在省（区、市）
泰山（山东泰安）、华山（陕西渭南）、嵩山（河南郑州）、衡山（湖南衡阳）、恒山（山西大同）、黄山（安徽黄山）、庐山（江西九江）、峨眉山（四川乐山）、五台山（山西忻州）、九华山（安徽池州）、普陀山（浙江舟山）、梵净山（贵州铜仁）、龙虎山（江西鹰潭）、武当山（湖北丹江口）、齐云山（安徽黄山）、青城山（四川都江堰）、三清山（江西上饶）、武夷山（福建南平）、长白山（吉林延边）、猫儿山（广西桂林）、张家界（湖南张家界）、太白山（陕西宝鸡）、麦积山（甘肃天水）、雁荡山（浙江温州）、终南山（陕西西安）、白云山（广东广州）、莫干山（浙江湖州）、神农架（湖北十堰）、贺兰山（宁夏银川）、紫金山（江苏南京）、琅琊山（安徽滁州）、天柱山（安徽安庆）、井冈山（江西吉安）、牛头山（浙江金华）、花果山（江苏连云港）、盘山（天津）、骊山（陕西西安）、崂山（山东青岛）、梁山（山东济宁）、祖山（辽宁秦皇岛）、邙山（河南洛阳）、沂蒙山（山东潍坊）、香山（北京）、九寨沟（四川阿坝州）、天台山（浙江台州）、云台山（河南焦作）、梅里雪山（云南迪庆）、丹霞山（广东韶关）、贡嘎山（四川甘孜）、四姑娘山（四川阿坝州）、绵山（山西晋中）、崆峒山（甘肃平凉）、五指山（海南五指山）、天山天池（新疆昌吉）、云丘山（山西临汾）、西岭雪山（四川成都）、茅山（江苏镇江）、观音山（广东东莞）、岳麓山（湖南长沙）、九龙山（浙江嘉兴）、九宫山（湖北咸宁）、光雾山（四川巴中）、大瑶山（广西金秀）、径山（浙江杭州）、玉龙雪山（云南丽江）、凤凰山（辽宁朝阳）、苍山（云南大理）、太子山（湖北荆门）、天目山（浙江杭州）、武功山（江西萍乡）、江郎山（浙江衢州）、翠华山（陕西西安）、太岳山（山西晋中）、芦芽山（山西忻州）、佛陀山（江西上饶）、鸡公山（河南信阳）、东白山（浙江金华）、小五台山（河北张家口）、定军山（陕西汉中）、白狼山（辽宁葫芦岛）、方岩山（浙江金华）、大茂山（河北保定）、老君山（河南洛阳）、敬亭山（安徽宣城）、雪峰山（湖南邵阳）

资料来源：笔者整理。

（二）资料收集与整理

网络游记资料的收集与整理共分为两个阶段：第一阶段为游记资料的独立收集阶段，旨在通过对目的地游记的全面收集形成扎根理论编码的基础数据库。本书于 2020 年 5 月至 2020 年 7 月开展了对 85 个山地旅游目的地网络游记第一阶段的检索、获取和甄选工作。在实际的资料收集过程中，首先通过 MAXQDA2020 的 Web Collector for MAXQDA 插件将网络游记文本保存为 MAXQDA2020 可读取的文件格式，并通过逐篇阅读的方式对游记文本的真实性及研究价值进行鉴别。第二阶段为游记资料与编码过程的交叉处理阶段，旨在通过对编码过程范畴的识别与提炼发现第一阶段游记资料的不足并进行资料更新。本书于 2020 年 8 月至 2020 年 11 月展开对游记资料的扎根理论编码工作，其间为保证理论饱和再次补充了部分游记资料。最终收集用于扎根理论编码的游记共计 194 篇 150 余万字。其中，马蜂窝游记 157 篇，知乎网游记 37 篇；用于理论饱和度检验的游记共计 10 篇 10 余万字，其中马蜂窝游记 8 篇，知乎网游记 2 篇。在后续编码分析中，马蜂窝游记以 "MF+" 序号的方式命名，知乎网游记以 "ZH+" 序号的方式命名。

网络游记文本并非标准化数据，存在虚假信息及研究价值有限等问题。为保证游记资料的可用性，本书在已有研究成果的基础上建立文本甄别标准，从真实性和研究价值两个方面进行游记的筛选。关于游记文本的真实性，本书主要考虑以下几项标准：①游记文本是否具有明显的复制或广告痕迹，若有则剔除；②游记文本的内容与所提及的出发时间、出行天数、费用等信息有无矛盾之处，若有则剔除；③通过游记作者与网友的评论互动内容进一步判别真伪。关于游记文本的研究价值，本书主要考虑以下几项标准：①旅游体验目的的非功用性。剔除带有明显任务导向和功能导向的游记文本。②旅游体验过程的完整性。选取囊括从游前到游后整个旅游体验过程的游记文本。③旅游体验细节展示的丰富性。选取尽可能多地展现旅游体验细节和心理活动变化过程的游记文本。

特别需要说明的是，在游记资料的实际获取过程中，部分初选的山地旅游目的地网络游记难以达到扎根理论分析的要求，在后续的分析过程中实际涉及 75 个山地旅游目的地（见表 2-2）。

表 2-2 网络游记检索山地旅游目的地

山地名称及游记收集篇数

泰山（8）、华山（9）、嵩山（4）、衡山（5）、恒山（3）、黄山（8）、庐山（6）、峨眉山（5）、五台山（4）、九华山（5）、普陀山（3）、梵净山（3）、龙虎山（2）、武当山（3）、齐云山（2）、青城山（4）、三清山（3）、武夷山（6）、长白山（4）、猫儿山（2）、张家界（5）、太白山（4）、麦积山（1）、雁荡山（5）、终南山（2）、白云山（1）、莫干山（4）、神农架（4）、贺兰山（2）、琅琊山（1）、天柱山（4）、井冈山（4）、牛头山（1）、花果山（4）、盘山（1）、骊山（2）、崂山（2）、祖山（1）、沂蒙山（1）、香山（3）、九寨沟（3）、天台山（1）、云台山（3）、梅里雪山（5）、丹霞山（1）、贡嘎山（4）、四姑娘山（7）、绵山（3）、五指山（2）、天山天池（2）、云丘山（4）、西岭雪山（2）、茅山（2）、观音山（1）、岳麓山（1）、九龙山（1）、九宫山（3）、光雾山（2）、玉龙雪山（3）、凤凰山（2）、苍山（2）、天目山（2）、武功山（4）、江郎山（2）、翠华山（1）、太岳山（1）、芦芽山（1）、鸡公山（1）、东白山（2）、小五台山（3）、白狼山（1）、大茂山（1）、老君山（3）、敬亭山（1）、雪峰山（1）

资料来源：笔者整理。

四 分析工具

定性研究作为实证研究的一个路径，一直在向认识论意义上的"价值中立"靠拢。其中的标志之一，就是对定性分析工具成熟而规范的使用（谢彦君，2018）。当面对庞杂的资料时，能否采用科学的方法与路径成为分析的关键（程励等，2016）。目前，定性分析工具的处理能力越来越强大，通过这些软件辅助完成定性研究也愈来愈受到学界重视。扎根理论分析需通过对原始资料的反复比较，对概念、范畴间的逻辑关系进行系统梳理，才能够进行下一阶段分析，面临较为繁重的数据分析任务。在这个过程中，定性研究的数据分析工具在加工原始资料、提升编码效率方面具有重要意义。

目前，包括 NVivo、ATLAS. ti、MAXQDA 在内的定性分析工具已被广泛使用。从研究的问题和相关定性方法的运用出发，MAXQDA 软件在运行效率和编码数量限制方面优势比较明显。因此，本书选择 MAXQDA2020 软件辅助完成必要的定性分析。MAXQDA 是一套专业用于定性和混合方法数据分析的软件包，可以用来分析所有的非结构化数据，包括访谈、文章、多媒体和专项定性调查资料等（谢彦君，2018）。在 MAXQDA2020 中，可通过开放式编码模式使原始资料形成自由代码，并通过资料内容的不断对比与归纳将自由代码合并形成树状代码集。包括备忘录、搜索查询、颜色批注等基本功能及 MAXMaps、代码矩阵浏览器等可视化工具，可以在不同情况下帮助研究者将编码结果与原始资料进行对比分析，以形成最终的结论（胡萍，2012）。本书首先对游记资料和访谈资料进行人工整理与分析，在此基础上将资料文本导入 MAXQDA2020 中，通过开放式编码模式和编码合并、组合等操作方式建立自由代码、节点等，并辅之以子代码的统计数据、MAXMaps、代码关系浏览器、代码一览表等功能，最终完成对文本内容的解构和三级编码范畴的归纳识别，为山地旅游非功用性体验价值的维度辨识以及进一步的机理阐释和评价体系构建提供基本材料。

第二节　山地旅游非功用性体验
价值解构过程

一　扎根理论的分析准备

本书在扎根理论编码前共计有 150 余万字的山地旅游网络游记文本资料，对其进行编码分析是一个繁杂且工作量极大的过程，对不同资料文本的对比及逻辑梳理都存在很大挑战，直接进行扎根理论的三级编码存在较大困难。此外，由于网络游记并非规范性的研究文本，游记中存在诸多研究意义不大的冗余信息，因此，在正式的扎根理论分析前，本书对原始的游记文本进行了预处理，通过四个阶段的文本解构和归并，形成扎根理论分析所需的初级符码。首先，将所获取的网络游记文本按照获取来源的不同进行编号以便于后续分析。其次，借助 MAXQDA2020 进行游记文本的精读，逐字逐句标记具有显著意义和研究价值的文本段落、句子。与此同时，明确每位游客的出游动机、体验脉络等基本信息，使用备忘录记录下来。再次，对游记文本进行解构，将具有显著意义和研究价值的文本初步提炼编码，为保证后续研究的科学性，主要以原始语句对编码命名。最后，对所有游记文本的初级符码进行整合，对其中的重复符码进行标记与合并，初步形成具有相对独立意义的语句符码库，以便为后续三级编码工作提供参考。

二 开放式编码

开放式编码是扎根理论分析的第一步，旨在通过对原始资料的逐字分析，解构文本间的内在关联，对文本资料进行归纳组合，实现文本资料初步概念化和范畴化的过程（王玮等，2020）。开放式编码过程应尽可能地保持开放、悬置先验，即鲜活编码（王玮等，2020）。因此在对山地旅游网络游记文本进行初始编码时，并未刻意追求概念化和范畴化，而是尽量运用原始文本命名（见表2-3）。在利用 MAXQDA2020 开放式编码功能进行编码，并综合扎根理论前的数据预处理结果进行反复修正，剔除与本书关联较小的代码后，共在 195 篇游记中辨识形成了 4680 个初始概念。

表 2-3 开放式编码示例

编号	原始文本	概念化	范畴化
MF016-022	在忙碌的日子，逃脱烦嚣，在观音山，看山看云，在观音山，祈求平安与喜乐	远离喧嚣	离群避世
MF080-021	远离喧嚣的城市，走进山林，感受素朴的清茶淡饭的生活，便是清欢		
ZH012-005	脱离了密集的人群，呼吸都顺畅了许多，面对着即将征服的东岳泰山，满满的力量等待着爆发……	屏蔽人群	
ZH017-003	开始两天就是适应徒步，最爱那戴上耳机屏蔽人群，心里有路，眼里有风景的感觉，跑跑走走，在十多公里的线路上潇潇洒洒		
MF080-019	卸下城市的忙碌与繁华，品尝来自莫干山的平静与恬淡	卸下忙碌	
MF014-001	不管怎样，每种都是我们自己选择的方式，那是一种放松心灵的方式，找回灵魂的方式，让我们找回初心的方式	休憩心灵	
MF117-018	一生必须来看一次，来净化自己的心灵，升华自己的灵魂……		

资料来源：笔者整理。

为进一步对初始概念进行抽象提炼以实现从概念化到范畴化的跨越，对初始概念的意义指代和逻辑关系进行反复比较和分析，对初始概念重新归并组合，将其聚拢为抽象层次更高的 55 个初始范畴。分别将之命名为：离群避世、情感凝视、追昔怀古、探新猎奇、挑战自我、感官参与、行为涉入、心灵浸润、生理阈限、肉体痛感、具身障碍、逆向决策、风险理性、预期瓦解、决策徘徊、自我怀疑、陌生化、身心调试、图像表征、行为隐喻、途中隐喻、场景隐喻、情境对比、经历回味、反身观照、共情演绎、优美感知、壮美体味、物我共治、意识抽离、正向情绪、负向情绪、情绪交错、情感表白、情感依恋、空间穿越、时间知觉、移情模拟、新鲜感、内涵释义、意义呈现、价值凝练、诗意独白、知识获取、名实性、历史认同、国家认同、亲情延展、他者关怀、人际互动、世俗分享、关系建构、自我独立、自我满足、自我更新。

三 主轴式编码

主轴式编码是以开放式编码形成的初始范畴为基础，通过进一步地类属特征和逻辑关系梳理、归纳，发现和发展出主范畴的过程（陈向明，1999），也即 Strauss 和 Corbin 所说的将数据再次恢复连贯的策略（程励等，2016）。因此，主轴式编码需将开放式编码所形成的初始范畴带回到游记文本中，重新审视范畴与范畴间的逻辑关系。为了使范畴间的关系具体化，Glasser 提出了包括因果、时间、语义、属分、结构、功能等在内的多组关系分类（陈向明，1999）。本书运用扎根理论方法，旨在辨识山地旅游非功用性的具体维度并明确各维度背后的意义。因此，主要根据因果、属分、时间等关系探究山地旅游非功用性体验价值初始范畴间的关联线索，并借助 MAXQDA2020 实现初始范畴的饱和聚类和主范畴命名。基于山地旅游非功用性体验价值内涵，通过将初始范畴置于游记文本中进行反复比较和归并，从价值投入和价值收益的角度出发将开放式编码阶段形成的 55 个初始范畴抽象为 13 个主范畴，分别命名为：精神引入、身体浸入、风险介入、差异带入、仪式输入、情感注入、审美价值、情感价值、时空价值、符号价值、"家国"价值、人际价值、成己价值（见表2-4）。13个主范畴间实现了意义的相对独立，成为后续山地旅游非功用性体验价值解析的重要依托。

表 2-4 主轴式编码结果

主范畴	初始范畴	初始概念
精神引入	离群避世	远离喧嚣、屏蔽人群、卸下忙碌、休憩心灵
	情感凝视	兴致昂扬、一心神往、魂牵梦萦、特殊情结
	追昔怀古	羡慕古人、寻觅古人、对话古人
	探新猎奇	探索未知、寻找真谛、追寻梦想、寻找刺激
	挑战自我	突破潜能、挑战极限、体验艰辛、超越自我
身体浸入	感官参与	视觉体验、听觉体验、嗅觉体验、味觉体验、触觉体验、通感体验
	行为涉入	兴奋欢呼、放松歌唱、撒欢奔跑、追逐游戏、即兴模仿、双手合十、请佛还愿
	心灵浸润	身临其境、真切感受、身心沉浸
	生理阈限	体能透支、筋疲力尽、意识模糊
风险介入	肉体痛感	高原反应、腰酸腿疼、身体受伤
	具身障碍	艰难挪动、寸步难行、生无可恋、双重煎熬、无计可施、进退维谷
	逆向决策	无法阻挡、选择坚持、喜欢风险、雄心未泯
	风险理性	尽力而为、安全第一
差异带入	预期瓦解	低估了难度、低估了风险、低估了寒冷
	决策徘徊	心理斗争、想要放弃
	自我怀疑	紧张、害怕、谨慎、担心
	陌生化	不适应、不信任、不熟悉
	身心调试	身体调试、心态调整、体能恢复、紧张消退、初步适应
仪式输入	图像表征	合影、自拍、风景照、路人照
	行为隐喻	许愿、祈祷、膜拜、还愿、朝圣、洗礼、净化
	途中隐喻	战士、苦行僧、征程、胜仗
	场景隐喻	童话、仙境、梦境、世外桃源、画卷、神话世界、圣地、艺术世界

续表

主范畴	初始范畴	初始概念
情感注入	情境对比	山山对比、山城对比
	经历回味	登山感悟、旅行感悟、生活感悟、灵魂顿悟
	反身观照	道德反思、社会反思、自我反思
	共情演绎	心生感动（轿夫、救援员、采茶女、修建工人、隧道工人、科研人员、挑山工、劳苦大众），心生敬意（朝圣者、挑山工、骑行客、匠人），心生愧疚
审美价值	优美感知	美丽、壮观、险峻、圣洁、威严、悲凉、优雅、幽静、惬意、悠闲、自由、陶醉、神奇、梦幻、神秘、美妙
	壮美体味	人类渺小、自然力量、心生敬畏
	物我共洽	领略自然、亲近自然、融入自然
	意识抽离	忘却世界、忘却时间、忘却烦恼、忘却疲惫、忘却自我
情感价值	正向情绪	开心、幸福、享受、狂喜、兴奋
	负向情绪	愤怒、抵触、沮丧、后悔、失望、内疚、遗憾、凄惨、辛酸
	情绪交错	痛苦与享受；感动与害怕；疲惫与愉悦；崩溃与信心；恐惧与勇气；讨厌又喜欢；期待与焦虑；期盼与担心；绝望与震撼；身体在地狱，眼睛在天堂
	情感表白	神魂痴迷、终生难忘、刻骨铭心
	情感依恋	流连忘返、意犹未尽、思绪驻留、希望停留、状态延续
时空价值	空间穿越	穿越季节、穿越风景、穿越场景、穿越历史、穿越灵魂
	时间知觉	时间太短、时间好长、时间变慢
	移情模拟	想象、遐想、脑补、幻想、错觉
	新鲜感	初次体验、独特体验（兼拥日月、两季并存、色调变换、昼夜反差、凉热交叠）
符号价值	内涵释义	参悟寓意、诠释精神、评价地位
	意义呈现	文化缩影、历史积淀、时代刻画、宗教色彩、民族风格、岁月烙印
	价值凝练	观赏价值、史学价值、艺术价值、精神价值
	诗意独白	想起诗句、体会诗意、对话诗情、创作诗篇
	知识获取	增长知识、持续学习
	名实性	名过其实、名副其实、实过其名

续表

主范畴	初始范畴	初始概念
"家国"价值	历史认同	辛酸历史、英雄悲歌、民族伤疤
	国家认同	民族自豪、国家自豪
	亲情延展	思念亲人、思念家庭
人际价值	他者关怀	亲人关心、同伴关心、路人关心、地方关心
	人际互动	同伴互动、地方互动、路人互动、亲情互动
	世俗分享	朋友圈分享、微博分享、抖音分享
	关系建构	交往感动、情感升华
成己价值	自我独立	独行、独处、独立
	自我满足	实现夙愿、消除烦恼、弥补遗憾
	自我更新	寻找自我、认识自我、思考自我、升华自我

资料来源：笔者整理。

四 选择式编码

选择式编码的主要任务是在开放式编码和主轴式编码层层抽象出主范畴的基础上，通过使主范畴回归到原始文本，从主范畴中挖掘出核心范畴，分析核心范畴与其他范畴间的关系，识别其中的典型关系结构，并发展出"故事线"以描绘整个研究现象（陈向明，1999；谢彦君等，2017）。对本书而言，主轴式编码所提炼的 13 个主范畴即已达到了辨识山地旅游非功用性体验价值维度的目的，在相关研究中抽象程度更高的选择式编码随之被舍弃。本书坚持完成选择式编码，并非刻意追求扎根理论过程的完整性，而意在通过核心范畴的挖掘，对核心范畴和主范畴、主范畴内部的关系做更深刻的描绘，揭示山地旅游非功用性体验价值的本质。

（一）发展故事线

在识别出山地旅游非功用性体验价值的 13 个主范畴后，结合开放式编码提取的 55 个初始范畴对主范畴间的内在关系进行深入分析。MAXQDA2020 的代码矩阵浏览器、MAXMaps 等功能为明晰主范畴间的脉络提供了重要帮助。在借助 MAXQDA2020 将主范畴、初始范畴带回原始资料不断对比后，逐步厘清了主范畴的内在逻辑，并发展出如下的故事线。即旅游者在山地旅游过程中，经历山地旅游场精神引入，在场的身体浸入和风险介入，与生活世界联结的差异带入、仪式输入、情绪注入等不同的价值投入方式，实现了审美价值、情感价值、时空价值、符号价值、"家国"价值、人际价值、成己价值等山地旅游非功用性体验价值收益。

具体而言，生活世界的浮躁喧嚣以及人与自然的长期分离导致人们身心状态的结构性失衡，山地由此成为独特的召唤结构，人与山地潜藏的、深刻的精神联结被唤起，精神引入促使旅游者实现了从"失位"到"出场"的转变，旅游者的身体浸入山地旅游世界中；身体浸入伴随着感官、行为、心灵等多重刺激，审美愉悦和身心一体的畅爽感受彰显了山地旅游非功用性体验的审美价值；风险介入使得旅游者的审美体验伴随着复杂的情感变化，初步体现了山地旅游非功用性体验的情感价值；当旅游者的身体深度融入山地旅游世界后，旅游者的个体意识逐步增强，思绪的边界逐步延展。在真实与想象、旅游世界与生活世界的不断穿越中，差异带入和仪式输入强化着山地旅游非功用性体验的时空价值和符号价值；山地情境的变换以及与生活世界距离的产生和与世俗关系的暂时性断裂令旅游者的情绪不断注入，意识和身体的张力得到最大限度的拓展。从山景到心境，旅游者将体验外延至在场互动的他者、生活世界的亲人、共同体意识中的民族与国家，"家国"价值和人际价值得以产生；综合性的体验价值投入和价值收益在不断的强化和交织中迎来旅游者自我的净化与更新，推动旅游者自我成己价值的生成。

总体来看，各种山地旅游非功用性体验价值投入和体验价值收益之间存在紧密的联系。精神引入不仅成了其他山地旅游非功用性体验价值投入的前提，也是各类非功用性体验价值收益的基础；身体浸入和风险介入是唤起旅游者情感变化的重要凭借，帮助实现了审美价值、情感价值、时空价值等；差异带入、仪式输入和情绪注入等为山地旅游非功用性体验探寻意义中心提供了重要帮助，使得旅游者逐步探索获得符号价值、"家国"价值、人际价值；在多种价值投入方式和价值收益的综合作用下，旅游者最终实现了山地旅游非功用性体验的成己价值。

（二） 发现核心范畴

基于上述故事线对山地旅游非功用性体验价值的描绘，山地旅游非功用性体验价值理论化的核心范畴可以概括为"人—山对话下的成己之路"。可以发现，几乎所有山地旅游非功用性体验价值投入都着眼于人山对话的不断深入，而山地旅游非功用性体验价值的意义中心则为自我意识的回归和成就自我的终极指向。不同的山地旅游非功用性价值投入的综合作用实现了山地旅游非功用性体验的价值收益，最终彰显了成己价值。因此，这一核心范畴能够实现对各主范畴的聚类和统御。

五 理论饱和与研究的科学性

（一） 理论饱和

本书对应用于扎根理论分析的山地旅游网络游记资料进行了理论抽样和两阶段动态收集。关于何时停止数据采集，则涉及理论饱和的问题（程励等，2016）。本书对195篇网络游记文本的编码进行到最后阶段，所出现的意义符码皆可概念化及范畴化至已有的初始概念及范畴，并未使主范畴及核心范畴结构发生改变。为了进一步检验扎根理论三级编码形成的理论模型是否达到饱和，本书继续收集了10篇游记进行编码分析，发现新获取的10篇游记没有出现新的概念与范畴，无法进一步产生新的理论见解。因此，本书认为山地旅游非功用性体验价值理论模型已经达到饱和。

（二） 研究科学性

包括扎根理论在内的质性研究常常在研究信度和效度方面受到质疑。为了提高研究的科学性，根据扎根理论的研究特点，本书采取了以下措施。

（1）关于研究资料。本书在研究资料的选取上，通过学术观照、市场热点、专业评价三个方面建立准则，选取山地旅游目的地进行网络游记获取，以尽量保证样本的典型性。与此同时，为了确保所获取游记的真实性和研究价值，本书对每篇游记进行了精读，从内容细节是否矛盾、是否具有商业性等多方面进行审视，以确保研究资料的真实有效。

（2）关于研究过程。为了保证研究构建理论的合理性和理论饱和，本书坚持以动态交叉的方式进行资料收集，并在已提取出核心范畴的基础上进行资料二次搜集和理论饱和检验。为了尽量避免研究者个人主观性的影响，在研究的初始阶段主要通过阅读哲学、心理学、社会学等学科领域的文献进行知识准备，并未进行系统性的文献综述，以此确保有效符码的识别提取并最大限度减少先验知识的干扰。此外，本书还坚持研究过程的对比交叉校正。在扎根理论准备阶段和扎根理论三级编码的各个过程，进行反复对比印证，以尽量确保研究的科学性。

第三节　山地旅游非功用性体验价值的逻辑机理

经过对山地旅游网络游记文本的逐级编码，发现"人—山对话下的成己之路"这一山地旅游非功用性体验价值的核心范畴，并在核心范畴的统御下找出串联的故事线，初步形成山地旅游非功用性体验价值的逻辑架构和理论模型。本节将在初始范畴、主范畴和核心范畴提炼的基础上复归游记文本，从具体的山地情境出发，诠释山地旅游非功用性体验价值的逻辑机理。

一　山地旅游非功用性体验价值投入

从旅游者受到山地旅游场的"召唤"开始，旅游者的行为和心理活动一直伴随着为进行旅游体验、获得体验价值收益而产生的成本代价和资源消耗，即价值投入。以往研究对旅游体验价值投入的关注主要是在经济、时间、风险等方面（那梦帆，2019），但对山地旅游非功用性体验而言，其价值投入更多地表现出精神性与具身性特征。本书通过对山地旅游网络游记的扎根理论逐级编码，识别出了跨越日常的精神引入、身临其境的身体浸入、复归现实的风险介入、镜像反射的差异带入、神圣装饰的仪式输入、感同身受的情感注入等六类山地旅游非功用性体验价值投入。

(一) 跨越日常的精神引入

在旅游者的身体进入旅游世界之前，其思绪和精神往往已经受到"召唤"，并先于身体与旅游世界发生联系。精神引入是指在山地旅游活动中，旅游者受到山地旅游资源优势、空间特征及情感特质等的牵引，心理场与山地旅游场相互浸染，进而产生的精神投入。精神引入主要表现出离群避世、情感凝视、追昔怀古、探新猎奇、挑战自我等精神目的。

1. 离群避世

日常生活世界的快节奏令裹挟在其中的人们产生了强烈的逃离意愿，远离城市喧嚣、追寻生命本真成为越来越多人的诉求 (史鹏飞等，2020)。与日常生活环境形成鲜明反差的山地，成为离群避世的理想场所。正如游记中所记录的"习惯了快节奏的都市人，每个人可能都梦想过摆脱竞争激烈的生活。远离喧嚣的城市，走进山林，感受素朴的清茶淡饭的生活，便是清欢"(MF080-021)。离群避世的意愿实为一种精神羁绊，亦是现实旅游活动的精神序曲。游记中也不乏相关描述，例如，"脱离了密集的人群，呼吸都顺畅了许多，面对着即将征服的东岳泰山，满满的力量等待着爆发"(ZH012-005)。

2. 情感凝视

人与山地间的关系从"山水比德"的文化理想中即可窥见。正如有关泰山的一篇游记所记录的，"它（泰山）可能在国人的心中是一个情结，可能对于很多人而言，在所有的名川大山中，泰山是最令人心向往之的，它在中国的文化中占有相当高的地位"(ZH011-010)。即使旅游者尚未踏足山地旅游目的地，人与山的情感联结也在帮助人们建构起一个完美无瑕、令人魂牵梦萦的乌托邦 (谢彦君等，2019)。这种浪漫化的情感愿景是前往山地旅游世界的重要牵引。例如游记所提及的，"祖山有奇险的山景和秀美的水景，有茂密的植被，到底山有多险，水有多美，这必须要我们亲自去发现、去印证、去用脚步丈量"(MF002-002)。

3. 追昔怀古

无论是金戈铁马的历史遗迹还是文化理想下的诗化功能，山地旅游世界的文化内涵总是能在旅游者探寻古人踪迹、对话历史人文方面彰显优势，吸引旅游者前往。如同游记中记录的，"一千个人心中有一千座不一样的庐山，而对喜欢历史的我而言，我更看重的是这里曾到来的人，怀揣着怎样的心境？发生过什么有趣的故事？所以庐山之行对于我来说就是一场沿着古人脚步前进的朝圣之旅"（MF095-052）。这一精神引入往往与广为传播的文学作品密切相关，诸如李白《望庐山瀑布》之于庐山、岳飞《满江红》之于贺兰山、吴承恩《西游记》之于花果山、金庸《笑傲江湖》之于恒山等，都是旅游者追昔怀古的重要依托。

4. 探新猎奇

尽管有研究表明，现阶段日常生活世界与旅游世界的界限正日渐模糊（张凌云，2018），山地却是少有的可以将日常生活状态阻隔于山地环境之外，与日常生活世界形成心理距离的场所。山地的原真环境、梯度效应及文化留存等，刺激着旅游者寻找未知、探新猎奇的心理。例如有游记写道，"探索了解未知的世界，对人是一种诱惑，就像15世纪哥伦布发现人未涉足的美洲新大陆，渴望认识云丘山的期待成为现实"（MF015-002）。即使在旅游者对爬山过程的认知上，追求刺激也被认为是重要目的。有旅游者认为"如果爬山没有点惊险和刺激，怎么能叫爬山呢"（MF070-017）。这表明，探新猎奇是拉开山地旅游序幕的重要精神投入。

5. 挑战自我

山地所具有的象征意义使之成为一个集成人类共同价值观念的意义中心。在人本主义兴起后的很长一段时间内，对山地的征服都是人类力量的彰显。山地的环境构造和精神特质在磨砺意志品质、展现身体技术方面往往能够给予人成就感。因此，才有旅游者发出这样的感叹，"一级一级爬到现在的位置，这份辛酸谁能理解，我们就是来挑战自我、受虐的"（MF047-043）。在旅游者心中，这种挑战自我的精神动力甚至是无法阻挡的，"家里人总是会把去西藏当一个禁忌，把高反当作催命符。不过，这阻挡不住我一颗放荡不羁爱自由、爱冒险、爱挑战的心……逮住机会我还是会起飞"（MF058-035）。对自我意识的渴望呼唤着一次人山对话的山地之旅。

（二）身临其境的身体浸入

旅游者进入山地旅游世界是以感官的充分参与和身体的线性移动为基础的（谢彦君等，2017）。山地空间环境给予了旅游者唤起身体意识、展示身体技术、释放身体行为的基本条件。在身体与山地情境的深度接触中，身心的变化相应地产生了一系列非功用性的体验价值。身体浸入主要包括感官参与、行为涉入、心灵浸润、生理阈限等几个方面。

1. 感官参与

进入山地旅游世界后，旅游者的感官接收到迥异于日常生活世界的刺激。在充分调动眼、鼻、耳、舌、身等感官的基础上，获得了来自视觉、嗅觉、听觉、味觉、触觉的综合感官体验。其中，视觉凝视最易脱离身体的禁锢实现穿越，在旅游前的艺术作品、媒体宣传以及游后的图像记忆中渗透，强化着山地旅游非功用性体验。然而，仅仅是凝视还不足以概括山地旅游的感官体验，正是听觉、嗅觉、味觉、触觉的加入，例如，"钟鸣声、梵音可谓这里最动听的乐章"（MF045-004），"一股清新自然的气息扑面而来"（MF067-007），"草莓太美味，根本停不下来"（MF096-009），"后背湿热的衣服一接触山间的凉气，再贴到身上来，背后一阵冰冷"（MF040-006），才勾勒出真实可感的山地旅游世界。

2. 行为涉入

在感官的充分调动与多重参与下，身体意识被逐步唤醒，各种体验活动也随之展开。在这样一个憧憬已久的山地旅游世界，旅游者通过游戏的、模仿的以及消费的方式主动体验着旅游世界的一切，例如游记中所述，"欣喜若狂地奔向了湖面，撒欢地奔跑着，期待着与瑶池的约会"（MF050-010）；"我使劲儿追，她使劲儿跑，我们便在这马牙山上、博格达峰下展开了一场追逐游戏，引得路人一阵嬉笑"（MF050-024）。对于消费活动而言，非功用性体验所强调的消费不是满足旅游者生存的基本消费，而是具有强的精神导向的消费。例如游记提到，"请一件佛饰带回家，送给三岁的儿子，也送些给家中亲人、朋友"（MF110-007），这样的宗教纪念品更有助于从情感上逐步达到与山地情境的深度融合。

3. 心灵浸润

心灵浸润是在感官的充分参与和身体的有效激活下，相应产生情绪和情感变化并实现心境与情境融合的过程。旅游者前往山地旅游世界，被裹挟在功利性压力下的心理匮缺得到补偿，心理伤痛得以治愈。在身体的线性移动及人与山地景观相观照的情境下，日常生活世界的时空被转化和重构，旅游者的心境也从生活化的功利性转化为审美体验的非功用性。例如在游记中有这样的描述，"抛弃久居闹市的烦恼，让自己蒙尘的身心得到净化和解脱，不由自主地会变得贪婪，生怕错过身边任何一处美景，沁人心脾的气息让人陶醉"（MF015-017）。心灵逐渐在感官、身体及情感的刺激下完全浸入山地情境，开启一场穿越时空的人山对话。

4. 生理阈限

山地情境并不全然充斥着美好与梦幻。随着身体涉入的不断加深，山地环境对身体的要求逐渐提高。线性移动的过程，也是体力消耗、意识瓦解的过程。尤其面对一些环境较为恶劣的山地情境，逐渐延展的身体被禁锢在一定的阈限内，被动地感受着身体的存在。例如一篇关于五指山的游记中写道，"从主峰开始到观看日落这一段我身体感觉还好一点，自己还能够控制。但越往下面走越难以控制了——双腿已经不听使唤，身体会不由自主地往地上坐——浑身已经没有劲了，体能达到极限"（MF041-016）。生理阈限是对山地旅游者的巨大考验，山地旅游者需要在前进与放弃中进行抉择，一旦冲破身体的禁锢，往往将获得超越自我的畅爽体验。

（三）复归现实的风险介入

在传统的营销学研究中，价值投入产生的是绝对负向性影响。然而相关研究表明，旅游体验价值投入兼有正向引导与负面困扰两方面的特质（那梦帆，2019），这一点在本书中得到了印证。山地旅游非功用性体验过程随着风险的介入而充满了不确定性。在山地情境下，身体于自然面前的充分展露潜藏着一定的风险，令旅游者不得不面对现实的生存安全。风险介入主要表现为肉体痛感、具身障碍、逆向决策和风险理性等几个方面。

1. 肉体痛感

受地理环境及不确定的天气状况等因素影响，山地旅游体验过程往往伴随着身体的痛苦。攀登爬行时的意外受伤、艰难行程下的腰酸背痛、无法逃脱的高原反应等，让山地之旅成为"自虐"之行。例如游记中所述，"困难地进入睡觉模式。意识上想睡，可是身体冷，好在醒来的时候人是暖和的，也算庆幸"（MF039-002），"此时的台阶就不是那么友好了，结了薄薄的一层冰，这个冰踩上去很容易滑倒，老公无数次踩滑，下这么一小段台阶就用了全身的力气，其间大摔了三次，整个人砸在台阶上那种，小滑了很多次，腰上摔了一大块黑青"（MF092-020）。但非功用性体验的旅游者的超功利心态促使其享受甚至主动寻求这样的肉体痛觉，在身体与自然的对抗中体会到强烈的身体存在感，进一步刺激旅游者获得鲜活的在场体验。

2. 具身障碍

山地旅游世界是一个无限开放的"召唤"结构，然而其环境的艰苦多变亦在无形中设置了令旅游者望而生畏、难以接近的具身障碍。面对山地，旅游者征服的雄心与身体的禁锢以及对危险的畏惧并存。具身障碍负向干扰着山地旅游非功用性体验的生成。例如有游记写道，"原以为就眼前几步是这样，没想到整条山谷一直是这样。前后无人，一片静寂，时刻担心摔倒，都要萌生退意了"（MF081-012）。然而从另一个角度而言，障碍的存在恰是山地旅游非功用性体验的魅力之源。一旦旅游者跨越日常生活世界，陌生的情境便必然伴随着种种障碍。正如谢彦君等人（2018）所言，旅游即为克服存在性障碍而生。当旅游者破除了障碍的束缚，也即意味着超越自我的开始。

3. 逆向决策

山地情境的艰险与恶劣考验着旅游者身体和意志的极限。尽管与人类"趋利避害"的本能并不相符，但在山地情境中，绝大部分的旅游者确实做出了逆向决策，坚持迎难而上。在山地环境的刺激下，旅游者的"逆反"个性被放大，对抗着未知的风险与困难。正如游记所记录的，"徒步的道路挂在半山腰，绵延曲折看不到头，一瞬间的绝望和震撼。还好我是个不轻言放弃的人，没被吓软腿，亦如当年出雨崩时候的坚持，喘着粗气继续前行"（MF057-019）。在旅游者眼中，坚持可能是比风景更重要的收获。"海拔3106.2米的神农顶上，只有风雨云雾，没见太多风景。仍觉得值，是这看似无法企及的峰顶，咬牙努力坚持着过来了。"（MF065-029）个人意识在逆向决策中得以强化。

4. 风险理性

在真正的危险来临时，山地旅游者仍然能够保持理性，主动退让。尽管这意味着山地旅程的提早结束，亦失去了畅爽体验的机会，但在进与退的理性思考中，旅游者不断建构关于生命价值和人生意义的新认知。例如有的游记写道，"所以我觉得放弃真的不丢人，识时务，知进退，有时候适时的放弃也是一种自我认知的体现，每个人都有擅长和不擅长的一面，一味地咬牙坚持在自己不擅长的领域，苦其一生不可得，真的大可不必这样"（MF062-030），"登山就是登山，尽力而为，未必一定要登顶啊。我发现我身边年长一点的人，现在做事情都是这个路数了，不管多难的事情，一旦开始就绝不会轻易放弃，而是在过程中全力以赴，对结果顺其自然"（MF144-024）。

（四）镜像反射的差异带入

旅游的异地性特点决定了体验主客体间差异的必然性（那梦帆，2019），这是客观存在的差异性。另一类差异性则是旅游者关于目的地想象与真实碰撞下的差异，是旅游者主观建构的差异性。当旅游者踏入山地旅游世界，生活世界的意识流浸入山地情境，真实与想象不断切换。山地情境如同一面镜子，映射着那些真实的和建构的不同，并由此影响旅游者的心境。差异带入主要包含预期瓦解、决策徘徊、自我怀疑、陌生化和身心调试等几个方面。

1. 预期瓦解

在山地旅游世界的精神召唤下，旅游者携着乌托邦式的情感愿景和如梦似幻的游前想象踏上旅程。当旅游者与山地情境观照的那一刻，一个真实可感的山地旅游世界迅速更新了旅游者的认知，瓦解了来自生活世界的梦幻想象。例如有游记做了这样的记录，"一座又一座的桥，一个又一个的水沟，一段又一段的坡，让我们不只是身体，还有精神也饱受折磨……毕竟，这一路都是大雪，什么风景也看不到，而且冷！异常的冷"（MF064-030），"后来的行程对美好想象进行了残酷打击，让我们了明无常境，恐惧无常苦"（MF144-009）。理想与现实的巨大反差调动着人们的情绪，需要旅游者重新调整心态和节奏以适应真实的山地情境。

2. 决策徘徊

真实的山地情境映射着真实的旅游者。旅游者在情境的复杂风险中进行的后续决策并不是一个简单的行为。面对现实风险，功利性的利害关系与非功用性的精神驱动纠缠在一起，影响旅游者的价值取向和利益决策，此时，旅游者陷入了感性与理性、理想与现实的旋涡之中，在犹疑、矛盾、挣扎中做出进退抉择。如同旅游者提到的，"……因为那时候多说一句话我怕我心态要崩，内心一直有两个声音在交替着提醒我：算了吧！你已经很努力了！不！你的目标是山顶，不是山脚下"（MF062-032）。与世俗社会不同的是，旅游者已经挣脱了工作生活的枷锁，只需面对己心。因此，尽管决策徘徊的过程是一次心理煎熬，但同样也是旅游者认识自我、发现自我，进而领略自我价值的必由之路。

3. 自我怀疑

真实山地情境的险阻恶劣刺激了部分旅游者攀登征服的雄心，但也有更多的旅游者在技能与挑战的预判中陷入深深的自我怀疑。例如有的游记中写道，"意识开始有点模糊，眼神有点飘，开始怀疑自己：我是谁，我在哪儿，空调西瓜小龙虾不香吗！我来这儿干吗？"（MF062-017）山地旅游世界同时给予人类优美感和壮美感，一种"眼睛在天堂，身体在地狱"的独特体验显现出自然的震撼力。身临其境，旅游者不得不对自我能力进行重新审视，扪心自问是否具备挑战征服的身体技能。这种对身体技术的反思和对自我能力的怀疑亦是个人意识凸显的过程，其引起的恐惧、紧张、担心等负面心理状态也在反向刺激自我潜能的挖掘和正向情绪的产生。

4. 陌生化

从日常生活世界进入一个充满蛮荒意味的自然之境，意味着旅游者需要应对诸多的不熟悉与不适应。尽管游前充满了期待与想象，但无法避免因环境、文化等差异而产生的心理紧张。新环境下接触意愿与敬畏心理交织，新的人际交往中真诚信任与防备伪装并存。例如有的游记中所述，"在别处领略了不少挑山工的怨怒和狡狯，乍一感受民风淳朴，颇有些不太适应，忙还过礼了向上去"（ZH032-009）。旅游者矛盾的心境是在从生活世界跨越到旅游世界的过程中，身体和意识流尚未调整至完全契合旅游世界节奏的反映。与此同时，也是从陌生化开始，旅游者在与旅游世界的"间离"中以更完整的视角重新审视旅游世界异乎寻常的美丽，如此带来审美延长的无限韵味。

5. 身心调试

主客体间差异引起的旅游者身心紧张的状态在无形中将旅游者与山地情境阻隔，致使旅游者无法达成心境与情境的和谐统一。旅游者在被动中谋求身心改变，调整身体节奏以应对线性的、持续的和艰难的空间移动。"不断地调整自己的呼吸、心率和步频，让它们尽量配合到一起"（MF086-030）；调整体验心态，逐步悬置世俗社会功利的、浮躁的取向，克服恐惧以接纳未知，调整目标以接受挑战，"这个滑索是我目前坐过最陡的。因为有点恐高，所以滑索刚向下滑的时候，心怦怦地在跳，适当地调整了一下自己的心态之后，就好多了"（MF112-009）。在一系列的身心调试后，旅游者开始以更加放松的节奏、平和的心态享受山地情境，品味生命价值，进行情感追求和哲学沉思，逐步进入物我一体的生命境界。

（五）神圣装饰的仪式输入

山地旅游非功用性体验由于其强的精神导向往往具有神圣色彩，旅游者也十分注重旅程的神圣意义。在身心与情境的相互浸染中，旅程中的每一处风景、每一个场景都变得意义非凡。旅游者乐于以各种仪式性的表征方式赋予旅程独特的象征意义。这样一个仪式输入和意义生产的过程，将带来沐浴心灵的非功用性体验。仪式输入主要包括图像表征、行为隐喻、途中隐喻和场景隐喻几个方面。

1. 图像表征

旅游者总是会对山地旅游世界中的某些节点和场景流露出不寻常的兴趣，并偏爱通过各种方式加以记录，将这些对其具有独特意义的片段化作持久性的记忆以供追忆（约翰·厄里等，2016）。镜头是最重要的记录凭借之一。先进装备和网络技术的运用令镜头所涉范围实现了从周边到广域，从现实到虚拟的转变，大大延伸了凝视的限度和身体的向度，也带来了更极致的旅途体验。例如有的游记中写道,"但是,即便冒生命危险爬上僧帽峰,也会因为'身在此山中'而无法近距离俯瞰其全貌。我们旅客更不可能近距离观赏和攀爬。幸好,今时今日有无人机,让我们也可以用不同的角度近距离俯瞰这座丹霞'神峰'"(MF153-002)。

2. 行为隐喻

山地往往与神话、宗教等天然绑定在一起,相当一部分山地之旅显现出世俗的或宗教的朝圣意味。不管是九华山、五台山的"朝圣"之旅,还是梅里雪山的"转山"之行,都被旅游者赋予了源自神圣并内化于己的精神内涵。例如一篇九华山的游记中写道,"当我们终于站在这石阶之上,心中都充满着无可名状的自豪……从山脚到峰顶,是不是已经过了一个世纪?仿佛一切都已物是人非。人,已非昨日之人,心,已非昨日之心。一切都得到升华,一切都已重生。我们虔诚,因为我们满怀敬仰,我们执着,因为我们经过灵与肉的洗礼,已然脱胎换骨,心中充满了喜悦。我们在月身宝殿顶礼,在肉身塔下膜拜……"(MF110-039)。面对"神山",旅游者"双手合十""顶礼""膜拜",将山地的精神意义转移至自我的在途行为,由远方的彼在转化为切身的此在(谢彦君等,2017),在这种意义上,旅游者逐步达成自我的洗礼与净化。

3. 途中隐喻

山地旅游是在情境变换下的身体移动和心境转化。行在途中,艰涩的旅程被赋予了人格化意义。山地之行被当作一次"征程"、一次"自我挑战"、一场"胜仗"。如游记中所述,"当你选择登山时,一百多个小时的征程,却要你拿出一生积累的实力。这一次,包括被高反折磨的队友在内,我们每个人都完成了一次自我挑战,到达了自己之前没有到达过的高度,谁都没有输给自己"(MF144-071),"登上老金顶,有一种打了胜仗的感觉,心花怒放,兴高采烈……"(MF145-011)。旅游者对行路人也以隐喻表达了敬意,"我们跟上了这些苦行僧,这些游走在世间的尊者。也许,跟上这些尊者,也成就了我们的佛缘"(MF110-024)。这些意味着,踏上山地,旅途便成就了旅游者认知体验的不平凡。

4. 场景隐喻

从日常生活世界"一成不变"的重复和单调到山地旅游世界的新奇与

特殊，旅游者在亲近自然和文化反思中得到治愈，重获新生。一个个场景对旅游者来说意义非凡，那是心中的"梦境""童话""艺术世界""世外桃源"。山地旅游世界为旅游者构建了一个别样的生活空间，让旅游者可以悬置功利之心，探寻生命本真。于是，那些在日常生活世界中无法得见的场景成为旅游者寄情致思的载体，并被赋予了独特意义。"走出遇仙寺不足十分钟，疲惫感就传遍全身，驻足喘息之间，哇！真的被眼前景色震惊！天啊，这是在梦境吗？在仙境吗？看来在遇仙寺真的可能遇到神仙啊"（MF093-022），"最神奇的还是路边的花儿，一朵朵小黄花点缀在青山绿水间，给这片神奇的土地平添许多生机，山间萦绕的雨雾，让我感觉是在世外桃源"（MF066-013）。

（六）感同身受的情感注入

人—山关系本质上意味着情感联结。旅游者涉入山地旅游世界不仅是时空的转换，还兼有复杂的、丰富的、易变的情感注入（陈钢华等，2020）。当旅游者从社会机制的束缚中抽离出来，便将在"期待—当下感知—回忆"的旅游世界三重维度下解构和重构自我意识（赵刘，2017）。这一过程伴随着情感的交错叠加和心灵浸润，并将唤起铭心刻骨的情感体验。情感注入主要包括情境对比、经历回味、反身观照、共情演绎几个方面。

1. 情境对比

来自生活世界的人携有生活经验和旅游经历，也伴有对旅游世界的无限期待，这些将成为影响旅游者旅游认知与处世能力的内在素质（杨钦钦等，2019）。当身体涉入山地旅游情境，已有的生活经验和旅游经历以及对山地旅游世界的期待将过往与现实、回忆与存在、想象与真实、日常生活与旅游世界勾连在一起。正如有的游记中提到的，"实事求是地说，莫干山的景点并没有特别出彩的地方，山岭整体的秀美与庐山相比也略逊一筹"（MF079-003），"这里与九华山天台完全是两个世界：天台景区人头攒动，香烟缭绕。这里却清新清静，只闻鸟语花香，如入世外桃源"（MF042-008），"山上温度略低于山脚下，对于久居城市的人来说，似乎这里连空气呼吸起来都顺畅许多"（ZH027-012）。在当下情境与过往情境、生活情境的对比中，旅游者逐步实现从真实到想象复归真实的时空交叠，完成第三时空与本真自我的心灵对话（陶玉霞，2018）。

2. 经历回味

从旅游结束后的回味中，可以获得诸多体悟（陈才，2010）。事实上本书发现，经历回味既迸发于终点，也可见于过程，贯穿于整个山地旅游非功用性体验之旅。在行程的节点和终点，旅游者停下脚步，回望来时路，在身心一体的畅爽中思索关于旅行的、人生的、灵魂的感悟，体味存在的意义与价值，获得哲学式的思考和超越生命的精神塑造。例如有的游记中写了这样一段感悟，"登山是探险，是极端体验。一点险都不冒的人生才更危险。登山让我们学会的是，突破舒适圈，拓宽生活的边界；保持对世界的好奇心，对一切的困难都正面面对。见过高山，才发现最难翻越的是生活。上来的都是登攀的勇者，下去后还能是生活的勇者吗？世间的生活就像是一场有很多规则却没有裁判的比赛。如此之多的人会在比赛中作弊，如此之少的人能赢，如此之多的人会输。当生活让我们无路可退时，我们能不能退到山里？当生活让我们无路可退时，我们又能不能选择不退进山里呢？世间那些伟大的灵魂提醒我们，我们随时可以退隐到自己的心里去。守住自己的心灵，静如寺，稳如山。一个人不可能找到一个去处比他自己的灵魂更为清静。尤其是，如果他心中自有丘壑，只要凝神一顾，立刻便可获得宁静。这才是勇者啊"（MF144-077）。

3. 反身观照

反身性作为一种哲学和社会学话语，包括自我反驳、自我批判、自我把握等的指涉（甄巍然等，2019）；观照则是东方传统美学和佛学的重要概念，兼有审美与反思的双重意味（王向远，2020）。旅游者深层意识中的价值取向在山地情境这面镜子下显露无遗，在倾听己心的过程中窥见其中无法与自身准则相兼容的部分，其中涉及道德、社会和自我。例如，有的旅游者面对地上的垃圾写道，"无论是野路还是景区，垃圾都很多。我羞愧地低下头，却不能闭着嘴巴：希望能有更多人清楚，我们制造的垃圾会以另一种形式回到我们的身体"（MF034-022）；面对欧阳修的千古名句，有人写道，"欧阳修心胸豁达，身处逆境仍喜山乐水，与民同乐，所以写下了'醉翁之意不在酒，在乎山水之间也'的名句。反观现在一些人，遇事借酒浇愁，醉翁之意也不在酒，在怨天尤人，发泄个人情绪。与欧翁相比，真乃天壤之别"（MF104-005）；面对五台山的香火，有人写道，"香火不断，对于众生，对于寺庙自然都是好事，但对修行于此的人来说，我想他们或许更愿意寻得一份安宁，我忽然又为自己自私的想法感到一点惭愧，觉得自己思想浅薄"（MF149-051）。在这样批判及内省式的体验中，旅游者的自我意识得以进一步凸显。

4. 共情演绎

在相对封闭的山地旅游世界中，旅游者得见日常生活世界中难以触及的人群，他们当中有同样怀揣目标的旅人，有内心虔诚的信徒，有华山的挑山工、武夷山的采茶女……置身同一山地情境，旅游者的心理边界得以延展，与他者共景共感并尝试共情，共同感受旅途的不易与生活的艰辛。不仅如此，旅游者还会跨越时空，设身处地去感受和理解山地旅游世界中过往的感动与辛酸。例如，有的游记做了这样的记录，"去茱萸峰，坐车大约半小时，一路车拍，没觉得就到了。车上语音介绍茱萸峰的景点以及一些修建的故事，听到当年修建的工人是被吊在悬崖上开凿隧道的，我心中顿时生出一股感动和敬畏，也由衷地感恩今天可以轻松地游览茱萸峰"（MF011-013）。这些情感对话无疑加深了旅游者的情感体验，唤起了自我意识，彰显了非功用性体验价值。

二　山地旅游非功用性体验价值收益

从生活世界到旅游世界的跨越，非功用性旅游体验价值在旅游者付出成本代价并进行资源消耗，即价值投入的过程中逐步实现，这一过程带有强的情感性和弱的功利性，摆脱了利害关系，超越了实体功能。山地旅游非功用性体验价值收益是在精神引入、身体浸入、风险介入、差异带入、仪式输入、情感注入等价值投入的前提下实现的，意指在山地旅游世界和旅游者的浸染中，主、客体经过一系列感知与投射、内化与外显的回环往复实现平衡，在旅游者内心的梳理和调和下最终达成的超越功利、重塑自我的心理状态和生命境界。主要包括：剥离功利的审美价值、浸润心灵的情感价值、时空错位的时空价值、意义生产的符号价值、文化皈依的"家国"价值、回归本真的人际价值、自我实现的成己价值。

(一) 剥离功利的审美价值

旅游审美是旅游者在欣赏美的自然、艺术品和其他人文现象时所产生的一种心理体验。山地旅游非功用性体验审美价值来自旅游者对山地的直接感受，以及在调动感官、身体、情感后对其进行的无意识的瞬间分析、判断和评价（谢彦君，2017）。审美价值的实现与人们在山地情境下挣脱利害关系和功利性的特殊心理过程密切相关。山地旅游非功用性体验审美价值主要包括优美感知、壮美体味、物我共洽、意识抽离等几个方面。

1. 优美感知

置身山地，随着身体的线性移动和感官的充分参与，大自然的鬼斧神工与人类的巧夺天工在俯仰之间尽收眼底，并内化于心。山地景观的美学特质与旅游者心理特性形成某种结构性的契合与呼应，使得旅游者心情处于相对宁静、和缓、舒适的状态，这即优美感的产生。例如面对张家界的雾凇，有的游记中写道，"山顶已至，我在脑海里构思过千百种山顶的模样，可真切地看到时，我的脑海中只剩下'美'这一字可形容。一片晶莹的白，'树树凇花云叠''谁剪条条晴雪'，棵棵树木玉枝垂挂，落到眼里恍若冬菊绽放，摄人心魄，一瞬间的激动难以言表，伴随而来的阵阵寒意竟也变得微不足道起来。激动过后，我们看了景区导航图，遂决定沿西线一路行走。这个冰雪的王国只剩下了漫山的雾凇，因而极其纯粹，因极纯粹，所以美到极致。一路行走，顿生不虚此行之感"（ZH002-009）。优美感知下的心理满足随之产生。

2. 壮美体味

壮美与优美相对，常使人有崇高、雄壮之感（陈才，2010）。山地景观彰显了大自然的风范，体现了人类意志所不能左右的力量。面对高山，人会感叹自然的伟大，也会深思自身的渺小与脆弱，并对自然萌生敬畏之心。例如有游记写道，"人自诩为万物之灵，天地为我所设，万物为我所生。可是在世界的 5000 米上空，无人居住的雪峰上，除了依靠山峰，人无处可去。这里没有占有，没有征服，只有令人景仰的雪山功济大千，惠流尘境。凝望眼前的山，它承载着登山者的荣耀、遗憾或是痛苦，却毫不介意。我的王！它那么平静，那么庄严。这才是真正的王者！人类何其渺小！在这山巅之上，谁敢来占有？谁敢说征服"（MF144-062）。与优美感知不同，壮美体味常常由痛感转化而来。山地恶劣险阻的环境带给人的切实痛感，唤起身体意识的同时，也唤起了潜藏在内心的恐惧。在与自然不断抗争并最终登顶之时，陡然间形成的审美感受夹杂着对恐惧、对生命、对自然的超越。从痛感到快感的跨越形成了"一览众山小"的壮美感受。

3. 物我共治

身心状态的结构性失衡促使旅游者踏上旅途，以期寻找身心一体的畅爽感受。面对高山，对美的欣赏和景仰令旅游者的身心压力得到极大释放。在欣赏、对抗的人山对话中，旅游者与日常生活世界的心理距离不断拉大，与山地的心理距离则经历亲近、疏远再亲近的交叠过程。随着旅游者身体和情感涉入程度不断加深，人与自然的阻隔渐渐模糊，能够以放松的节奏、平和的心态亲近自然，领略自然，感受自然之美，实现物我共治的平衡状态。例如有游记写道，"感觉进入了翠谷幽深的清凉世界，林木葱茏，溪水潺潺。沿溪而行，路上游人寥寥，令人心宁气爽。既无登山之累，也无时间之急，可以随心所欲地踏入清溪，任湍急的流水冲洗自己的双脚，全身心地投入自然，享受夏日嬉水之乐趣，这是我最喜欢的游玩体验"（MF048-009）。

4. 意识抽离

在心理学的相关分析中，意识活动是一个复杂的心理过程，而意识变化具有延迟性（陈才，2010）。当旅游者从日常生活的裹挟和束缚中挣脱出来进入山地旅游世界后，浅层意识将随着身体移动和空间变化而变化，感受山地景观审美的无限韵味；而此时，深层意识还惯性地停留在日常生活里。固化的深层意识和变化的浅层意识间形成了一种"断裂"和"真空"，给予了旅游者审美顿悟、忘却烦忧的空间（陈才，2010）。浅层意识和深层意识步调错位导致旅游者出现暂时的精神迷茫，以至于进入一种忘却一切、似在非在、意识抽离的状态。正如游记中所记录的，"走过小五台后，我倒觉得自己的心态在慢慢平和，只要坚持，再漆黑的山路也会有尽头。站在山顶，一览群山，风景如画，自己也融入画中。这份心情每个人都不同，那个时候，就会忘却所有的疲惫"（MF025-028）。

（二）浸润心灵的情感价值

情感的存在，在某种程度上将人与其他生物区别开来（陈钢华等，2020）。旅游者进入山地旅游世界后，日常生活中的情感投射在不断接触新奇的、异于日常的、不可预期的人和事物的过程中，实现具身体验之外的个性彰显和回归自然基础的情感放飞（史鹏飞等，2020）。在感官和身体的充分调动下，审美愉悦和肉体痛感的实现不断刺激新的、复杂的情绪产生，并在与自然、他者的接触中唤起浸润心灵的情感价值。情感价值主要包括正向情绪、负向情绪、情绪交错、情感表白和情感依恋等几个方面。

1. 正向情绪

正向情绪是感知主体对外部刺激所做出的肯定性的心理反应（谢彦君，2017）。逃离日常生活世界的人，面对一个迥异于生活空间，自由的、自然的、宁静的山地旅游世界，期待已久的梦境转而成为现实，身心的压力悄然释放。旅游者心理场与山地情境在心理上进入了某种协调、和谐的状态，促使正向情绪产生。例如有的游记中这样写道，"一路上美景不断，蓝天白云、雪山经幡，处处让初到的游客兴奋不已"（MF106-003），"最开心、最惊喜的是看到了日出。宾馆的公告写5：51日出，我们四点半起床出门打探天气，看到了美好的月亮和星星，于是迅速地洗漱，喝杯热水，5点从宾馆出发直奔光明顶，真的是特别震撼的一次感受，一定要看一次日出，真的真的真的一定要看一次"（ZH029-008）。

2. 负向情绪

山地情境并不总能带来正向的情绪体验。当肉体痛感不断加深，当"想象"在与"真实"的邂逅中趋于破灭，旅游者内心将重新陷入失衡的张力状态之下。负向情绪的弥漫往往会对山地旅游体验造成负面影响，但随着山地情境的变换，也存在情绪正向转换的可能。例如一位旅游者在游记中写道，"这里山上大部分都是大大小小的碎石，有时候看见头顶斜上方悬着的巨石让人有点心惊胆战，刚开始走在这满山的碎石中还挺有新鲜感，后来慢慢地感觉很枯燥，走了近两三个小时的石头路，周围的景色却一成不变，感觉怎么走都走不到头，从疲惫到失望到愤怒，发誓以后再也不来爬这座山了"（ZH015-010）。当其看到怡人的景致时，则又写道，"路上雾气比较稀薄，视野也变得开阔了许多，几缕阳光穿透较薄的云层像光柱一样照射在地面上。不远处层峦叠嶂像水墨画一样，看着这美丽的风景心情舒畅了许多"（ZH015-014）。

3. 情绪交错

山地旅游世界是一个美景与风险、吸引与对抗并存的体验空间，在与旅游者心境联结的过程中，在审美愉悦与肉体痛感下，"眼睛在天堂，身体在地狱"的独特体验、情境与心境的交互浸染，形成了高密度、高强度的情绪交错场（谢彦君等，2017）。面对山地情境，旅游者在同一时刻流露出连续统一体的两极情绪，展示了矛盾却又真实的自我。例如，游记中有这样的记录，"我不知道这个世界到底有没有香巴拉，而女人死后与她的狗又去了哪里。但那男人拖着瘸腿，寻着转山路找自己妻子的那份执着，真的让人动容。生死无常，却有真情相伴，死而无憾。感动之余，也心有余悸，尤其第二次看着那个牧场，回忆起第一次转山，每一天几乎最后一小时的路都是我自己走的，如果某一个岔道我选择错了，又将如何，我又会在何地"（MF086-069）。这种交错的情绪感知也成为山地旅游非功用性体验的独特魅力。

4. 情感表白

在旅游者心境和山地情境的相互浸染中，人对山地内在的情感注入显化为外在的情感表白。旅游者在场的情绪/情感体验，无论积极还是消极，都强化了与山地的情感联系。这种情感联系在时空转换中悄然积累于旅游者内心，并在某个情境下爆发。例如有旅游者见到心心念念的太白山大爷海时，已抑制不住内心的情感，其写道，"不知道是之前的铺垫让人麻木，还是眼前的大爷海太过于静谧，当我真正看到大爷海时，我没有狂喜。这不是因为我不爱它，反而是因为我太爱它了，我太爱这份难得一见的纯净，这份世间罕有的安静"（MF058-021）。这种弥漫在字里行间的喜爱，是挣脱日常生活束缚后的天性彰显，也深刻体现了非功用性体验的情感价值。

5. 情感依恋

人与山地的情感联结既是人亲近自然的天性使然，也有其深厚的文化基因。即使尚未涉足山地旅游世界，旅游者已在想象中建构起了与山地的联系，并一直延续、强化直到旅程结束后的情感回味。在旅途结束之时，旅游者往往展现出"依依不舍""不想走"等情感意向，表达出"再来""下次再见"等情感愿景，凸显了强烈的情感依恋特征。例如有的游记中写道，"至此，我的黄山之行就结束了，不管是黄山还是宏村都让我流连忘返，希望以后还能故地重游一番"（ZH030-025），"张家界之行完美结束啦，好舍不得呀，我一定会再来的！期待能看见美丽的云海"（MF010-018）。情感依恋为山地打上了旅游者深深的情感烙印，并将内化山地的鲜活形象，重塑旅游者的情感结构。

（三）时空错位的时空价值

旅游活动发生在特定的时空范围内，旅游体验过程打破了原有的时空意识，带来时空关系的错位和重构（陈才，2010）。山地旅游世界看似是一个相对封闭的空间，实则是一个无限开放的"召唤"结构。在这里，审美主体与客体共存、抽象与具象共在、想象与真实交织、精神与肉体融合，身心一体的畅爽和物我共洽的和谐显现出"第三空间"的无穷魅力（阳宁东等，2014）。山地旅游非功用性体验的时空价值主要包括空间穿越、时间知觉、移情模拟、新鲜感等几个方面。

1. 空间穿越

旅游者的旅游活动总是带着一定的期望（林铭亮等，2020），置身山地旅游世界，旅游者的感官、身体在不断接触山地异质且丰富的景观的过程中引起情感与心理的变化，也激发了由期望带来的想象力的持续扩散。与此同时，旅游者主观意识上对日常生活情境的远离并没有将之完全割裂于身心之外，会主动将想象与个体的经历、记忆及情感结合。在审美愉悦和肉体痛觉的交织下，游离于身体之外的想象将思绪牵引至过往的、未来的场景中，穿越到不同季节的、历史的时空里。例如有游记写道，"伴随着车轮的疾驰，我的思绪也仿佛穿越时空，眼前浮现出2600多年前春秋时期的那一幅历史画卷……"（MF082-003），"走进场景中的观众，仿佛置身于会师广场前的龙江书院，两支队伍人潮涌动，向广场中央跑去，朱、毛会师的历史瞬间形象地展现在观众面前，现场感极强"（MF117-013）。

想象与真实的交融建构起山地旅游世界的"第三空间",逐渐完成一次穿越时空的本真对话。

2. 时间知觉

时间似是一个与主体无关的独立存在,但从根本上讲,时间是由主体的内时间意识的感知体验所构造而成的(赵刘,2017)。因此,时间知觉实质上是主体对客体的意识体验流(埃德蒙德·胡塞尔,2011)。不同于客观时间,主观的时间知觉并不是无广延的"现在",而必然地存在"前摄"与"滞留"。当旅游者尚未跨越至另一个山地情境,其内在意识便可能先于身体抵达,形成一种"前摄";而在从一个山地情境跨越到另一个山地情境的过程中,主观时间知觉又不同于僵化的客观时间可以瞬间完成流动,不可避免地"滞留"。"前摄"与"滞留"的存在令旅游者的时间知觉脱离了客观时间而进行独立构造,因此,旅游者所谓的"时间太短""时间好长""时间变慢"变得顺理成章。

3. 移情模拟

初次接触到某一感知对象的旅游者,往往会基于这一对象形成多通道、多维度的感知、运动及内省式体验。当旅游者再次面对相似情境时,知觉和情绪会调动起过往的回忆,模拟出类似的感知、运动及内省式体验,产生联想及移情性的心理活动(殷融等,2012;林源源等,2017)。这与空间穿越有着紧密的联系,不同的是移情模拟更强调空间穿越下对心理感知和内在体验的主动性"重复"。"我立刻想到去年我们徒步海子沟的时候遇到许多登山的朋友,他们说二峰由于雪太大比较危险,所以景区关闭了二峰的攀登。看目前的情况我们这次也有点悬。不过我倒不担心二峰变成大峰,我是怕连大峰也不能登可就惨了"(MF061-036)。通过移情模拟,旅游者在山地空间完成了与多情境的融合,达成了人与山地心理结构上的契合,在时空交叠和情感升华的过程中彰显山地旅游非功用性体验的时空价值。

4. 新鲜感

人们对日常生活世界中的事物总是习惯以功利化"何以用"的逻辑进行审视,思维是理性的,感知目光是聚焦的。当其跨入山地旅游世界,与日常生活心理距离的产生引起对功利性的"悬置",也引起了对空间感知场域的扩充与更新。对旅游者而言,这个与日常生活迥异的空间呈现出了新鲜感,在日常生活中沉沦为背景的、无法产生"何以用"的非功用的东西,以新鲜的面貌呈现为景观,即使是日常生活亦可得见的一树一木,在此时也变得意义非凡、饶有趣味。例如,有的游记中有这样的记录,"不过院子里一颗颗超大的桂花树是真真吸引了我,从来没见过这么香的院子,不禁驻足了好长时间"(MF004-011)。当然,山地空间中的新鲜感不全然是在日常生活中被忽视的、熟悉的新鲜,也有相当一部分是受日常生活裹挟而未曾体验过的、新的事物。旅游者在山地旅游世界经历着一个又一个"第一次",展现了山地空间的无限魅力。

(四) 意义生产的符号价值

山地是一个"自然—人文"综合体,其精神性、象征性特质是在人类文明不断演进过程中形成和发展起来的。这些精神性、象征性特质具有符号的性质,并在与实体景观的融合中推出一个个生动的旅游情境,从而建构着山地旅游世界(那梦帆,2019)。在山地旅游非功用性体验过程中,旅游者需借助山地旅游体验场中那些历史遗迹和文化遗存中具有的象征性、情感性的符号来实现意义的生产与获得,以此来体现旅游者在符号解码过程中获得的乐趣,满足生理和心理需求,并形成山地旅游非功用性体验的意义。符号价值主要表现为内涵释义、意义呈现、价值凝练、诗意独白、知识获取、名实性等几个方面。

1. 内涵释义

山地旅游世界中具有符号意义的特质在景观载体之下不断诱发旅游者的好奇心,对其内涵的解释和概念特征的表述在一定程度上缓解了旅游者由"见而不识"所引发的紧张的心理状态。内涵释义的过程,既可能是对符号对象客观含义的复述,例如,有旅游者写了南天门的含义,"很多山都有南天门,因为传说人间通往天庭的门就是南门,因此很多山都用南天门来比喻登入仙境"(MF060-018);也可能是对相似文化感知下约定俗成内涵的认同,例如有游记写道,"天池的峭壁上还有未融化的积雪,这也是人们常说的'长白'的寓意之一;还有人们的美好祝愿即'长相守,到白头'"(MF007-019);抑或是旅游者主观的建构与解读以实现逻辑自洽。例如，有的游记中给出了对黄山迎客松含义的解读，"迎客松闻名中外，几乎每一个来黄山旅游的人都会经过迎客松，也都会和迎客松留影纪念，它有着独特的造型，一只树干斜伸出去，如同好客的主人伸出手臂，热情地欢迎宾客的到来，我想这就是迎客松这个名字的含义吧"（MF125-053）。无论何种类型的释义，都将使旅游者体会到从未知到已知、从失调到自洽的乐趣。

2. 意义呈现

正如刘瑾（2015）所言，感性的认知仅仅获得了探究美学对象本质的可能性，意义呈现才是着重需要解决的问题。山地旅游非功用性体验提供了一个意义呈现的场所。对旅游者而言，山地情境中的每一处景观符号都可能是非同寻常的，其中也必然有可能引发旅游者深思顿悟、极力呈现的部分。在游记中，那些有关历史的、民族的、宗教的精神文化符号在旅游者的呈现下得以放大。例如，有游记做了这样的描述，"慈云阁，也是青城山的一大道观，成三方四合院形状，这里可以看到道教的法像和佛教法像的融合趋势，也是中华千年以来儒释道互相融合的过程。这也是青城山千年文化的缩影"（MF070-024）。当然，意义的呈现不仅需要旅游者内在意识的加工，同样需要语言文字的装饰，这也是研究者可以通过游记资料窥见其中意义的内在逻辑所在。

3. 价值凝练

旅游者个人的知识结构、文化素质、思维能力等往往在符号价值的彰显中扮演着重要角色。在对山地旅游世界中的符号进行不断解码和重构的过程中，部分旅游者能够对其进行更凝练、更抽象的概括，实现从意义到价值的跨越，并由此将处于分散状态的符号构建为全新的价值整体。例如，有游记写道，"今天看完再回看国画，这些艺术的境界，对'青城天下幽'概念的表达，真是淋漓尽致地展现在了中国的山水画里，体现了'高士'们对于自我同样有着精神追求"（MF071-004），"古代工匠根据道家'不闻鸡鸣犬吠之声'的理念，建设了悬空寺。悬空寺，庙宇精巧，建筑巍峨，古朴壮观，高超的建筑技艺和不朽的艺术价值，令人叹为观止。充分体现了古代劳动人民的聪明智慧和高超的建筑水平"（MF136-008），"顶部及周边石壁上留有很多明清时期文人墨客的诗词石刻，很具观赏价值"（MF103-011）。

4. 诗意独白

在中国"山水比德"的儒家文化传统中，滋养万物的山象征着宽厚无私的仁德，备受文人士大夫推崇。无数文人墨客登山而畅神抒情，展示文化理想，书写优美诗词（谢彦君，2017），诗词成为山地重要的文化符号，令今日的旅游者遐想联翩，情致顿生。面对与古诗词意境如出一辙的山地情境，旅游者的文学素养顿时被唤起，面对长白山大峡谷的激流涌动，旅游者立刻联想到"乱石穿空，惊涛拍岸，卷起千堆雪。江山如画，一时多少豪杰"（ZH001-008）；在未窥得庐山全貌时，旅游者便吟诵起"横看成岭侧成峰，远近高低各不同。不识庐山真面目，只缘身在此山中"（MF095-052）。

在诗情的浸润下，旅游者实现了从品味诗句到对话诗人的跨越，深刻解读诗人的内心世界，达成古与今、诗与人的精神贯通。例如，有的游记中有这样的记录，"在迷恋利禄的人看来，白云实在不值什么，但在诗人心目中它却是一种超尘出世的生活境界的象征。然而白云的这种价值是名利场中人不能理解的，唯有品格高洁、丰神俊逸的高士才能领略白云奇韵真趣。所以诗人说：只可自怡悦，不堪持寄君"（MF004-007）。

不仅如此，山地情境还具备"诗化功能"。至美的景致、至深的文化、至酣畅的体验，亦燃起了旅游者对于诗词的创作热情，形成旅游者的诗意独白。例如，有旅游者完成四姑娘山之行后，作《满江红》一首，以表达内心的喜悦，"又是一岁，金秋季，老友重聚。西游迹，蜀城云海，领队给力。闲云野鹤揽双桥，林翡天青映紫玉。山如黛，看飞泉流湍，云水碧。东启明，西长庚，南箕宿，北斗恒。海子沟，卧拥满天繁星。雪水沸腾泡香茗，围炉夜话论英雄。凌绝顶，任山高岭峻，人为峰"（MF061-040）。

5. 知识获取

作为一个相对独立于日常生活的山地旅游世界，其自然的环境构造、人文的历史习俗等与旅游者存在一定的间隔，旅游者面对的是一个迥异的、陌生的世界。即使旅游者有足够的知识储备在游前实现了对目的地的"想象"的了解，但身临其境的"印象"仍能带来对已有经验及知识结构的更新。从虚拟"想象"到切实"印象"，旅游者逐渐将前人的共识转变为自己的认识，将外部的现象上升为内化的知识经验，并将对山地知识的学习延续至游程结束。这样一个知识获取的过程，亦是旅游者认识山地、对话山地的过程，旅游者在这一过程中实现了精神充实。例如，有游记对游后延续的知识获取做了这样的记录，"老君山之行结束了，但我对中国古典文学的学习和研究还要继续。回来之后，我查了大量的资料，对于老子这个人，史上留下的记载太少了，以至于孔孟的故乡传千里，老子的故乡鹿邑无人知。关于《道德经》里那些非常熟悉的名句，认识也加深了一些"（MF100-070）。

6. 名实性

从中国传统的文化经验维度来看，中国旅游者常常自觉或不自觉地以名实关系来表达自身的旅游体验（李菲，2020），存在一种积淀已久的名实观念。人与山地间天然的文化联结，形成了社会集体记忆体认逻辑和文化惯习下山地特有的文化符号和品牌个性。"名过其实""名副其实""实过其名"，这是旅游者通过将个体经验、情感期待与山地旅游世界集体叙事下的文化符号、品牌个性等进行比较验证后得出的价值判断，并从中得到体验的正向或负向强化。其中并不全然涉及何为真、何为假的真实性意涵，却更符合中国本土语境下的名实性表达（李菲，2020）。旅游者在关于名实性的判别中，逐渐地接近山地本身的意义中心，达到人与山地物我一体的生命境界。

（五）文化皈依的"家国"价值

旅游者突破常规生活圈跨越到山地旅游世界，不仅是时空的转换，也意味着从熟悉到未知文化环境中的文化转移（陈才，2009）。从山地旅游非功用性体验过程来看，旅游者对自身文化的认同和文化身份的表达不仅不会因山地文化的浸润而削弱，反而会在与异文化的接触及由此形成的适应或冲突中观照自我的文化角色，强化文化认同。在特定的山地情境下，旅游者的文化认同表现出对历史的、国家的、亲情的文化皈依，体现了家国情怀下的"家国"价值。"家国"价值主要表现在历史认同、国家认同、亲情延展等几个方面。

1. 历史认同

山地承载着一个民族或群体共同的历史记忆和价值追求，这也在一定程度上构成了山地文化符号的主体。从我国的历史脉络来看，山地刻录的不仅有文人士大夫的画意诗情和文化理想，也有帝王将相的决断杀伐和政治追求，更有近代民族觉醒背景下救亡图存、保家卫国的英雄壮歌。这些历史烙印固然与山地空间特殊性不无关系，却也早已在历史的车轮中抽象凝练出民族的向心力和历史的认同感。例如，面对茅山抗战纪念碑，有游记做了这样的记录，"当我们把这神奇的军号声和为国献身的七千英烈联系在一起时，内心更愿意把它当作一种英灵的神谕。传说，在抗战时确有一位小号手在茅山脚下英勇牺牲了，所以，我们更愿意相信，那阵阵鞭炮声唤醒了那位小号手，他从阵地上一跃而起，吹响了军号声……这是当地老百姓的一种演绎，他们用这样的一个悲壮的传说，表达了对新四军的全部感情。如今，对于慕名而来的人来说，探究军号声奇观的原因已经不再重要，重要的是用这种特殊的方式，缅怀烈士，铭记历史"（MF088 - 007）。这无疑唤起了内化于心的民族情感，体会了山地所带来的历史认同价值。

2. 国家认同

国家认同既存在"政治—法律"取向的理论阐释，也存在"文化—心理"取向的意义解构。从山地旅游非功用性体验的角度而言，国家认同是旅游者面对山地这样一个由象征符号系统集成的文化场和梯度景观资源富集的自然域，将在场的现实与回溯的历史相关联，产生对国家的自豪感与归属感，唤起个人与国家命运同频共振的内在体验过程。例如，面对如画的风景，有游记写道，"正所谓'读万卷书，行万里路'，能够领略到祖国的大好山河，如画风景，实在令人陶醉，自豪感油然而生"（MF021 - 022）；面对革命老区，有游记写道，"桐木岭路这块两侧都是山，新开的路，修了不少不算太高的新建筑物，说明国家给予井冈山老区不少关爱和资助，每年派往井冈山的各类党政学员也足以说明国家没有忘记老区人民，没有忘记老区在井冈山时期为中国革命做出的贡献"（MF117 - 009）。这一过程是在民族或群体所具有的共同历史认同基础上形成的（徐翠蓉等，2020），在场的真切体验和共情的感同身受帮助旅游者实现文化身份的建构与表达，形成文化与爱国情感的皈依。

3. 亲情延展

充斥着艰涩和未知的山地旅游世界一方面能够激发起人们挑战的决心和猎奇的心态，另一方面也可能令人望而却步。特别是当旅游者真正涉入山地情境时，乌托邦式的游前想象迅速瓦解，随之而来的是凌驾于旅游者身心的肉体痛觉与异文化的陌生，令旅游者顿生进退维谷的无助和心理认知的不适感。这往往能唤起旅游者对自身挑战技能和所处文化体系的反刍，并将日常生活最具情感依赖性和亲切感的亲情延展至山地情境，以熟悉和舒适的亲情联结调和旅游者的心理状态，并由此强化旅游者对亲情的精神依附，进一步凸显旅游者的自我意识。例如，有游记写道，"从主峰下来后，我彻底迷茫了，因为没有人了，真的没有人了，连周围说话的人的声音都没了，而且当时已经四点了，我也不知道我离金顶道观群还有多远……这个时候妈妈发来的视频，也算是缓解了一下我的焦虑情绪吧……"（MF100-056）

（六）回归本真的人际价值

交往是神奇的生命世界的基本存在方式（谢彦君，2017），在山地旅游非功用性体验中体现出独特的价值。从某种意义上说，山地旅游非功用性体验即是一种通过人与山地情境的互动及人际交往而实现身心一体、物我和谐的途径和方式。之所以强调人际交往，其中固然有人的社会性本质，更在于山地情境造就的人际关系的特殊性。面对艰涩的环境，旅游者常常在身心的煎熬中还伴有无力感与恐惧感。此时他者于旅游者而言，不再是普通的人际交往对象，他们对旅游者跨越生死、突破极限的考验感同身受。尽管没有证据显示这种人际关系是否如同旅游的暂时性特点一样终止于游程结束，抑或是能够在复归日常后依然延续，但无疑造就了一次回归本真的心灵体验。山地旅游非功用性体验的人际价值主要包括他者关怀、人际互动、世俗分享、关系建构等几个方面。

1. 他者关怀

置身山地这样一个陌生且充满艰涩的环境里，旅游者往往具有较强的风险知觉，对山地环境保持着强烈的敬畏心和警惕性。身体的痛觉和精神的紧张使旅游者在应对山地险阻时常常倍感无力，心理长时间处于一种失调的状态。此时，无论是游伴的关怀还是其他游人、东道主的鼓励，其释放的善意总能令旅游者放松紧绷的神经，产生莫名的感动，感受浓浓的人间温情，并影响旅游者日后回忆的感情。例如，有游记写道，"……特别感动刚才那么大的雨他一直在这里等我，他也说要不是为了还我包他早下山了。我一时不知怎么补救，看到包里有个小面包，特别傻地说你饿不，给你吃个面包。我想当时他心里一定觉得我傻。雨又大了，我的塑料雨披早就没用了，这个男生把我送到避雨的地方，还叮嘱我下次把包拿好就道别了，顿时觉得来自陌生人的感动既简单又纯粹"（ZH024-012）。

2. 人际互动

在旅程中，旅游者会与各式各样的人在各种各样的山地情境下邂逅，可能是志同道合、一见如故的同行者，也可能是热心帮忙的陌生人。在作为一个异地空间的山地情境下，与谁邂逅、与谁相识都是未知的。这是在隔绝了日常生活的人际关系、排除功利性思维、卸下世俗压力与枷锁后面对的各种不期而遇的互动。例如，有游记做了这样的记录，"有些香火旺的寺庙会有很多人来送吃的、送香火、求名牌，有些清静的寺庙的僧人会主动和一些施主聊天，主动建起一些因缘，也是颇为有趣。这一通下来，再自我的人也会觉得自己没那么大了，而世界除了自己以外开阔许多，自己也更能容下一些事情"（MF043-011）。这种互动使不同人的价值取向、文化素养、情感联结在同一空间内聚集、碰撞，旅游者在与不同人的互动中反观自身，在情感交流中获得成长。

3. 世俗分享

尽管旅游的暂时性和异地性特征将旅游交往的时空主要局限于山地情境之下，但这并不意味着旅游者的交往活动与日常生活世界彻底断裂。特别是在融媒体时代，有丰富载体的网络媒介亦能够将旅游者的交往活动从山地现实时空转向网络虚拟世界。通过"朋友圈""抖音""微博"等，旅游者将山地情境中的点滴分享出去，实现了记忆的符号化记录和交往活动的时空跨越。这已经成为山地旅游非功用性体验不容忽视的互动途径，旅游者甚至会为这样的分享做精心准备。例如，有游记做了这样的记录，"我们累了一天也是犯困的时候，所以在车里休整到 3 点才出发（注：疲劳驾驶不可取）。他眯了一会，我是没睡一直在看照片，选照片准备发朋友圈（实际上我又调滤镜又编辑了，5 点才发出，导致没定位上凤凰山）"（MF147-029）。这一过程与传统意义上的旅游交往活动不同，交往对象与旅游者的现实时空几乎不发生重叠，这也使得旅游者的人际互动变得无限开放。旅游者在网络世界的"点赞""评论""转发"等反馈中进行互动，不断强化着由世俗的关注与认可带来的心理满足。

4. 关系建构

在马斯洛的需要层次理论中，交往需要是连接本能需要（生理需要和安全需要）和高级需要（自尊需要和自我实现需要）的桥梁，这与 Pearce 旅游生涯阶梯模型处于中间位置的"追寻关系""家庭亲密关系"动机达成了一种契合（邹统钎等，2008）。可以说，每一个正常的人无论是在日常生活世界还是在旅游世界，都有人际交往的需要，对于以追求情感性、精神性体验为主要目的的山地旅游者而言，这种需要更加迫切。被功利性充斥着的日常生活，其人际交往已被异化（余志远，2016），人际关系因被嵌套上了功利性目的和利益的枷锁而失去了本真。在山地情境中，不管是同行的亲人、游人，还是邂逅的其他游人或东道主，他们都曾经或在当下切身体会着旅游者所经历的刻骨铭心的旅程，都能感受到自然的伟大并对生命产生敬畏。在一系列超功利性的关怀、互动中，一种回归本真的亲密关系（包含亲情、友情、爱情等）被建构起来。

（七）自我实现的成己价值

人们被裹挟在日常的功利性追求和程式化行为中，充斥着压力与不真实、单调与不自由，处于一种身体"在场"而灵魂"失位"的身心失衡状态之中，逐渐迷失了意义中心和存在价值。山地旅游非功用性体验之路，提供了与自我、与他人、与山地对话的契机，是一次亲近自然、返璞归真之旅。在多样化的山地情境下，旅游者实现了从功利性到非功用性的心境转换，抛去了实体功能性，获得了强烈的情感体验，在实在的身体存在感和充实的自我成就感中觉察到了生命的意义，完成了认识自我、展示自我、成就自我的自我实现过程。成己价值主要包括自我独立、自我满足、自我更新等几个方面。

1. 自我独立

"认识你自己"贯穿于人类社会发展的始终。现代性的非延续性、碎片化特征颠覆了人们的生活节奏,瓦解了人们的日常生活秩序,使人们迷失在自我否定和自我怀疑中,丧失了意义中心(包军军等,2019)。置身于山地情境,审美愉悦和肉体痛感的交织使旅游者体会到了真切的喜怒哀乐,刺激着旅游者的情感和精神世界,激发出一个鲜活的、存在着的自我。例如,有游记做了这样的记录,"10人同行,2999级青云梯(45°直上的连续台阶),途中下雨急剧降温,阶梯直上云霄遥不可及,一路上目睹放弃的人很多,最后同行伙伴剩我一人登顶。海拔3106.2米的神农顶上,只有风雨云雾,没见太多风景。仍觉得值,是这看似无法企及的峰顶,咬牙努力坚持着过来了……虽独行,不孤独,风景也独好"(MF065-029)。旅游者在一个充满未知和风险的场域中对抗自然力量,进行逆向决策,挑战自身极限,重获独立而完整的人格,感受着强烈的自我意识。

2. 自我满足

旅游满足是个体在异地短期的异样体验中获得的心理需求饱和状态。在李振亭等人(2019)看来,这种满足感是可以被分解并充斥在旅游世界中的,是旅游者旅游结果的呈现。从保障层的安全感、新奇感到升华层的获得感、幸福感,旅游者在心境的转换中逐渐实现自我满足。在山地情境中,旅游者从与山地邂逅时的新奇感,到感官与身体深度涉入的参与感,再到情感交错和意义识别的存在感与成就感,逐渐挣脱内在功利心和实体功能性的裹挟,在对自我、对他者、对山地的观照中明确自我的意义,体会精神获得感与幸福感。正如游记中提到的,"都说出门旅行是一件无比幸福快乐的事情,能够拥有一场说走就走、自由随性的旅行更是让人梦寐以求。旅行不在乎去的地方有多远,游玩卖的门票有多贵,而在于选择了一个真正能够获得心灵满足感,在欣赏到美景的同时,又能收获到意想不到惊喜的地方"(ZH009-001)。

3. 自我更新

山地旅游非功用性体验是一个身体与情感交互的过程。随着身体不断浸入,旅游者渐渐与山地情境融为一体,获得心灵回归的精神救赎、个性解放的情感放飞。这一过程因身体的实在感而刻骨铭心,因情感的充盈丰满而提升了体验的高度。旅游者在其中寻找本真，反观自我，发现存在的意义，拓展生命的向度。从这一意义上说，非功用性体验价值的终极指向便是让人获得超越功利的精神享受和洗礼心灵的自我更新。对于这一点，有游记做了这样的记录，"这一刻我终于懂得了我登山的意义在哪儿，是勇往直前就可以站上峰顶的意气风发，是拼尽全力就可以获得成功的完美结局，而不是在这个浮躁的社会里需要各种关系、人脉、机遇、背景，天时地利人和凑齐才能拥有的升职加薪"（MF062-046）。从精神引入到成己价值的彰显，旅游者在想象与真实、身体与情感的穿越交错中建构起一个独特的体验空间，构筑起一条直击心灵的成己之路。

三 山地旅游非功用性体验价值实质

"旅游本身还不仅只是体验一种地理上的变化，或某种状况象征性的改变。对西方人来说，他们更强调个人主义的价值，一种自立的价值，一种工作的道德伦理问题。对他们来说，旅游是一种最好的生活，因为它有一种神圣的意义，使人激动、使人更新、使人自我完善。"（瓦伦·L. 史密斯，2007）事实上，从本书关于山地旅游网络游记的扎根理论分析来看，山地旅游非功用性体验在中国本土的实践中同样彰显了个人主义价值。经由三级编码层层抽象，最终浮现出山地旅游非功用性体验价值的核心命题：人—山对话下的成己之路。由此，何为非功用性体验变得明晰起来。非功用性体验，并非"无"功用的、"无"价值的，而是完成了对内在功利心和实体功能性的"超越"，在旅游世界里获得的成就自我的精神享受。关于山地旅游非功用性体验价值的实质，还需要有如下几点说明。

（一）"人"的身体是山地旅游非功用性体验价值生成的中介

随着"具身性"范式逐渐为学界所熟知，学者们对"身体"现象进行了越发深入的剖析（陶伟等，2015；谢彦君等，2017；谢彦君等，2018）。此处的身体自然与物理学和生理学上的名词有所差异，属于认知科学的范畴。在现象学领域，胡塞尔认为，"身体当然也像其他事物一样可以被看到，但唯有在各种触觉、疼痛感觉等加入之际，它才成为一个身体……身体是灵与肉的结合点"（Husserl，1989），也即身体是躯体、心智、行为及所属行为情境等要素多元交互的统一体（谢辉基等，2020）。从本质上讲，旅游者在山地情境中的身体移动，其实就是"心灵"移动，正是由于身体的知觉及其延伸，旅游者才切实体会着自己的存在，不断建构自我意识。从山地旅游非功用性体验价值维度解构的角度看，从精神引入到情感注入的价值投入，不过是身体意识的一种延伸，而价值收益则是身体在与山地旅游世界发生作用时的意义凸显。因为身体并非无意识的骨骼和肌肉，身体是"活"的存在，这将意味着身体有知觉和思维的注入，也意味着身体的每次涉入对旅游者而言都是有意义和价值的。由于身体的存在将旅游者和山地旅游世界持续关联起来，旅游者才有机会克服日常生活中身体"在场"而灵魂"失位"的身心失调，转而达成身心一体的畅爽。山地旅游非功用性体验则可视为在身体与山地旅游世界的浸染中实现的对自我的补全。因此，身体是山地旅游非功用性体验生成的中介。

（二）"山"的情境是山地旅游非功用性体验价值彰显的载体

人的身体是情境中的身体，失去了情境也就失去了意义（谢辉基等，2020），可以说，情境是旅游体验得以实现的基础性要素，亦是对旅游者各种体验状态阐释的前提（孙小龙等，2018）。山地情境有其独特的地理环境及符号价值，区别于乡村的"原根性诉求"（陶玉霞，2015），也不同于海滨的浪漫性体验，能够抽象出自然与人文多维的象征性特质。山地情境是山地旅游非功用性体验彰显的载体主要基于三个方面：首先，从山地旅游非功用性体验的时空特征来看，山地旅游非功用性体验发生于一个特定的地理空间范围，是一个自然与人文资源富集、高梯度效应显著的非惯常的物理环境，也是一个自我与他者互动的社会环境。其次，从非功用性体验的过程来看，山地旅游世界是由一个个特殊情境串联而成的体验空间，由于旅游者身体的涉入，又被建构为一个真实与想象、肉体与精神、具象与抽象相交织，无限开放的"第三空间"。身体的唤起、身体的浸入都以山地旅游世界为背景，又同时与山地旅游世界融为一体，亦是在山地旅游世界，旅游者完成了人与山地的本真对话。最后，从山地旅游非功用性体验价值呈现的角度看，由于人们对外部环境情感的反应是人们在价值判断的基础上产生的（乔建中，2003），因此非功用性体验价值的彰显离不开主客体，也即旅游者对山地情境的价值判断，山地旅游非功用性体验的价值投入与价值收益都是在旅游者与山地情境的对话中完成的。

（三）"成己"是山地旅游非功用性体验价值的终极指向

从旅游者受到山地旅游世界的"召唤"开始，伴随精神引入、身体浸入、风险介入、差异带入、仪式输入、情感注入等非功用性价值投入过程，审美价值、情感价值、时空价值、符号价值、"家国"价值、人际价值、成己价值等山地旅游非功用性体验价值逐步呈现。从旅游者踏足山地旅游世界之初，首先达成的便是以视觉感官投射的直觉审美引起的审美价值，旅游者从中感受到了山地旅游世界迥异于日常生活的美丽；随着体验的深入，山地被清晰地勾勒出来，一个爱恨交织的情感交错场彰显了非功用性体验的情感价值；在审美价值和情感价值被成功激活后，旅游者的自我意识得到极大提升，开始以更从容的、非功利的心态接收时空价值和符号价值；身体的进一步延展令旅游者的边界触及家国和他者，"家国"价值和人际价值逐渐达成（见图2-2）。

图2-2　山地旅游非功用性体验价值收益
资料来源：笔者自绘。

在一系列山地旅游非功用性体验价值投入并达成体验价值收益的过程中，旅游者经历了与不同山地情境的互动，成功应对了不同程度的身心挑战，克服了艰涩的自然障碍和未知风险。当旅游者结束游程之时，山地本身的象征特质与旅游者建构的意义空间交互，形成了一个新的意义中心。旅游者在这一过程中不断地观照自我、认识自我、更新自我，自我效能感得到极大提升，最终实现了成己价值。因此，成己是山地旅游非功用性体验价值的终极指向。

第三章

山地旅游非功用性体验价值的测度

通过扎根理论方法对山地旅游网络游记资料进行逐级编码，本书识别出了山地旅游非功用性体验价值的核心范畴——"人—山对话下的成己之路"，并从山地旅游非功用性体验价值投入和山地旅游非功用性体验价值收益两方面出发，对13个非功用性体验价值维度进行了系统解构。在此基础上，本章将聚焦山地旅游非功用性体验价值的量化测度问题，完成从扎根范畴到概念化、操作化的跨越。因此，本章将分为四个部分展开：首先是测度前的准备，本书将对本章的研究问题、研究类型、案例地选择、测度步骤等加以明确；其次是量表开发与问卷设计，本书将按照科学的量表开发程序进行量表开发，并通过预调研进行初步修正；再次是量表的检验与修正部分，本书将通过探索性因子分析、信度分析以及验证性因子分析的连续过程对量表信度与效度进行反复检验，并形成最终量表；最后是案例地的测度结果对比。本书将基于最终量表的各维度及具体测量项对案例地进行系统比较。

第一节　测度准备与步骤阐述

一　研究问题的明确

在"绪论"部分，本书阐述了主要希冀解决的三个问题，通过第一章的理论基础阐释和第二章的扎根理论分析过程回答了研究问题1，"什么是山地旅游非功用性体验价值？其中包含哪些潜在的具体维度？"本章的研究目的在于，在扎根理论分析成果的基础上，开发山地旅游非功用性体验价值测度量表，通过玉龙雪山景区和苍山景区非功用性体验案例来佐证扎根理论分析和量表开发的理论合理性，实现从扎根范畴到概念化、操作化的跨越，以完成对山地旅游非功用性体验价值理论化最后的"惊险一跳"，并窥见玉龙雪山景区和苍山景区山地旅游非功用性体验价值的具体表现。因此，本章主要对应"绪论"部分所提出的研究问题 2，即"如何测度山地旅游非功用性体验价值？不同案例地的非功用性体验价值维度是如何表现的？"顺承第二章的研究思路，本章依然将山地旅游非功用性体验价值解构为价值投入和价值收益两个方面，并基于"绪论"部分提出的研究问题 2 对本章的研究问题进行再解构：

问题 1：山地旅游非功用性体验价值如何顺承扎根理论成果进行量表开发与科学测度？

问题 2：山地旅游非功用性体验价值投入和体验价值收益在玉龙雪山景区和苍山景区两个典型山地旅游目的地是如何表现的？

从本章拟回答的两个问题来看，本章是在对山地旅游非功用性体验价值已形成一定认识，对各体验价值维度内涵特征已有一定程度把握，对山地旅游非功用性体验价值实质有一定理解的基础上展开论述的，且各体验价值维度变量多交叉体现于整个山地旅游非功用性体验过程中，虽有内涵上的相对独立和体验程度的区别，却没有明显的时间先后顺序和因果关系。因此，本章的研究属于"描述性研究"的范畴，将在量表开发的基础上，通过选取典型山地旅游目的地对量表进行检验与修正，在此基础上对案例地山地旅游非功用性体验价值投入和价值收益的表现情况进行比较，探寻山地旅游目的地非功用性体验价值的相关问题。这也确定了本章后续研究需要使用与本章研究目的相符、与描述性研究精神相契合的数据统计分析方法及分析工具，这些将在后续部分进行详述。

二 案例地选择

本书意在扎根理论分析成果的基础上形成山地旅游非功用性体验价值测度量表，并通过典型山地旅游目的地检验测度量表的科学性与合理性，在此基础上剖析案例地山地旅游非功用性体验价值水平，以期为案例地山地旅游非功用性体验价值优化提升提供现实依据。出于以下几个方面的考量，本书最终选定云南省丽江市境内玉龙雪山景区和大理州境内苍山景区两个典型山地旅游目的地作为研究案例地。

（一）案例地的代表性

1. 资源优势显著

玉龙雪山景区集中了我国西部亚热带区域内最完整、最有代表性的高山垂直带自然景观，是北半球最靠近赤道终年积雪的山脉，生物多样性特征显著，自然资源独特性较高。在人文资源方面，玉龙雪山是纳西族的神山和精神皈依之所，拥有"一米阳光"的爱情祈愿以及纳西儿女反抗世俗的自由理想，承载着以纳西族东巴文化为代表的精神象征和人文内涵。极丰富的资源令玉龙雪山景区成为拥有国家级风景名胜区、国家 5A 级旅游景区、国家地质公园等多重头衔的优质山地旅游目的地。2020 年 4 月，玉龙雪山景区以"龙飞虎跳"形象成功入选"2020 世界避暑名山榜"。

苍山景区在自然资源方面具有独特的高原山岳地貌景观和气候景观、丰富的生物资源，其位于我国北纬 26°以南植被垂直带谱最多、植被类型最多样、山地植被类型保存最完整的山脉之中（周颖，2016）。在人文资源方面，苍山景区及其周边白族特色浓郁、南诏遗存众多，拥有多项物质和非物质文化遗产，"银苍玉洱，风花雪月"早已成为独特的旅游迷思，白族兄弟与南诏公主的传说以及金庸先生笔下的武林世界皆吸引着诸多旅游者前往。目前，苍山景区是世界地质公园、国家级自然保护区、国家级风景名胜区、国家 4A 级旅游景区，是云南省重要的山地旅游目的地。

综合来看，玉龙雪山景区和苍山景区在资源和非功用性特质方面都表现出了鲜明的特点。在独特且优质的资源的支撑下，两地都树立了较为成熟的功用性口碑及形象，在新的消费需求变化趋势下，亦具有综合优化体验性要素和非功用性特质的资源优势和市场潜力。

2. 区位战略意义突出

玉龙雪山景区、苍山景区分别位于云南省丽江市、大理州境内，是云南大滇西旅游环线上的重要节点。在云南省深入推进文化旅游业高质量发展和打造健康生活目的地的时代背景下，玉龙雪山景区和苍山景区将成为云南省旅游产业转型升级的示范区、山地文化创意和业态创新的聚集地、旅游品牌创设和 IP 培育的试验田。随着丽江市、大理州围绕国家全域旅游示范区建设等发展新机遇优化旅游业态、创新旅游产品，玉龙雪山景区和苍山景区的重要区位在刺激旅游消费、吸引旅游投资、协同旅游治理、深化区域旅游合作等方面具有突出的战略意义。

3. 转型难题函待解决

现阶段玉龙雪山景区、苍山景区旅游发展仍然以观光业态为主体，多元化的产品业态虽有一定程度的拓展但深度体验性不足。两地生态环境问题日益凸显，旅游发展空间逐步收缩，生态保护与旅游业态培育的矛盾函待协调，绿水青山与金山银山的有机统一尚需探索。与此同时，两地在资源利用和产品组合开发方面存在局限，非功用性资源存量尚未完全转化为旅游产业竞争优势，新兴要素培育缓慢，投资吸引和动能挖掘能力偏弱，急需探寻有活力、有差异、持久、稳定的发展元素破解转型难题。

（二）案例地的可比性

从可比性的角度而言，共性构成了比较的基础，个性体现了比较的价值。在共性方面，首先，两地都拥有优质资源。玉龙雪山景区和苍山景区皆为云南省内以自然风光和民族文化为重要吸引点的典型山地旅游目的地。其次，两地所处的经济环境相近。玉龙雪山景区和苍山景区所处的丽江市、大理州旅游产业发展阶段和发展水平较为相近，具有相当的旅游经济体量。再次，两地的战略发展机遇相似。玉龙雪山景区和苍山景区同样是大滇西旅游环线的重要节点，都在云南省推动文化旅游业高质量发展、打造健康生活目的地、深入推进全域旅游发展的蓝图之上。最后，两地同样面临着转型发展难题。玉龙雪山景区和苍山景区都需要解决如何保护绿水青山、如何将绿水青山转化为金山银山的关键问题，都希冀寻找新的山地旅游发展元素，形成新的旅游消费和投资增长点。

在个性方面，首先，两地的自然环境构成具有显著差异。玉龙雪山景区和苍山景区在海拔、坡度、地质等方面皆存在差异，这使得两地的自然景观、空间环境等都具有独特性。其次，两地的文化环境存在显著差异。

玉龙雪山景区和苍山景区所处地区在历史发展、民族构成等方面都具有各自的特点，文化内涵各具特色，亦使两地形成了不同风格的文化景观和文化意象。最后，两地在发展理念、产品业态、市场规模等方面也都存在不同程度的差异。这些个性的存在于山地旅游非功用性体验价值研究的意义主要体现在两个方面：一是提升量表检验的科学性，避免"一家之言"的同时，提升量表在后续使用过程中的普遍适用性；二是有助于在比较分析中剖析两地非功用性体验价值的具体差异。

基于上述分析，以玉龙雪山景区、苍山景区作为研究对象具有极为重要的理论价值和独特的现实意义，加之对两地的山地旅游研究得到国家自然科学基金的资助，且研究团队已在前期形成了针对两地山地旅游的研究成果，因此，以玉龙雪山景区、苍山景区作为案例地对本书而言是适宜的。

三　测度步骤阐述

本书对山地旅游非功用性体验价值的测度可以分解为两大步骤：一是测度工具，即测度量表的开发与检验。这首先涉及如何将第二章抽象出的非结构化的价值维度转化为结构化、可衡量的潜变量，并在此基础上形成测度量表。其次，需要通过玉龙雪山景区、苍山景区两个案例地就开发出的量表进行信效度检验，并依据检验结果对量表进行进一步的优化与修正。二是测度结果分析与评价。本书将在充分呈现玉龙雪山景区、苍山景区非功用性体验价值的基础上对两地各自体验价值维度的具体表现进行系统对比，以辨识各自的优势维度。

第二节　量表开发与问卷设计

一　从扎根理论到概念化、操作化的理论探讨

从某种意义上讲，概念化是具体区分概念的不同维度和确定概念的每一个指标的过程，操作化则是在此基础上将不同维度和指标进一步转化为可测量的变量的过程（谢彦君，2018）。本书通过扎根理论分析，初步确

定了山地旅游非功用性体验价值在价值投入和价值收益两个方面的 13 个体验价值维度，这奠定了进一步选取可测量指标对范畴进行概念化的基础，也提供了进行操作化测量的基本路径和框架。然而在从定性范畴到量化指标的转化过程中，面临着扎根成果与变量测量如何有效承接的问题。因此，有必要对本书从扎根理论范畴抽象到量表开发的基本逻辑进行几点说明。

首先，扎根理论分析为量表开发提供了基本的测量维度，这些维度是通过对山地旅游网络游记的逐级解构，通过对初始概念、初始范畴的反复比较聚拢并复归已有文献加以阐释最终确定形成的，能够作为后续概念化和操作化的理论前提。

其次，扎根理论分析为量表开发过程指标的确定和测量项的选择提供了重要但并不唯一的成果来源。在扎根理论分析过程中，13 个基本维度抽象于 55 个初始范畴，这些初始范畴成为量表测量项设计的重要参照。但是，本书的目的是对 13 个基本维度进行全面科学的测度。无论是从质性研究不可避免的主观性而言，还是从量表设计的科学性出发，这一研究目的的实现，都要求在量表开发过程中尽量保持价值中立，合理参考已有研究成果对现有 55 个扎根初始范畴进行凝练与更新，而不仅仅将其作为测量项编制的唯一理论遵循。

再次，从概念化和操作化的角度出发，对 13 个山地旅游非功用性体验价值维度的概念化与操作化需要以扎根理论 55 个初始范畴及相应的概念、符码等作为重要的界定依据和量化标准。然而必须承认的是，一些初始范畴、概念等在量化过程中由于逻辑关系过于紧密而能够合并，部分初始范畴、概念等较为"显化"，虽统御于 13 个基本维度之下，测量的必要性与价值却并不显著，在量表开发的过程中可予以舍去。

最后，从山地旅游非功用性体验价值的基本维度看，其概念的高度抽象使之难以直接测量，由此形成的测量潜变量需要通过外显变量才能实现操作化（王孟成，2014）。作为一个新的抽象命题，对山地旅游非功用性体验价值的测度因扎根理论分析成果而有了重要的理论依托，但进一步概念化、操作化以实现科学测度，将是本章需要解决的全新问题。

综上所述，在接下来所进行的山地旅游非功用性体验价值测度量表开发和实证测度过程中，本书将依托于而不拘泥于扎根理论成果，在价值中立的前提下，对山地旅游非功用性体验价值的 13 个基本维度进行科学测度，实现从扎根理论分析到概念化、操作化的跨越。

二 量表开发过程概述

关于量表的开发过程，罗伯特·F. 德威利斯曾提出了关于量表编制的 8 个步骤，较为系统地揭示了量表开发的过程（谢彦君，2018）。结合本书研究的特殊性，山地旅游非功用性体验价值测度量表的开发主要包括两个方面：一是对变量、题项及量尺（分值选项）的初步确定；二是关于量表的测试与矫正。具体开发过程涉及如下关键步骤。

（一）扎根理论分析成果提炼

根据扎根理论分析过程，山地旅游非功用性体验价值包括山地旅游非功用性体验价值投入和山地旅游非功用性体验价值收益两个部分共 13 类主范畴。这 13 类主范畴形成了山地旅游非功用性体验价值测度量表的基本测度变量。在此基础上，本书结合扎根理论分析辨识的初始概念和初始范畴构建山地旅游非功用性体验价值测度的初始题库，为提炼测量项并形成量表奠定基础。

（二）国内外已有成果参考

在扎根理论抽象出山地旅游非功用性体验价值具体维度并"浮现"出"人—山对话下的成己之路"这一核心范畴后，本书通过参考国内外成果，对山地旅游非功用性体验价值的逻辑理路进行了分析，进一步精确了各价值维度的具体内涵，奠定了量表测度的基础。此外在量表开发的实践过程中，为提升量表开发效率，保证潜变量测度的有效性，对国内外相关成熟量表测量项的设计进行了参考。

（三）量表测量项效度提升

在量表开发完毕并形成初始问卷之前，必须对量表的内容效度进行测试。本书为了保证量表测量项设置的合理性，向旅游学界专家、旅游管理及人文地理学等相关专业博士（硕士）研究生等进行了咨询，重点针对测量项的逻辑顺序、测量项的贴切性和易读性及措辞表达的准确性等几个方面进行了咨询。在吸纳诸多宝贵意见后，对不合理的测试项进行了剔除，对题项设问方式、措辞等进行了调整，以增强量表测量项的效度。

（四）初始问卷形成与测试

在确定量表测度变量并增强测量项效度的基础上，形成了山地旅游非功用性体验价值测度的初始问卷。通过预调研，对问卷的信效度进行分析，依据题项的因子载荷排除不合理的题项，调整问卷测量项，以确保问卷的科学性。

（五）正式问卷形成与信效度检验

通过预调研对问卷进行完善，形成正式的调查问卷，在此基础上经过一系列的信效度检验，形成最终量表。

三　研究变量与测量项选择

根据本章拟解决的研究问题，本书将对扎根理论分析提炼出的包含价值投入和价值收益两个方面共 13 类山地旅游非功用性体验价值主范畴进行测量，并在此基础上结合国内外已有成果等初步确定变量测量项。此外，人口统计学特征往往在变量间起到调节控制作用，具有不同人口统计学特征的旅游者可能在价值体验上存在很大差别（那梦帆，2019），这一点是在扎根理论资料来源中无法精确体现而确有必要考虑的重要因素，因此测量项还涉及人口统计学变量。

（一）扎根理论分析成果测量题库构建

依据扎根理论提炼出的初始概念、初始范畴以及对其进行的内涵阐释和机理分析，本书从山地旅游非功用性体验价值投入和价值收益两个方面出发，对 13 个基本维度下的 55 个初始范畴及诸多概念进行测量项编制，最终形成承接扎根理论分析，包含 179 个测量项的基本测量题库。

1. 山地旅游非功用性体验价值投入变量题库

山地旅游非功用性体验价值投入变量题库包含 6 个基本测量变量（潜

变量），依据 26 个初始范畴共计编制 81 个测量项（见表 3-1）。

表 3-1　山地旅游非功用性体验价值投入变量题库

潜变量	初始范畴	扎根理论编制测量项
精神引入 A	离群避世 A1	A11：我觉得前往玉龙雪山景区/苍山景区能让我内心平静（远离喧嚣）
		A12：我觉得前往玉龙雪山景区/苍山景区能让我从社交压力中逃离（屏蔽人群）
		A13：我觉得前往玉龙雪山景区/苍山景区能让我从快节奏的工作生活中解脱（卸下忙碌）
		A14：我觉得前往玉龙雪山景区/苍山景区能让我放松心情（休憩心灵）
	情感凝视 A2	A21：我觉得前往玉龙雪山景区/苍山景区令我兴致昂扬（兴致昂扬）
		A22：我觉得自己对前往玉龙雪山景区/苍山景区有一种强烈的向往（一心神往）
		A23：我觉得玉龙雪山景区/苍山景区令我魂牵梦萦（魂牵梦萦）
		A24：我觉得前往玉龙雪山景区/苍山景区源自一种特殊情结（特殊情结）
	追昔怀古 A3	A31：我觉得前往玉龙雪山景区/苍山景区能让我感受古人的生活方式（羡慕古人）
		A32：我觉得前往玉龙雪山景区/苍山景区能让我追寻古人踪迹（寻觅古人）
		A33：我觉得前往玉龙雪山景区/苍山景区能让我体会古人的思想（对话古人）
	探新猎奇 A4	A41：我觉得前往玉龙雪山景区/苍山景区能够满足我探索未知的欲望（探索未知）
		A42：我觉得前往玉龙雪山景区/苍山景区能够让我发现大自然的真谛（寻找真谛）
		A43：我觉得前往玉龙雪山景区/苍山景区能够让我实现亲近自然的梦想（追寻梦想）
		A44：我觉得前往玉龙雪山景区/苍山景区能让我体会新奇刺激（寻找刺激）
	挑战自我 A5	A51：我觉得前往玉龙雪山景区/苍山景区能让我挖掘身体的潜能（突破潜能）
		A52：我觉得前往玉龙雪山景区/苍山景区能让我挑战意志的极限（挑战极限）
		A53：我觉得前往玉龙雪山景区/苍山景区能够让我摆脱安逸、体验艰辛（体验艰辛）
		A54：我觉得前往玉龙雪山景区/苍山景区能让我完成对自我的超越（超越自我）

续表

潜变量	初始范畴	扎根理论编制测量项
身体浸入 B	感官参与 B1	B11：在玉龙雪山景区/苍山景区我感到空气很清新（嗅觉体验）
		B12：在玉龙雪山景区/苍山景区我感到饭菜很美味（味觉体验）
		B13：在玉龙雪山景区/苍山景区我感到气温非常适宜（通感体验）
	行为涉入 B2	B21：在玉龙雪山景区/苍山景区我会面对美景兴奋欢呼（兴奋欢呼）
		B22：在玉龙雪山景区/苍山景区我会放声歌唱释放自己的压力（放松歌唱）
		B23：在玉龙雪山景区/苍山景区我会模仿他人（旅游者、居民等）的行为（即兴模仿）
		B24：在玉龙雪山景区/苍山景区我会跟同伴追逐打闹（追逐游戏）
	心灵浸润 B3	B31：在玉龙雪山景区/苍山景区我感觉自己身处曾经想象的世界（身临其境）
		B32：在玉龙雪山景区/苍山景区我能真切地感受到大自然的存在（真切感受）
		B33：在玉龙雪山景区/苍山景区我感觉身心完全被山地吸引（身心沉浸）
	生理阈限 B4	B41：在玉龙雪山景区/苍山景区我一度感觉体能已经透支（体能透支）
		B42：在玉龙雪山景区/苍山景区我一度感觉筋疲力尽（筋疲力尽）
		B43：在玉龙雪山景区/苍山景区我一度感觉意识模糊（意识模糊）
风险介入 C	肉体痛感 C1	C11：在玉龙雪山景区/苍山景区我出现了高原反应（高原反应）
		C12：在玉龙雪山景区/苍山景区我觉得身体很痛苦（腰酸腿疼）
		C13：在玉龙雪山景区/苍山景区我在途中受了伤（身体受伤）
	具身障碍 C2	C21：在玉龙雪山景区/苍山景区我觉得坚持下去很困难（艰难挪动、寸步难行）
		C22：在玉龙雪山景区/苍山景区我觉得身心备受煎熬（生无可恋、双重煎熬）
		C23：在玉龙雪山景区/苍山景区我一度觉得无计可施、进退两难（无计可施、进退维谷）
	逆向决策 C3	C31：在玉龙雪山景区/苍山景区时未知的风险也无法阻挡我继续前行的决心（无法阻挡）
		C32：在玉龙雪山景区/苍山景区时我喜欢迎难而上（喜欢风险）
		C33：在玉龙雪山景区/苍山景区面对风险时我选择了坚持到底（选择坚持）
	风险理性 C4	C41：在玉龙雪山景区/苍山景区面对风险时我会考虑安全第一（安全第一）
		C42：在玉龙雪山景区/苍山景区面对风险时我选择了量力而行（尽力而为）

续表

潜变量	初始范畴	扎根理论编制测量项
差异带入 D	预期瓦解 D1	D11：玉龙雪山景区/苍山景区的登山难度远远超过我的想象（低估了难度）
		D12：玉龙雪山景区/苍山景区存在的风险远远超过我的想象（低估了风险）
		D13：玉龙雪山景区/苍山景区远比我想象的更加寒冷（低估了寒冷）
	决策徘徊 D2	D21：玉龙雪山景区/苍山景区与我想象中的差异令我陷入了心理斗争（心理斗争）
		D22：玉龙雪山景区/苍山景区与我想象中的差异令我想要放弃旅程（想要放弃）
	自我怀疑 D3	D31：玉龙雪山景区/苍山景区与我想象中的差异令我内心很紧张（紧张）
		D32：玉龙雪山景区/苍山景区与我想象中的差异令我很担心（担心）
	陌生化 D4	D41：玉龙雪山景区/苍山景区与我想象中的差异让我感觉不适应（不适应）
		D42：玉龙雪山景区/苍山景区与我想象中的差异让我感觉很陌生（不熟悉）
		D43：玉龙雪山景区/苍山景区周边的居民很难让我信任（不信任）
	身心调试 D5	D51：玉龙雪山景区/苍山景区与我想象中的差异令我重新调整身体（身体调试）
		D52：玉龙雪山景区/苍山景区与我想象中的差异令我重新调整心态（心态调整）
仪式输入 E	图像表征 E1	E11：在玉龙雪山景区/苍山景区我觉得应该和同伴合影留作纪念（合影）
		E12：在玉龙雪山景区/苍山景区我觉得应该将美丽的风景记录下来（风景照）
	行为隐喻 E2	E21：在玉龙雪山景区/苍山景区我觉得大家的行为都很有神圣感（朝圣）
		E22：在玉龙雪山景区/苍山景区我觉得大家的行为都受到了山的洗礼（洗礼）
		E23：在玉龙雪山景区/苍山景区我觉得内心得到了净化（净化）
	途中隐喻 E3	E31：在玉龙雪山景区/苍山景区我觉得自己像一个前行的战士（战士）
		E32：在玉龙雪山景区/苍山景区我觉得自己像一位漫漫长路上的苦行僧（苦行僧）
		E33：在玉龙雪山景区/苍山景区我觉得前行的路是一次有挑战的征程（征程）
		E34：在玉龙雪山景区/苍山景区我觉得登顶时像打了一场胜仗（胜仗）
	场景隐喻 E4	E41：在玉龙雪山景区/苍山景区我觉得身处世外桃源（世外桃源）
		E42：在玉龙雪山景区/苍山景区我觉得身处仙境（仙境）
		E43：在玉龙雪山景区/苍山景区我觉得身处神话世界（神话世界）
		E44：在玉龙雪山景区/苍山景区我觉得身处梦境（梦境）
		E45：在玉龙雪山景区/苍山景区我觉得身处圣地（圣地）

续表

潜变量	初始范畴	扎根理论编制测量项
情感 注入 F	情境 对比 F1	F11：在玉龙雪山景区/苍山景区我发现了其他山地没有的特色（山山对比）
		F12：在玉龙雪山景区/苍山景区我发现了城市里没有的魅力（山城对比）
	经历 回味 F2	F21：在玉龙雪山景区/苍山景区我对登山有了深刻感悟（登山感悟）
		F22：在玉龙雪山景区/苍山景区我对旅行有了深刻感悟（旅行感悟）
		F23：在玉龙雪山景区/苍山景区我对生活有了深刻感悟（生活感悟）
		F24：在玉龙雪山景区/苍山景区我感觉灵魂得到了升华（灵魂顿悟）
	反身 观照 F3	F31：在玉龙雪山景区/苍山景区我对道德进行了反思（道德反思）
		F32：在玉龙雪山景区/苍山景区我对社会进行了反思（社会反思）
		F33：在玉龙雪山景区/苍山景区我对自我进行了反思（自我反思）
	共情 演绎 F4	F41：在玉龙雪山景区/苍山景区我感动于他人（如修建工人、挑山工等）的辛苦付出（心生感动）
		F42：在玉龙雪山景区/苍山景区我对他人（如挑山工、朝圣者等）萌生了敬意（心生敬意）
		F43：在玉龙雪山景区/苍山景区我对他人（如景区管理人员、救援员等）心生愧疚（心生愧疚）

资料来源：笔者整理。

2. 山地旅游非功用性体验价值收益变量题库

山地旅游非功用性体验价值收益题库包含 7 个基本测量变量，依据 29 个初始范畴共计编制 98 个测量项（见表 3-2）。

表 3-2　山地旅游非功用性体验价值收益变量题库

潜变量	初始范畴	扎根理论编制测量项
审美 价值 G	优美 感知 G1	G11：在玉龙雪山景区/苍山景区我看到了美丽的自然风光（美丽）
		G12：在玉龙雪山景区/苍山景区我看到了威严的人文景观（威严）
		G13：在玉龙雪山景区/苍山景区我感觉到环境的幽静，十分惬意（幽静、惬意）
		G14：在玉龙雪山景区/苍山景区我感觉到环境的圣洁、悲凉（圣洁、悲凉）
	壮美 体味 G2	G21：在玉龙雪山景区/苍山景区我感觉到人类的渺小（人类渺小）
		G22：在玉龙雪山景区/苍山景区我感觉到自然力量的伟大（自然力量）
		G23：在玉龙雪山景区/苍山景区我对大自然萌生了敬畏之心（心生敬畏）

续表

潜变量	初始范畴	扎根理论编制测量项
审美价值 G	物我共冶 G3	G31：在玉龙雪山景区/苍山景区我领略了大自然的美妙神奇（领略自然）
		G32：在玉龙雪山景区/苍山景区我实现了与大自然的近距离接触（亲近自然）
		G33：在玉龙雪山景区/苍山景区我感觉与自然融为一体（融入自然）
	意识抽离 G4	G41：在玉龙雪山景区/苍山景区我一度感觉忘记了身在何处（忘却世界）
		G42：在玉龙雪山景区/苍山景区我一度感觉忘记了时间流逝（忘却时间）
		G43：在玉龙雪山景区/苍山景区我感觉忘记了生活中的烦恼（忘却烦恼）
		G44：在玉龙雪山景区/苍山景区我一度感觉忘记了旅途的疲惫（忘却疲惫）
		G45：在玉龙雪山景区/苍山景区我一度感觉太投入于美景而忘记了自我（忘却自我）
情感价值 H	正向情绪 H1	H11：玉龙雪山景区/苍山景区之旅令我感觉开心（开心）
		H12：玉龙雪山景区/苍山景区之旅令我感觉幸福（幸福）
		H13：玉龙雪山景区/苍山景区之旅令我感觉享受（享受）
		H14：玉龙雪山景区/苍山景区之旅令我狂喜（狂喜）
		H15：玉龙雪山景区/苍山景区之旅令我兴奋（兴奋）
	负向情绪 H2	H21：玉龙雪山景区/苍山景区之旅令我沮丧（沮丧）
		H22：玉龙雪山景区/苍山景区之旅令我后悔（后悔）
		H23：玉龙雪山景区/苍山景区之旅令我遗憾（遗憾）
		H24：玉龙雪山景区/苍山景区之旅令我感到辛酸（辛酸）
	情绪交错 H3	H31：在玉龙雪山景区/苍山景区我感觉既期待又焦虑（期待与焦虑）
		H32：在玉龙雪山景区/苍山景区我感觉既疲惫又愉悦（疲惫与愉悦）
		H33：在玉龙雪山景区/苍山景区我感觉既痛苦又享受（痛苦与享受）
		H34：在玉龙雪山景区/苍山景区我感觉既讨厌又喜欢（讨厌与喜欢）
		H35：在玉龙雪山景区/苍山景区我感觉既绝望又震撼（绝望与震撼）
	情感表白 H4	H41：玉龙雪山景区/苍山景区之旅令我神魂痴迷（神魂痴迷）
		H42：玉龙雪山景区/苍山景区之旅令我刻骨铭心（刻骨铭心）
		H43：玉龙雪山景区/苍山景区之旅令我终生难忘（终生难忘）
	情感依恋 H5	H51：玉龙雪山景区/苍山景区之旅令我流连忘返（流连忘返）
		H52：玉龙雪山景区/苍山景区之旅令我意犹未尽（意犹未尽）
		H53：玉龙雪山景区/苍山景区之旅令我的思绪一度停留在某个情境（思绪驻留）

续表

潜变量	初始范畴	扎根理论编制测量项
时空价值 I	空间穿越 I1	I11：在玉龙雪山景区/苍山景区时我感觉穿越到了另一个季节（穿越季节）
		I12：在玉龙雪山景区/苍山景区时我感觉穿越到了另一个场景（穿越场景）
		I13：在玉龙雪山景区/苍山景区时我感觉穿越了不同的历史瞬间（穿越历史）
	时间知觉 I2	I21：在玉龙雪山景区/苍山景区时我感觉时间太短（时间太短）
		I22：在玉龙雪山景区/苍山景区时我感觉时间好长（时间好长）
		I23：在玉龙雪山景区/苍山景区时我感觉时间变慢了（时间变慢）
	移情模拟 I3	I31：在玉龙雪山景区/苍山景区我脑海中浮现出许多画面（脑补）
		I32：在玉龙雪山景区/苍山景区我感到有些场景似曾相识（想象）
		I33：在玉龙雪山景区/苍山景区我会想起曾经爬过的山（遐想）
		I34：在玉龙雪山景区/苍山景区我会产生与过往经历相似的感觉（错觉）
	新鲜感 I4	I41：在玉龙雪山景区/苍山景区我接触了新事物（初次体验）
		I42：在玉龙雪山景区/苍山景区时我尝试了全新的体验（初次体验）
		I43：在玉龙雪山景区/苍山景区时我感受了独特的体验（独特体验）
符号价值 J	内涵释义 J1	J11：玉龙雪山景区/苍山景区有着丰富的象征寓意（参悟寓意）
		J12：攀登玉龙雪山/苍山是一种精神的体现（诠释精神）
		J13：玉龙雪山景区/苍山景区在我心中具有重要地位（评价地位）
	意义呈现 J2	J21：玉龙雪山景区/苍山景区有着重要的文化和历史意义（文化缩影、历史积淀）
		J22：玉龙雪山景区/苍山景区有着鲜明的宗教色彩（宗教色彩）
		J23：玉龙雪山景区/苍山景区带有鲜明的民族风格（民族风格）
		J24：玉龙雪山景区/苍山景区有着明显的岁月烙印（岁月烙印）
	价值凝练 J3	J31：我在玉龙雪山景区/苍山景区体会到了观赏价值（观赏价值）
		J32：我在玉龙雪山景区/苍山景区体会到了史学价值（史学价值）
		J33：我在玉龙雪山景区/苍山景区体会到了艺术价值（艺术价值）
		J34：我在玉龙雪山景区/苍山景区体会到了精神价值（精神价值）
	诗意独白 J4	J41：在玉龙雪山景区/苍山景区我会想到诗词（想起诗句）
		J42：在玉龙雪山景区/苍山景区我会感受到诗句中的意境（体会诗意）
		J43：在玉龙雪山景区/苍山景区我会理解诗人创作的心情（对话诗情）
		J44：在玉龙雪山景区/苍山景区我会创作诗词（创作诗篇）
	知识获取 J5	J51：我在玉龙雪山景区/苍山景区学习到了新知识（增长知识）
		J52：玉龙雪山景区/苍山景区提供给我后续学习知识的动力（持续学习）
	名实性 J6	J61：我觉得玉龙雪山景区/苍山景区名过其实（名过其实）
		J62：我觉得玉龙雪山景区/苍山景区实过其名（实过其名）
		J63：我觉得玉龙雪山景区/苍山景区名副其实（名副其实）

续表

潜变量	初始范畴	扎根理论编制测量项
"家国"价值 K	历史认同 K1	K11：在玉龙雪山景区/苍山景区我感受到了辛酸的历史（辛酸历史）
		K12：在玉龙雪山景区/苍山景区我感受到了英雄的悲歌（英雄悲歌）
		K13：在玉龙雪山景区/苍山景区我感受到了民族的伤疤（民族伤疤）
	国家认同 K2	K21：在玉龙雪山景区/苍山景区我心生了民族自豪感（民族自豪）
		K22：在玉龙雪山景区/苍山景区我心生了国家自豪感（国家自豪）
	亲情延展 K3	K31：在玉龙雪山景区/苍山景区我希望家人能陪在身边（思念亲人）
		K32：在玉龙雪山景区/苍山景区我很想家（思念家庭）
人际价值 L	他者关怀 L1	L11：在玉龙雪山景区/苍山景区我收到了来自家人的关心和鼓励（家人关心）
		L12：在玉龙雪山景区/苍山景区我收到了来自同伴的关心和鼓励（同伴关心）
		L13：在玉龙雪山景区/苍山景区我收到了来自路人的关心和鼓励（路人关心）
		L14：在玉龙雪山景区/苍山景区我收到了当地居民的关心和鼓励（地方关心）
	人际互动 L2	L21：在玉龙雪山景区/苍山景区我与同伴进行了互动（同伴互动）
		L22：在玉龙雪山景区/苍山景区我与地方居民进行了互动（地方互动）
		L23：在玉龙雪山景区/苍山景区我与路人进行了互动（路人互动）
		L24：在玉龙雪山景区/苍山景区我与家人进行了互动（亲情互动）
	世俗分享 L3	L31：在玉龙雪山景区/苍山景区我通过朋友圈分享旅途（朋友圈分享）
		L32：在玉龙雪山景区/苍山景区我通过微博分享旅途（微博分享）
		L33：在玉龙雪山景区/苍山景区我通过抖音分享旅途（抖音分享）
	关系建构 L4	L41：在玉龙雪山景区/苍山景区我在与他人的交往中深受感动（交往感动）
		L42：在玉龙雪山景区/苍山景区我感觉与亲人、朋友的关系更加密切（情感升华）
成己价值 M	自我独立 M1	M11：玉龙雪山景区/苍山景区之旅令我完成了一次独行（独行）
		M12：玉龙雪山景区/苍山景区之旅令我得以一个人思考（独处）
		M13：玉龙雪山景区/苍山景区之旅令我变得独立（独立）
	自我满足 M2	M21：玉龙雪山景区/苍山景区之旅令我实现了夙愿（实现夙愿）
		M22：玉龙雪山景区/苍山景区之旅令我消除了烦恼（消除烦恼）
		M23：玉龙雪山景区/苍山景区之旅令我弥补了遗憾（弥补遗憾）
	自我更新 M3	M31：玉龙雪山景区/苍山景区之旅令我寻找到了自我存在的意义（寻找自我）
		M32：玉龙雪山景区/苍山景区之旅令我更全面地认识了自己（认识自我）
		M33：玉龙雪山景区/苍山景区之旅令我思考了自己的价值（思考自我）
		M34：玉龙雪山景区/苍山景区之旅令我感觉灵魂得到了升华（升华自我）

资料来源：笔者整理。

（二）变量与测量项选择

在扎根理论基本测量题库构建的基础上，编制形成山地旅游非功用性体验价值测量变量的初始测量项。通过分析发现扎根理论测量题库主要存在如下问题：一是测量项太多，现实操作性较差；二是存在诸多表达相近、意义相似的题项，具有进一步精简归并的可能性；三是结合已有研究从测度量表的角度看，部分变量测度项的完备性还可进一步提升。因此，初始测量项将以扎根理论基本测量题库为主要参照，对题库中题项进行精简、合并后选取初始题项，并结合相关研究理论、已有研究成果等对题项进行补充完善。

1. 体验价值投入变量与测量项选择

山地旅游非功用性体验价值投入包括精神引入、身体浸入、风险介入、差异带入、仪式输入、情感注入，共计编制 42 个初始测量项。其中，精神引入变量参考扎根理论分析成果以及旅游动机测度量表相关题项（Ryan et al.，1998；Hanqin et al.，1999；董亮，2011）进行测量项编制，共含 7 个测量项；身体浸入变量以扎根理论初始范畴为参照，并参考程励等（2016）开发的山地探险旅游测度量表，以及金鑫（2019）针对 Cutler 所提出的身体体验而设计的修正量表进行测量项编制，共含 7 个测量项；风险介入变量结合旅游者风险感知量表（Prebensen et al.，2013；那梦帆，2019）及山地探险旅游者风险感知维度（程励等，2016）对测量项进行编制，共含 7 个测量项；差异带入变量依据扎根理论分析成果并参考那梦帆（2019）文化差异感知量表进行测量项编制，共含 8 个测量项；仪式输入变量在扎根理论分析成果的基础上，结合旅游凝视（约翰·厄里等，2016）、朝圣旅游（崔庆明等，2014）、旅游仪式感（严星雨等，2020）、旅游资源精神性（唐柳等，2019）等研究成果编制测量项，共含 6 个测量项；情感注入变量以扎根理论分析成果结合移情、共情等理论进行测量项编制，共含 7 个测量项（见表 3-3）。

表 3-3　山地旅游非功用性体验价值投入初始测量项

潜变量	初始测量项
精神引入 A	A1：我觉得前往玉龙雪山景区/苍山景区能让我放松心情
	A2：我觉得前往玉龙雪山景区/苍山景区能让我逃离生活压力
	A3：我觉得前往玉龙雪山景区/苍山景区能让我亲近自然
	A4：我觉得前往玉龙雪山景区/苍山景区能让我追寻古人踪迹
	A5：我觉得前往玉龙雪山景区/苍山景区能让我体会新奇刺激
	A6：我觉得前往玉龙雪山景区/苍山景区能让我获得他人的赞许
	A7：我觉得前往玉龙雪山景区/苍山景区能让我挑战自己
身体浸入 B	B1：在玉龙雪山景区/苍山景区我感到空气清新
	B2：在玉龙雪山景区/苍山景区我感到气温适宜
	B3：在玉龙雪山景区/苍山景区我感到环境幽静
	B4：在玉龙雪山景区/苍山景区我感觉身体痛苦
	B5：在玉龙雪山景区/苍山景区我感觉心灵陶醉
	B6：在玉龙雪山景区/苍山景区我一度感觉筋疲力尽
	B7：在玉龙雪山景区/苍山景区我一度感觉意识模糊
风险介入 C	C1：在玉龙雪山景区/苍山景区我担心高原反应
	C2：在玉龙雪山景区/苍山景区我担心身体受伤
	C3：在玉龙雪山景区/苍山景区我担心自己无法坚持
	C4：在玉龙雪山景区/苍山景区我会选择迎难而上
	C5：在玉龙雪山景区/苍山景区我会选择坚定向前
	C6：在玉龙雪山景区/苍山景区我会考虑安全第一
	C7：在玉龙雪山景区/苍山景区我会考虑量力而行
差异带入 D	D1：玉龙雪山景区/苍山景区的环境状况与我想象的不同
	D2：玉龙雪山景区/苍山景区周边的居民（如热情程度、生活状态等方面）与我想象的不同
	D3：玉龙雪山景区/苍山景区的登顶难度与我想象的不同
	D4：玉龙雪山景区/苍山景区的饮食体验与我想象的不同
	D5：玉龙雪山景区/苍山景区与我想象中的差异令我身体不适
	D6：玉龙雪山景区/苍山景区与我想象中的差异令我内心紧张
	D7：玉龙雪山景区/苍山景区与我想象中的差异令我重新调整目标和状态
	D8：玉龙雪山景区/苍山景区与我想象中的差异令我想要放弃旅程

潜变量	初始测量项
仪式输入 E	E1：在玉龙雪山景区/苍山景区我觉得攀登行为很有神圣感
	E2：在玉龙雪山景区/苍山景区我觉得环境氛围很有神圣感
	E3：在玉龙雪山景区/苍山景区我进行了祈祷、膜拜活动
	E4：在玉龙雪山景区/苍山景区我很尊重他人的祈祷、膜拜活动
	E5：玉龙雪山景区/苍山景区的民俗/宗教活动令我想要拍照留念
	E6：玉龙雪山景区/苍山景区的民俗/宗教活动引发了我的共鸣
情感注入 F	F1：在玉龙雪山景区/苍山景区我想起了过往的生活经历
	F2：在玉龙雪山景区/苍山景区我想起了过往的旅游经历
	F3：在玉龙雪山景区/苍山景区我对旅行有了深刻感悟
	F4：在玉龙雪山景区/苍山景区我对人生有了深刻感悟
	F5：在玉龙雪山景区/苍山景区我对自我/社会进行了反思
	F6：在玉龙雪山景区/苍山景区我感动于他人（如修建工人、执勤人员）的辛苦付出
	F7：在玉龙雪山景区/苍山景区我能够对他者（如徒步朝圣者、居民）的不易感同身受

资料来源：笔者整理。

2. 体验价值收益变量与测量项选择

山地旅游非功用性体验价值收益包括审美价值、情感价值、时空价值、符号价值、"家国"价值、人际价值、成己价值，共计编制 55 个初始测量项。其中，审美价值变量结合扎根理论分析，重点参考了陈才（2009）、李薇薇等（2014）、林源源等（2017）的研究进行测量项编制，共含 7 个测量项；情感价值变量在扎根理论分析的基础上，参考 Gallarza 等（2006）、韩春鲜（2014）、路璐等（2018）、孙晓涵等（2021）的研究成果编制测量项，共含 8 个测量项；时空价值变量主要依据"第三空间"理论并结合现有研究中的想象力体验量表（陈信康等，2019）进行测量项编制，共含 8 个测量项；符号价值变量在扎根理论初始范畴提炼的基础上吸收了那梦帆（2019）、冶建明等（2020）对相关测量项的设计，共含 10 个测量项；"家国"价值变量测量项的编制主要依据扎根理论分析，并参考借鉴了陈才（2009）、张艳红等（2012）的研究成果，共含 6 个测量项；人际价值变量基于扎根理论分析成果并结合 Mohsin（2005）、唐飞（2007）、那梦帆（2019）等关于目的地及体验价值的研究成果进行测量项编制，共含 8 个测量项；成己价值变量结合程励等（2016）、王甫园等（2019）、那梦帆（2019）的研究进行测量项编制，共含 8 个测量项（见表 3-4）。

表 3-4　山地旅游非功用性体验价值收益初始测量项

潜变量	初始测量项
审美价值 G	G1：玉龙雪山景区/苍山景区有美丽的自然风光
	G2：玉龙雪山景区/苍山景区有美丽的小镇/乡村
	G3：在玉龙雪山景区/苍山景区我感受到了山地景观的美妙神奇
	G4：在玉龙雪山景区/苍山景区我感觉美景令我忘记了身体疲惫
	G5：在玉龙雪山景区/苍山景区我感觉美景令我忘记了生活烦恼
	G6：在玉龙雪山景区/苍山景区我感受到了自然力量的伟大
	G7：在玉龙雪山景区/苍山景区我感受到了人类力量的渺小
情感价值 H	H1：玉龙雪山景区/苍山景区之旅令我开心
	H2：玉龙雪山景区/苍山景区之旅令我震撼
	H3：玉龙雪山景区/苍山景区之旅令我失望
	H4：玉龙雪山景区/苍山景区之旅令我遗憾
	H5：玉龙雪山景区/苍山景区之旅令我既痛苦又享受
	H6：玉龙雪山景区/苍山景区之旅令我既讨厌又喜欢
	H7：玉龙雪山景区/苍山景区之旅令我刻骨铭心、终生难忘
	H8：玉龙雪山景区/苍山景区之旅令我意犹未尽、流连忘返
时空价值 I	I1：在玉龙雪山景区/苍山景区我感觉穿越到了另一个季节
	I2：在玉龙雪山景区/苍山景区我感觉穿越到了另一个世界
	I3：在玉龙雪山景区/苍山景区我脑海中浮现出许多画面
	I4：在玉龙雪山景区/苍山景区我感到有些场景似曾相识
	I5：在玉龙雪山景区/苍山景区我感到时间流逝变慢
	I6：在玉龙雪山景区/苍山景区我感到时间流逝变快
	I7：在玉龙雪山景区/苍山景区我尝试了独特的时空体验
	I8：在玉龙雪山景区/苍山景区我尝试了全新的时空体验

续表

潜变量	初始测量项
符号价值 J	J1：在玉龙雪山景区/苍山景区我体会了丰富的象征寓意
	J2：在玉龙雪山景区/苍山景区我体会了鲜明的民族文化
	J3：在玉龙雪山景区/苍山景区我体会了浓厚的宗教氛围
	J4：在玉龙雪山景区/苍山景区我体会了精致的艺术价值
	J5：在玉龙雪山景区/苍山景区我体会了诗词文学的意境
	J6：在玉龙雪山景区/苍山景区我燃起了诗词创作的热情
	J7：在玉龙雪山景区/苍山景区我理解了目的地的名气
	J8：在玉龙雪山景区/苍山景区我觉得目的地名气与实际相符
	J9：在玉龙雪山景区/苍山景区我得到了学习知识的机会
	J10：在玉龙雪山景区/苍山景区我增强了持续学习的动力
"家国"价值 K	K1：在玉龙雪山景区/苍山景区我希望家人能陪在身边
	K2：在玉龙雪山景区/苍山景区我希望与家人分享旅行经历
	K3：在玉龙雪山景区/苍山景区我获得了更多关于民族的知识
	K4：在玉龙雪山景区/苍山景区我理解了国家对于自己的意义
	K5：在玉龙雪山景区/苍山景区我心生了对历史的感慨
	K6：在玉龙雪山景区/苍山景区我心生了对国家的自豪
人际价值 L	L1：在玉龙雪山景区/苍山景区我收到了来自当地人/其他旅游者的关心
	L2：在玉龙雪山景区/苍山景区我收到了来自当地人/其他旅游者的鼓励
	L3：在玉龙雪山景区/苍山景区我与当地人/其他旅游者进行了交流
	L4：在玉龙雪山景区/苍山景区我与当地人/其他旅游者进行了游戏
	L5：在玉龙雪山景区/苍山景区我通过互联网与他人进行了互动
	L6：玉龙雪山景区/苍山景区之旅使我结交了新朋友
	L7：玉龙雪山景区/苍山景区之旅使我与家人、朋友的关系更密切
	L8：玉龙雪山景区/苍山景区之旅使我与同伴度过了一段美好时光
成己价值 M	M1：玉龙雪山景区/苍山景区之旅使我变得更加独立
	M2：玉龙雪山景区/苍山景区之旅使我感受到别人对我的依赖
	M3：玉龙雪山景区/苍山景区之旅使我感觉达成所愿
	M4：玉龙雪山景区/苍山景区之旅使我感觉幸福满足
	M5：玉龙雪山景区/苍山景区之旅使我感觉获得洗礼
	M6：玉龙雪山景区/苍山景区之旅使我寻找到生命的意义
	M7：玉龙雪山景区/苍山景区之旅使我重新认识了自己
	M8：玉龙雪山景区/苍山景区之旅使我完成了自我突破

资料来源：笔者整理。

3. 人口统计学变量

关于人口统计学变量，目前已有较为成熟的变量及测量项可以参考借鉴。本书将综合运用类别变量和顺序变量对受访者的年龄、性别、受教育程度、收入水平、年均旅游频率、出行人数、出游方式等信息进行收集与获取，以便分析人口统计学特征是否对不同山地旅游地非功用性体验价值产生影响，进而提升研究的科学性。

四　问卷内容与形式

问卷内容将围绕拟确定的测量项进行设计。除调研目的说明外，包含同样三部分测量项的两个版本问卷被用于玉龙雪山景区、苍山景区两个案例地：第一部分为山地旅游非功用性体验价值投入变量测度，共含 6 道题目和 42 个具体测量项；第二部分为山地旅游非功用性体验价值收益变量测度，共含 7 道题目和 55 个具体测量项；第三部分为人口统计学信息，共含 7 道题目。为最大可能获取有用信息，在量尺（分值选项）的选择上，山地旅游非功用性体验价值投入和价值收益变量采用李克特七点量表进行分值量化，1 分代表非常不赞同，7 分表示非常赞同；人口统计学变量以类别变量和顺序变量进行设问。

出于以下考虑，问卷主要采用电子问卷的形式发放。从问卷测度的内容来看，需要旅游者尽可能有完整的旅游体验过程和深度的体验感受；尽管已对问卷题量做了最大程度的精简控制，但问卷仍需较长时间填写，需要旅游者有相对充裕的时间；加之后续分析对问卷量有一定要求，需要较大的调研成本。在 2020 年 10 月和 11 月先后两次对玉龙雪山景区、苍山景区实地调研后发现，实地发放问卷局限性较大。由于电子问卷在收集成本、收集范围、回收率、匿名性及后续数据处理方面的比较优势，本书决定采用电子问卷形式完成数据收集。此外，由于进行数据收集时受到新冠肺炎疫情的影响，本书选择电子问卷的形式也考虑到了疫情防控常态化下的安全因素。

五 预调研与问卷修正

在变量与测量项已初步确定的基础上，通过向旅游学界专家、旅游管理及人文地理学等相关专业博士（硕士）研究生等进行咨询，编制形成初始问卷用以进行预调研，对问卷做信效度分析，进而调整变量的测量项，为设计形成正式问卷并进行大规模的问卷发放做好前期准备。

本次预调研通过腾讯问卷平台（https：//wj. qq. com/）进行电子问卷设计与发放。选取该平台的理由一是腾讯问卷与微信、QQ、微博等平台无缝对接，易于扩散；二是腾讯问卷平台所设计的问卷界面友好、风格多样，可在一定程度上缓解填写者因题项众多引致的抗拒心理，保证问卷信息准确。预发放时间从 2020 年 12 月 20 日至 2020 年 12 月 24 日，共 5 天。由于电子问卷易于扩散，在 5 天时间内已收集到满足预调研信效度分析的问卷量。根据问卷预发放前期的内部测试，完成此份问卷平均时间为 6 分钟零 30 秒，综合考虑实际填写者与测试者在理解能力、填写心态等方面的差异及其他不可控因素，将有效问卷填写的时间阈值设定为 300 秒，即填写时长少于 300 秒的问卷视为无效问卷。据此，通过链接与二维码分享等方式共计回收问卷 152 份（其中玉龙雪山景区 86 份，苍山景区 66 份），在剔除无效问卷后，最终回收电子问卷 141 份，有效回收率为 92.76%，其中玉龙雪山景区有效问卷 78 份，苍山景区有效问卷 63 份。

由表 3-5 可以看出，本次预调研在人口统计方面具有如下特点：性别分布方面男性占比 31.206%，女性占比 68.794%，女性占比高于男性；年龄分布方面，18~40 岁的中青年群体占比达到 98.581%，成为本次预调研的主体人群；受教育程度方面，本科及以上学历占比 82.269%，其中本科学历占比为 49.645%；月收入方面以中低收入群体为主，月收入 5000 元以下占比 67.376%；年出游频率方面，60.993% 的人为 2~3 次，22.695% 的人为 4~5 次，与月收入情况较为一致；出游方式方面，自助游方式最多，占比达到 39.716%；出游同行者方面，与好友结伴而行占比为 49.645%。

表 3-5　预调研受访者人口统计学特征统计

题项	选项	数量（人）	百分比	题项	选项	数量（人）	百分比
性别	男	44	31.206%	月收入	5001~10000 元	34	24.113%
	女	97	68.794%		10001~20000 元	9	6.383%
年龄	18 岁以下	0	0.000%		20000 元以上	3	2.128%
	18~25 岁	79	56.028%	年出游频率	1 次	11	7.801%
	26~30 岁	47	33.333%		2~3 次	86	60.993%
	31~40 岁	13	9.220%		4~5 次	32	22.695%
	41~50 岁	2	1.418%		5 次以上	12	8.511%
	51~60 岁	0	0.000%	出游方式	自助游	56	39.716%
	60 岁以上	0	0.000%		跟团游	32	22.695%
受教育程度	初中或以下	1	0.709%		自驾游	48	34.043%
	高中或中专	13	9.220%		其他	5	3.546%
	大专	11	7.801%	同行者	独自出行	18	12.766%
	本科	70	49.645%		未婚情侣	21	14.894%
	硕士研究生	37	26.241%		已婚夫妇	3	2.128%
	博士研究生	9	6.383%		家庭出行	26	18.440%
月收入	2500 元以下	38	26.950%		好友结伴	70	49.645%
	2500~5000 元	57	40.426%		其他	3	2.128%

资料来源：笔者用 SPSS26.0 软件统计整理。

（一）山地旅游非功用性体验价值投入量表分析

由于本问卷是在质性研究成果基础上设计的自填式结构性问卷，为保证正式调研问卷具有较好的测量一致性，在正式发放前有必要对各潜变量分别进行信度检验以形成正式调研问卷（那梦帆，2019）。本书运用 SPSS26.0 软件对山地旅游非功用性体验价值投入量表和各维度一致性程度进行检验，得到总量表的 Cronbach's α 系数为 0.936>0.800，表明量表整体具有较高的信度；各维度 Cronbach's α 系数在 0.689~0.926，具有优化提升的空间（见表 3-6）。各维度具体测量的因子载荷显示，部分题项因子载荷低于 0.500，根据前人研究经验将之剔除（剔除测量项包括 Spi1、

Bod1、Bod2、Bod3、Bod5、Ris6、Ris7、Cer4，共 8 个测量项），剔除后，分量表 Cronbach's α 系数范围优化至 0.749~0.931。

表 3-6　山地旅游非功用性体验价值投入测度

维度	测量项	因子载荷	Cronbach's α 系数
精神引入	Spi1	0.448	0.748→0.749
	Spi2	0.501	
	Spi3	0.642	
	Spi4	0.777	
	Spi5	0.577	
	Spi6	0.688	
	Spi7	0.743	
身体浸入	Bod1	−0.166	0.689→0.931
	Bod2	0.129	
	Bod3	−0.026	
	Bod4	0.935	
	Bod5	−0.004	
	Bod6	0.918	
	Bod7	0.951	
风险介入	Ris1	0.759	0.759→0.798
	Ris2	0.867	
	Ris3	0.853	
	Ris4	0.515	
	Ris5	0.540	
	Ris6	0.412	
	Ris7	0.352	
差异带入	Dis1	0.811	0.926
	Dis2	0.780	
	Dis3	0.779	
	Dis4	0.772	
	Dis5	0.828	
	Dis6	0.871	
	Dis7	0.828	
	Dis8	0.836	

续表

维度	测量项	因子载荷	Cronbach's α 系数
仪式输入	Cer1	0.665	0.760→0.780
	Cer2	0.662	
	Cer3	0.794	
	Cer4	0.375	
	Cer5	0.659	
	Cer6	0.827	
情感注入	Emo1	0.660	0.833
	Emo2	0.764	
	Emo3	0.781	
	Emo4	0.740	
	Emo5	0.620	
	Emo6	0.637	
	Emo7	0.760	

资料来源：笔者用 SPSS26.0 软件分析整理。

（二）山地旅游非功用性体验价值收益量表分析

本书运用 SPSS26.0 软件对山地旅游非功用性体验价值收益量表和各维度一致性程度进行检验，得到总量表的 Cronbach's α 系数为 0.958＞0.800，表明量表整体具有较高的信度；各维度 Cronbach's α 系数在 0.733~0.873，表明量表内部一致性较高（见表 3-7）。各维度具体测量的因子载荷显示，情感价值和时空价值维度部分题项因子载荷低于 0.500，根据前人研究经验将之剔除（剔除测量项包括 Fee1、Fee2、Fee7、Fee8、Spa6，共 5 个测量项），剔除后，各分量表的 Cronbach's α 系数得以提升，分量表 Cronbach's α 系数范围优化至 0.798~0.895。

经过对预调研问卷进行信度检验，剔除 Spi1、Bod1、Bod2、Bod3、Bod5、Ris6、Ris7、Cer4、Fee1、Fee2、Fee7、Fee8、Spa6 共 13 个测量项。最终，山地旅游非功用性体验价值投入量表和体验价值收益量表分别保留 34 个测量项和 50 个测量项用于正式的问卷调研。

表 3-7　山地旅游非功用性体验价值收益结果

维度	测量项	因子载荷	Cronbach's α 系数
审美价值	Aes1	0.593	0.798
	Aes2	0.709	
	Aes3	0.705	
	Aes4	0.706	
	Aes5	0.704	
	Aes6	0.749	
	Aes7	0.552	
情感价值	Fee1	−0.323	0.733→0.895
	Fee2	−0.215	
	Fee3	0.911	
	Fee4	0.826	
	Fee5	0.898	
	Fee6	0.813	
	Fee7	0.123	
	Fee8	−0.100	
时空价值	Spa1	0.693	0.800→0.811
	Spa2	0.725	
	Spa3	0.722	
	Spa4	0.619	
	Spa5	0.538	
	Spa6	0.490	
	Spa7	0.752	
	Spa8	0.702	
符号价值	Sym1	0.716	0.873
	Sym2	0.605	
	Sym3	0.762	
	Sym4	0.785	
	Sym5	0.700	
	Sym6	0.551	
	Sym7	0.744	
	Sym8	0.710	
	Sym9	0.699	
	Sym10	0.627	

维度	测量项	因子载荷	Cronbach's α 系数
"家国"价值	Fam1	0.682	0.828
	Fam2	0.702	
	Fam3	0.726	
	Fam4	0.761	
	Fam5	0.767	
	Fam6	0.763	
人际价值	Rel1	0.798	0.873
	Rel2	0.807	
	Rel3	0.810	
	Rel4	0.725	
	Rel5	0.744	
	Rel6	0.740	
	Rel7	0.625	
	Rel8	0.559	
成己价值	Sel1	0.624	0.859
	Sel2	0.605	
	Sel3	0.791	
	Sel4	0.543	
	Sel5	0.758	
	Sel6	0.806	
	Sel7	0.787	
	Sel8	0.748	

资料来源：笔者用 SPSS26.0 软件分析整理。

第三节　数据收集与量表检验

一　数据收集与筛选

正式调研于 2020 年 12 月 23 日至 2021 年 1 月 6 日展开，共计 15 天。通过预调研得到的反馈，腾讯问卷相关功能获得了受访者认可。因此，正式调研亦是通过腾讯问卷平台进行电子问卷设计与发放。为使问卷得到最大程度的扩散，本次正式调研通过链接、二维码、微信小程序等多种方式在微信、QQ、微博等平台进行了问卷分享，并邀请学界专家、旅行社工作人员及玉龙雪山景区、苍山景区地方居民进行了问卷转发。在 15 天的问卷发放期内，共计回收问卷 505 份，其中玉龙雪山景区 251 份，苍山景区 254 份。

结合预调研经验，对正式回收的符合以下条件的问卷加以剔除，包括：（1）填写时间少于 300 秒；（2）填写答案规律性过于明显，例如全部量表题目均选择同一答案等情况；（3）人口统计学特征异常。因本次电子问卷设置了缺失值无法提交及同一 IP 仅能提交一次等限制，在很大程度上保证了回收问卷信息的完整性和受访者的代表性。在对不符合要求的问卷进行剔除后，最终获取山地旅游非功用性体验价值有效问卷共计 479 份，其中玉龙雪山景区 243 份（有效率 96.813%），苍山景区 236 份（有效率 92.913%）。两个案例地有效问卷比例较为均衡，基本达到后续分析的要求。

二　差异显著性检验与样本概况

（一）差异显著性检验

由于本书选择了玉龙雪山景区和苍山景区两个案例地进行问卷发放，若两个案例地受访者人口统计学特征存在显著差异，则势必影响后续量表检验的样本处理以及案例地间山地旅游非功用性体验价值的对比分析。基于此，本书首先需要对玉龙雪山景区、苍山景区样本人口统计学特征进行差异性检验。通过两个案例地分组，并分别就受访者的性别、年龄、受教育程度、月收入、年出游频率、出游方式、同行者进行卡方检验，一系列卡方检验结果皆显示显著性水平大于 0.050，表明玉龙雪山景区、苍山景区问卷数据无人口统计学特征差异。因此，后续量表效度检验及信度分析将基于两案例地的总样本量展开，进一步地，从人口统计学角度而言，两案例地的对比分析是可行的。

（二）样本概况

从 479 份问卷人口统计学特征可以看出本次山地旅游非功用性体验价

值问卷样本的基本情况（见表 3-8）。在性别方面，正式调研男性受访者 169 名，占样本总量的 35.281%，女性受访者 310 名，占样本总量的 64.718%，男女比例结构较预调研有所优化。在年龄方面，受访者主要集中在 18~40 岁，占比达到 89.978%。其中 18~25 岁占比最高，达到 56.367%。在受教育程度方面，本科及以上学历占比 86.639%，本科学历占比 46.973%。在月收入方面，2500 元以下及 2500~5000 元占比相当，均达到 30.000% 以上。在年出游频率方面，2~3 次的受访者占比达到 59.081%，这与收入特征基本契合。在出游方式方面，自助及自驾游占比达到 82.046%，较为符合研究预期。在同行者方面，好友结伴人数最多，占比达到 45.929%。总体来看，本次正式调研人口统计学特征与预调研较为一致，样本人口特征具有一定的代表性，较为符合本书研究要求。

表 3-8 正式调研受访者人口统计学特征统计

题项	选项	数量（人）	百分比	题项	选项	数量（人）	百分比
性别	男	169	35.281%	月收入	5001~10000 元	134	27.975%
	女	310	64.718%		10001~20000 元	39	8.142%
年龄	18 岁以下	0	0.000%		20000 元以上	16	3.340%
	18~25 岁	270	56.367%	年出游频率	1 次	77	16.075%
	26~30 岁	111	23.173%		2~3 次	283	59.081%
	31~40 岁	50	10.438%		4~5 次	75	15.658%
	41~50 岁	30	6.263%		5 次以上	44	9.186%
	51~60 岁	16	3.340%	出游方式	自助游	263	54.906%
	60 岁以上	2	0.418%		跟团游	67	13.987%
受教育程度	初中或以下	2	0.418%		自驾游	130	27.140%
	高中或中专	24	5.010%		其他	19	3.967%
	大专	38	7.933%	同行者	独自出行	73	15.240%
	本科	225	46.973%		未婚情侣	67	13.987%
	硕士研究生	152	31.733%		已婚夫妇	29	6.054%
	博士研究生	38	7.933%		家庭出行	82	17.119%
月收入	2500 元以下	144	30.063%		好友结伴	220	45.929%
	2500~5000 元	146	30.480%		其他	8	1.670%

资料来源：笔者用 SPSS26.0 软件统计整理。

三 信度与效度分析

在小范围发放问卷并听取专家及其他填写者的反馈以确保量表题项内容效度的基础上，本部分将对山地旅游非功用性体验价值量表的效度与信度做进一步的检验，以确保量表的科学性并更好地服务于后续分析。参考前人研究，将正式调研获取的 479 份问卷通过 SPSS26.0 中的单纯随机抽样功能随机折半，其中 239 份问卷用于探索性因子分析和信度分析，剩余 240 份问卷用于验证性因子分析。鉴于山地旅游非功用性体验价值投入和体验价值收益量表分含 34 项和 50 项初始题项，样本数量基本满足因子分析要求（谢彦君，2018）。

（一）探索性因子分析

由于本书所开发量表依托于扎根理论成果，在正式问卷调研后，为了确保量表的科学性，将通过因子分析来评价问卷的结构效度。本部分通过探索性因子分析对数据中可能蕴含的内在结构进行探索，以便对问卷中测量效果不佳的具体测量项进行修改、剔除等，使量表整体更加符合本书需求。

1. 山地旅游非功用性体验价值投入探索性因子分析

根据山地旅游非功用性体验价值投入 KMO 和 Bartlett's 球形检验结果，KMO 值为 0.902>0.700，Bartlett's 球形检验显著性小于 0.010（见表3-9），表明变量间具有较强的相关性，适于应用因子分析方法（张文彤等，2018）。

表 3-9　KMO 和 Bartlett's 球形检验

KMO 取样适切性量数		0.902
Bartlett's 球形度检验	近似卡方	4813.543
	自由度	378.000
	显著性	0.000

资料来源：笔者用 SPSS26.0 软件分析整理。

利用 SPSS26.0 软件，应用主成分分析法，以特征值大于 1 作为因子提取标准，并采用正交旋转法中的方差最大法实现对因子载荷矩阵的旋转，提取到 6 个因子结构，与本书在扎根理论分析与量表初设时的理论构想相吻合。依据前人研究，将低载荷（<0.500）和高交叉载荷（>0.400）题项作为备选删除项对因子结构进行优化。经过多次探索，依次删除 Ris4、Ris5、Emo4、Spi3、Emo6、Emo7 等 6 个题项，最终确定山地旅游非功用性体验价值投入的 6 个因子分别为精神引入、身体浸入、风险介入、差异带入、仪式输入、情感注入（见表 3-10）。6 个因子方差累计贡献率为 71.987%，各项因子载荷在 0.549~0.827，表明各项指标具有显著的相关性。

表 3-10　旋转后的成分矩阵[a]

	成分					
	1	2	3	4	5	6
精神引入 Spi2	0.602					
精神引入 Spi4	0.754					
精神引入 Spi5	0.654					
精神引入 Spi6	0.549					
精神引入 Spi7	0.801					
身体浸入 Bod4		0.809				
身体浸入 Bod6		0.796				
身体浸入 Bod7		0.793				
风险介入 Ris1			0.774			
风险介入 Ris2			0.783			
风险介入 Ris3			0.790			
差异带入 Dis1				0.815		
差异带入 Dis2				0.750		
差异带入 Dis3				0.751		
差异带入 Dis4				0.827		
差异带入 Dis5				0.640		
差异带入 Dis6				0.606		
差异带入 Dis7				0.594		
差异带入 Dis8				0.657		

续表

	成分					
	1	2	3	4	5	6
仪式输入 Cer1					0.624	
仪式输入 Cer2					0.697	
仪式输入 Cer3					0.619	
仪式输入 Cer5					0.818	
仪式输入 Cer6					0.725	
情感注入 Emo1						0.774
情感注入 Emo2						0.811
情感注入 Emo3						0.673
情感注入 Emo5						0.630

提取方法：主成分分析法
旋转方法：凯撒正态化最大方差法
a. 旋转在 8 次迭代后已收敛

资料来源：笔者用 SPSS26.0 软件分析整理。

2. 山地旅游非功用性体验价值收益探索性因子分析

对山地旅游非功用性体验价值收益量表进行 KMO 和 Bartlett's 球形检验，检验结果显示 KMO 值为 0.926>0.700，Bartlett's 球形检验显著性小于 0.010（见表 3-11），表明相关矩阵存在共同因子，适合进行因子分析（张文彤等，2018）。

表 3-11　KMO 和 Bartlett's 球形检验

KMO 取样适切性量数		0.926
Bartlett's 球形度检验	近似卡方	7288.016
	自由度	630.000
	显著性	0.000

资料来源：笔者用 SPSS26.0 软件分析整理。

重复山地旅游非功用性体验价值投入探索性因子分析实施过程，提取到 7 个因子结构，初步实现了扎根理论分析与量表初设的基本构想。依据前人研究，将低载荷（<0.500）和高交叉载荷（>0.400）题项作为备选删除项对因子结构进行优化。经过多轮尝试探索，删除 Aes2、Spa4、Spa5、Spa6、Sym1、Sym7、Sym8、Sym9、Sym10、Fam3、Fam4、Rel7、Rel8、Sel2 等 14 个题项，最终确定山地旅游非功用性体验价值收益的 7 个因子分别为审美价值、情感价值、时空价值、符号价值、"家国"价值、人际价值、成已价值（见表 3-12）。7 个因子方差累计贡献率为 74.243%，各项因子载荷在 0.504~0.914，表明各项指标具有较为显著的相关性。

表 3-12　旋转后的成分矩阵[a]

	成分						
	1	2	3	4	5	6	7
审美价值 Aes1	0.807						
审美价值 Aes3	0.644						
审美价值 Aes4	0.658						
审美价值 Aes5	0.801						
审美价值 Aes6	0.846						
审美价值 Aes7	0.636						
情感价值 Fee3		0.914					
情感价值 Fee4		0.901					
情感价值 Fee5		0.869					
情感价值 Fee6		0.817					
时空价值 Spa1			0.779				
时空价值 Spa2			0.766				
时空价值 Spa3			0.541				
时空价值 Spa7			0.504				
符号价值 Sym2				0.682			
符号价值 Sym3				0.679			
符号价值 Sym4				0.607			
符号价值 Sym5				0.679			
符号价值 Sym6				0.667			
"家国"价值 Fam1					0.704		
"家国"价值 Fam2					0.764		
"家国"价值 Fam5					0.709		
"家国"价值 Fam6					0.746		

续表

	成分						
	1	2	3	4	5	6	7
人际价值 Rel1						0.818	
人际价值 Rel2						0.735	
人际价值 Rel3						0.808	
人际价值 Rel4						0.605	
人际价值 Rel5						0.614	
人际价值 Rel6						0.639	
成己价值 Sel1							0.652
成己价值 Sel3							0.733
成己价值 Sel4							0.684
成己价值 Sel5							0.762
成己价值 Sel6							0.742
成己价值 Sel7							0.754
成己价值 Sel8							0.762

提取方法：主成分分析法
旋转方法：凯撒正态化最大方差法
a. 旋转在 7 次迭代后已收敛

资料来源：笔者用 SPSS26.0 软件分析整理。

（二）信度分析

在探索性因子分析的基础上，本书参考前人做法通过各个因子的 Cronbach's α 系数、测量项修正后的项与总计相关性（Corrected Item-Total Correlation，CITC）、删除该题项后的 Cronbach's α 系数来检验其构成题目之间的内部一致性信度。通过 SPSS26.0 软件对 13 个因子进行信度检验发现，除精神引入因子 Cronbach's α 系数为 0.793 低于 0.800 以外，其余因子 Cronbach's α 系数均高于 0.800，表明量表的信度较高；测量项修正后的项与总计相关性、删除该题项后的 Cronbach's α 系数结果显示，精神引入因子中的测量项 Spi2 修正后的项与总计相关性为 0.444，低于 0.500 的一般标准，但综合考虑删除该题项后的 Cronbach's α 系数和因子 Cronbach's α 系数均符合信度要求，将该题项暂时予以保留，在后续验证性因子分析过程中进一步检验。其余测量项各项指标均表现出了较好的内部一致性（见表 3-13）。综上所述，山地旅游非功用性体验价值投入和价值收益量表符合本书的信度要求。

表 3-13　信度分析

维度	测量项	修正后的项与总计相关性（CITC）	删除该题项后的 Cronbach's α 系数	Cronbach's α 系数
精神引入	Spi2	0.444	0.793	0.793
	Spi4	0.709	0.709	
	Spi5	0.555	0.760	
	Spi6	0.545	0.775	
	Spi7	0.669	0.721	
身体浸入	Bod4	0.844	0.870	0.917
	Bod6	0.841	0.872	
	Bod7	0.810	0.898	
风险介入	Ris1	0.765	0.882	0.898
	Ris2	0.836	0.822	
	Ris3	0.796	0.858	
差异带入	Dis1	0.747	0.895	0.910
	Dis2	0.676	0.901	
	Dis3	0.655	0.903	
	Dis4	0.676	0.901	
	Dis5	0.743	0.895	
	Dis6	0.773	0.893	
	Dis7	0.737	0.896	
	Dis8	0.661	0.903	
仪式输入	Cer1	0.669	0.854	0.873
	Cer2	0.727	0.842	
	Cer3	0.660	0.862	
	Cer5	0.717	0.842	
	Cer6	0.762	0.831	

维度	测量项	修正后的项与总计相关性（CITC）	删除该题项后的Cronbach's α 系数	Cronbach's α 系数
情感注入	Emo1	0.794	0.847	0.891
	Emo2	0.765	0.858	
	Emo3	0.743	0.867	
	Emo5	0.744	0.866	
审美价值	Aes1	0.724	0.865	0.887
	Aes3	0.702	0.870	
	Aes4	0.724	0.864	
	Aes5	0.774	0.857	
	Aes6	0.767	0.860	
	Aes7	0.579	0.887	
情感价值	Fee3	0.851	0.859	0.907
	Fee4	0.822	0.869	
	Fee5	0.792	0.880	
	Fee6	0.703	0.911	
时空价值	Spa1	0.636	0.821	0.844
	Spa2	0.752	0.770	
	Spa3	0.635	0.821	
	Spa7	0.698	0.795	
符号价值	Sym2	0.734	0.872	0.893
	Sym3	0.747	0.869	
	Sym4	0.776	0.862	
	Sym5	0.792	0.858	
	Sym6	0.669	0.891	
"家国"价值	Fam1	0.655	0.848	0.863
	Fam2	0.693	0.836	
	Fam5	0.768	0.803	
	Fam6	0.759	0.805	

续表

维度	测量项	修正后的项与总计相关性（CITC）	删除该题项后的Cronbach's α 系数	Cronbach's α系数
人际价值	Rel1	0.745	0.892	0.907
	Rel2	0.747	0.892	
	Rel3	0.761	0.890	
	Rel4	0.761	0.889	
	Rel5	0.716	0.896	
	Rel6	0.775	0.887	
成己价值	Sel1	0.724	0.948	0.948
	Sel3	0.811	0.941	
	Sel4	0.775	0.944	
	Sel5	0.862	0.936	
	Sel6	0.867	0.936	
	Sel7	0.884	0.934	
	Sel8	0.845	0.938	

资料来源：笔者用 SPSS26.0 软件分析整理。

（三）验证性因子分析

在质性研究成果和探索性因子分析的基础上，本书通过验证性因子分析对探索性因子分析所形成的山地旅游非功用性体验价值投入和体验价值收益模型进行检验，以期通过不断优化实现模型最大限度的拟合，形成最终的山地旅游非功用性体验价值量表。

1. 山地旅游非功用性体验价值投入验证性因子分析

山地旅游非功用性体验价值投入量表包括 6 个变量，共计 28 个题项，分别为精神引入（5 个题项）、身体浸入（3 个题项）、风险介入（3 个题项）、差异带入（8 个题项）、仪式输入（5 个题项）、情感注入（4 个题项）。在验证性因子分析实施阶段，将进一步对山地旅游非功用性体验价值投入各因子构建模型与实际数据的契合性进行检验。通过 Amos22.0 软件对 240 份样本数据进行初始验证性因子分析后发现，尽管各测量项因子载荷达到了令人满意的程度，但除 X^2/df 和 RMSEA 达到整体拟合要求外，CFI、IFI、TLI 等拟合指数指标并不理想，低于 0.850 的可接受阈值，有必要进行模型修正。参考曲颖（2014）的做法，删除题项中 CITC 较低和残差较大的指标（Spi2、Spi5、Dis1、Dis2、Dis3、Dis4、Cer6）进行模型的重新拟合估计，所保留的 21 个题项简约地表征了所测维度，修正后的山地旅游非功用性体验价值投入变量的验证性因子分析模型见图 3-1。

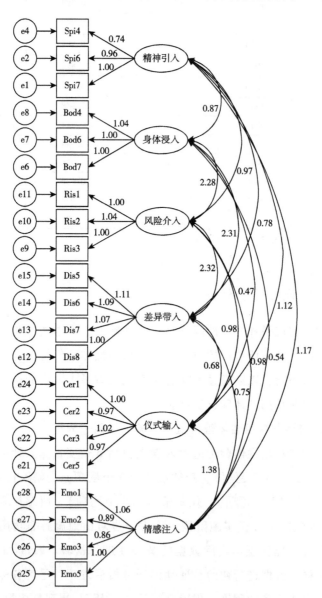

图 3-1　山地旅游非功用性体验价值投入验证性因子分析
资料来源：笔者用 Amos22.0 软件分析结果绘制。

　　由表 3-14 可知，山地旅游非功用性体验价值投入各测量维度所对应测量项的因子载荷大多大于或接近 0.700，说明各维度所对应测量项具有较高的代表性；各维度的组合信度（CR）均大于 0.750，表明各维度具有良好的组合信度；各测量维度的平均方差变异（AVE）均大于 0.500，表明山地旅游非功用性体验价值投入模型的收敛效度较为理想。

表 3-14　山地旅游非功用性体验价值投入模型相关参数

维度	测量项	Estimate	标准误差	C. R.	p	CR	AVE
精神引入	Spi4	0.701	0.072	10.285	***	0.787	0.554
	Spi6	0.680	0.096	9.993	***		
	Spi7	0.842	—	—	—		
身体浸入	Bod4	0.928	0.045	23.256	***	0.935	0.827
	Bod6	0.894	0.047	21.322	***		
	Bod7	0.906	—	—	—		
风险介入	Ris1	0.857	0.058	17.306	***	0.910	0.772
	Ris2	0.916	0.054	19.392	***		
	Ris3	0.861	—	—	—		
差异带入	Dis5	0.900	0.066	16.736	***	0.929	0.765
	Dis6	0.908	0.065	16.950	***		
	Dis7	0.885	0.066	16.315	***		
	Dis8	0.802	—	—	—		
仪式输入	Cer1	0.865	—	—	—	0.847	0.584
	Cer2	0.855	0.062	15.729	***		
	Cer3	0.693	0.086	11.842	***		
	Cer5	0.615	0.078	10.140	***		
情感注入	Emo1	0.787	0.085	12.526	***	0.851	0.589
	Emo2	0.736	0.077	11.603	***		
	Emo3	0.755	0.072	11.945	***		
	Emo5	0.790	—	—	—		

*** 代表 p 值小于 0.001

资料来源：笔者用 Amos22.0 软件分析整理。

表 3-15 对角线上的值代表了各个维度 AVE 的平方根，其他数值代表了各维度间的相关系数。当某一维度的 AVE 平方根大于该维度与其他维度的相关系数时，说明不同维度的测量项目具有较显著的区分效度（邱皓政等，2019）。由此可知，山地旅游非功用性体验价值投入的各维度之间均具有显著的相关性（p<0.050）；与此同时，各维度之间相关性系数绝对值均小于所对应的 AVE 的平方根，表明山地旅游非功用性体验价值投入量表的区分效度较为理想。

表 3-15 山地旅游非功用性体验价值投入区分效度分析

	精神引入	身体浸入	风险介入	差异带入	仪式输入	情感注入
精神引入	0.745					
身体浸入	0.365**	0.909				
风险介入	0.399**	0.757**	0.878			
差异带入	0.361**	0.822**	0.846**	0.875		
仪式输入	0.585**	0.198*	0.403**	0.315**	0.764	
情感注入	0.642**	0.237*	0.422**	0.364**	0.753**	0.767

** 代表 p 值小于 0.010，* 代表 p 值小于 0.050

资料来源：笔者用 Amos22.0 软件分析整理。

通过 Amos22.0 软件对山地旅游非功用性体验价值投入模型拟合度进行了检验。由表 3-16 可知，各项拟合指标较为理想，山地旅游非功用性体验价值投入模型与实际数据契合性较好，模型质量较高。

表 3-16 山地旅游非功用性体验价值投入整体拟合指标

X^2/df	RMSEA	CFI	IFI	TLI
2.839	0.088	0.918	0.919	0.901

资料来源：笔者用 Amos22.0 软件分析整理。

2. 山地旅游非功用性体验价值收益验证性因子分析

山地旅游非功用性体验价值收益量表包括 7 个变量，共计 36 个题项，分别为审美价值（6 个题项）、情感价值（4 个题项）、时空价值（4 个题项）、符号价值（5 个题项）、"家国"价值（4 个题项）、人际价值（6 个题项）、成己价值（7 个题项）。在验证性因子分析实施阶段，将进一步对山地旅游非功用性体验价值收益各因子构建模型与实际数据的契合性进行检验。通过 Amos22.0 软件对 240 份样本数据进行初始验证性因子分析后发现，情感价值变量与其他变量间的相关系数较低，收敛效度不符合要求。因此，本书将依从质性分析和探索性因子分析结果分两步进行山地旅游非功用性体验价值收益验证性因子分析，第一步对审美价值、时空价值、符号价值、"家国"价值、人际价值、成己价值等 6 个维度进行验证性因子分析，第二步对情感价值维度单独做验证性因子分析。

（1）审美价值等 6 个维度验证性因子分析

在对审美价值等 6 个维度实施验证性因子分析后发现，尽管各测量项因子载荷达到了令人满意的结果，但除 X^2/df 和 RMSEA 达到整体拟合要求外，CFI、IFI、TLI 等拟合指数指标并不理想，低于 0.850 的可接受阈值，有必要进行模型优化。参考曲颖（2014）的做法，删除题项中 CITC 较低和残差较大的指标（Sym6、Fam1、Fam2、Sel4）进行模型的重新拟合估计，模型达到整体拟合要求。删除 Fam1 和 Fam2 后，"家国"价值仅保留两个题项，但经过 MI 系数法修正的尝试，不删除上述两项残差较大的题项不能使模型达到整体拟合要求。综合考虑后，本书认为"家国"价值维度仅保留两个题项是可以接受的，审美价值等 6 个维度所保留的 28 个题项简约地表征了所测维度，修正后的山地旅游非功用性体验价值收益变量的验证性因子分析模型见图 3-2。

由表 3-17 可知，除情感价值外，山地旅游非功用性体验价值收益各维度对应测量项的因子载荷均大于 0.700，说明其各个潜变量对应所属题目具有很高的代表性。各维度的 CR 均大于 0.750，表明各维度具有良好的组合信度。各测量维度的 AVE 均大于 0.500，说明山地旅游非功用性体验价值收益模型的收敛效度较为理想。

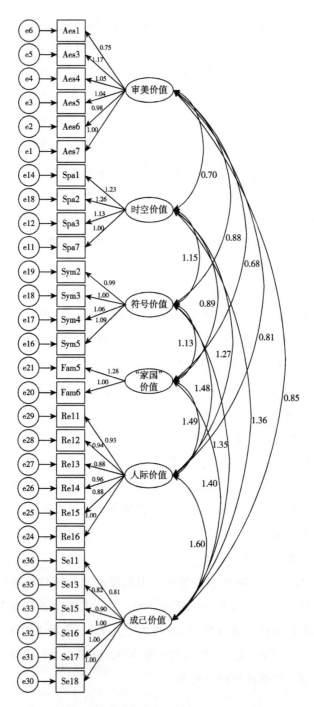

图 3-2　山地旅游非功用性体验价值收益验证性因子分析

资料来源：笔者用 Amos22.0 软件分析结果绘制。

表 3-17　山地旅游非功用性体验审美价值等 6 个维度模型相关参数

维度	测量项	Estimate	标准误差	C. R.	p	CR	AVE
审美价值	Aes1	0.731	0.072	10.447	***	0.909	0.626
	Aes3	0.825	0.100	11.665	***		
	Aes4	0.817	0.090	11.564	***		
	Aes5	0.847	0.087	11.936	***		
	Aes6	0.825	0.084	11.665	***		
	Aes7	0.688	—	—	—		
时空价值	Spa1	0.858	0.089	13.752	***	0.895	0.682
	Spa2	0.852	0.093	13.644	***		
	Spa3	0.835	0.084	13.352	***		
	Spa7	0.755	—	—	—		
符号价值	Sym2	0.831	0.063	15.627	***	0.900	0.692
	Sym3	0.839	—	—	—		
	Sym4	0.864	0.064	16.629	***		
	Sym5	0.793	0.075	14.551	***		
"家国"价值	Fam5	0.958	0.080	15.949	***	0.880	0.786
	Fam6	0.809	—	—	—		
人际价值	Rel1	0.891	0.055	16.853	***	0.933	0.701
	Rel2	0.895	0.056	16.960	***		
	Rel3	0.872	0.054	16.311	***		
	Rel4	0.784	0.069	13.961	***		
	Rel5	0.761	0.066	13.407	***		
	Rel6	0.811	—	—	—		
成己价值	Sel1	0.757	0.056	14.573	***	0.935	0.705
	Sel3	0.755	0.056	14.519	***		
	Sel5	0.829	0.053	17.061	***		
	Sel6	0.896	0.050	19.892	***		
	Sel7	0.916	0.051	20.839	***		
	Sel8	0.872	—	—	—		

*** 代表 p 值小于 0.001

资料来源：笔者用 Amos22.0 软件分析整理。

由表 3-18 可知，除情感价值外，山地旅游非功用性体验价值投入的各维度之间均具有显著的相关性（p<0.050）；与此同时，各维度之间相关性系数绝对值均小于所对应的 AVE 的平方根，表明山地旅游非功用性体验价值收益量表各个维度之间具有一定的相关性，且彼此之间又具有一定的区分度，量表区分效度较为理想（邱皓政等，2019）。

表 3-18　山地旅游非功用性体验审美价值等 6 个维度区分效度分析

	审美价值	时空价值	符号价值	"家国"价值	人际价值	成己价值
审美价值	0.791					
时空价值	0.601**	0.826				
符号价值	0.712**	0.790**	0.832			
"家国"价值	0.536**	0.598**	0.714**	0.887		
人际价值	0.540**	0.713**	0.785**	0.773**	0.837	
成己价值	0.575**	0.778**	0.731**	0.744**	0.749**	0.840

** 代表 p 值小于 0.010，* 代表 p 值小于 0.050

资料来源：笔者用 Amos22.0 软件分析整理。

通过 Amos22.0 软件对山地旅游非功用性体验价值收益模型拟合度进行了检验，由表 3-19 可知，各项拟合指标均较为理想，表明山地旅游非功用性体验价值收益模型与实际数据契合性较好，模型质量较高。

表 3-19　山地旅游非功用性体验审美价值等 6 个维度模型整体拟合指标

X^2/df	RMSEA	CFI	IFI	TLI
2.580	0.081	0.911	0.912	0.899

资料来源：笔者用 Amos22.0 软件分析整理。

（2）情感价值验证性因子分析

在对情感价值维度实施验证性因子分析后发现，尽管各测量项因子载荷达到了令人满意的结果，并且 CFI、IFI、TLI 等多项拟合指数指标较为理想，但 X^2/df 和 RMSEA 并未达到整体拟合要求，需要对模型进行修正。

经过综合考虑，本书对其采用 MI 系数法进行修正。在 Amos22.0 软件的 MI 系数报告中，e1 和 e2 间的 MI 系数最大，为了改善模型拟合效果，可考虑允许 e1 和 e2 残差相关。目前，已有诸多学者指出，根据 MI 提示修正模型的弊端，在考虑以 MI 进行修正时，不能仅靠软件提示，必须考虑逻辑上的可行性（王孟成，2014）。e1 和 e2 所对应的两项测量变量分别为 Fee6（既讨厌又喜欢）和 Fee5（既痛苦又享受），两个题项间逻辑关联较强，因此通过 e1 和 e2 残差相关，进行模型修正，修正后的模型见图 3-3。

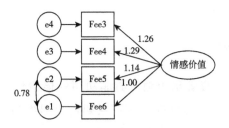

图 3-3　山地旅游非功用性体验情感价值验证性因子分析
资料来源：笔者用 Amos22.0 软件分析结果绘制。

由表 3-20 可知，经过模型修正，情感价值所对应测量项的因子载荷均大于 0.700，说明情感价值对应测量项具有较高的代表性；情感价值维度的 CR 大于 0.750，表明其具有良好的组合信度；情感价值维度的 AVE 大于 0.500，说明山地旅游非功用性体验情感价值模型的收敛效度较为理想。

表 3-20　山地旅游非功用性体验情感价值模型相关参数

维度	测量项	Estimate	标准误差	C. R.	p	CR	AVE
情感价值	Fee3	0.704	—	—	—	0.910	0.719
	Fee4	0.826	0.068	16.603	***		
	Fee5	0.933	0.097	13.333	***		
	Fee6	0.910	0.095	13.175	***		

*** 代表 p 值小于 0.001

资料来源：笔者用 Amos22.0 软件分析整理。

通过 Amos22.0 软件对山地旅游非功用性体验情感价值模型拟合度进行了检验，由表 3-21 可知，各项拟合指标均较理想，山地旅游非功用性体验情感价值模型与实际数据契合性较好，模型质量较高。

表 3-21　山地旅游非功用性体验审美价值等 6 维度模型整体拟合指标

X^2/df	RMSEA	CFI	IFI	TLI
1.060	0.016	1.000	1.000	1.000

资料来源：笔者用 Amos22.0 软件分析整理。

四　量表生成

在经过质性研究提炼出山地旅游非功用性体验价值两个方面共计 13 个维度，并参考国内外研究成果等一系列过程形成初始量表后，通过问卷设计与发放后的内部测试、探索性因子分析、信度分析、验证性因子分析的连续过程，形成最终的山地旅游非功用性体验价值投入和体验价值收益量表（见表 3-22、表 3-23）。后续研究也将以最终量表各维度测量项为基础，对玉龙雪山景区、苍山景区旅游非功用性体验价值进行对比分析。

表 3-22　山地旅游非功用性体验价值投入量表

维度	测量项
精神引入	Spi4：能让我体会新奇刺激
	Spi6：能让我获得他人的赞许
	Spi7：能让我挑战自己
身体浸入	Bod4：我感觉身体痛苦
	Bod6：我一度感觉筋疲力尽
	Bod7：我一度感觉意识模糊
风险介入	Ris1：我担心高原反应
	Ris2：我担心身体受伤
	Ris3：我担心自己无法坚持

续表

维度	测量项
差异带入	Dis5：目的地与我想象中的差异令我身体不适
	Dis6：目的地与我想象中的差异令我内心紧张
	Dis7：目的地与我想象中的差异令我想要放弃旅程
	Dis8：目的地与我想象中的差异令我重新调整目标和状态
仪式输入	Cer1：我觉得攀登行为很有神圣感
	Cer2：我觉得环境氛围很有神圣感
	Cer3：我积极进行了祈祷、膜拜活动
	Cer5：目的地的民俗/宗教活动令我想要拍照留念
情感注入	Emo1：我想起了过往的生活经历
	Emo2：我想起了过往的旅游经历
	Emo3：我对旅行有了深刻感悟
	Emo5：我对自我/社会进行了反思

资料来源：笔者整理。

表 3-23　山地旅游非功用性体验价值收益量表

维度	测量项
审美价值	Aes1：有美丽的自然风光
	Aes3：我感觉美景令我忘记了身体疲惫
	Aes4：我感觉美景令我忘记了生活烦恼
	Aes5：我感受到了山地景观的美妙神奇
	Aes6：我感受到了自然力量的伟大
	Aes7：我感受到了人类力量的渺小
情感价值	Fee3：令我失望
	Fee4：令我遗憾
	Fee5：令我既痛苦又享受
	Fee6：令我既讨厌又喜欢
时空价值	Spa1：我感觉穿越到了另一个季节
	Spa2：我感觉穿越到了另一个世界
	Spa3：我感觉脑海中浮现出许多画面
	Spa7：我尝试了独特的时空体验

续表

维度	测量项
符号价值	Sym2：我体会了鲜明的民族文化
	Sym3：我体会了浓厚的民俗/宗教氛围
	Sym4：我体会了精致的艺术价值
	Sym5：我体会了诗词文学的意境
"家国"价值	Fam5：我理解了国家对于自己的意义
	Fam6：我心生了对国家的自豪
人际价值	Rel1：我收到了来自当地人/其他旅游者的关心
	Rel2：我收到了来自当地人/其他旅游者的鼓励
	Rel3：我与当地人/其他旅游者进行了交流
	Rel4：我与当地人/其他旅游者进行了游戏
	Rel5：我通过互联网与他人进行了互动
	Rel6：使我结交了新朋友
成己价值	Sel1：使我变得更加独立
	Sel3：使我感觉达成所愿
	Sel5：使我感觉获得洗礼
	Sel6：使我寻找到生命的意义
	Sel7：使我重新认识了自己
	Sel8：使我完成了自我突破

资料来源：笔者整理。

第四节　案例地测度结果对比评价

根据质性研究成果和量表开发检验的连续过程，在确保各维度测量项的科学性和代表性的基础上，本部分将对玉龙雪山景区、苍山景区山地旅游非功用性体验价值投入和体验价值收益的各维度进行整体评价和对比分析，并识别玉龙雪山景区、苍山景区可能具有的山地旅游非功用性体验价值优势维度，了解两地可用于转化为差异化体验价值属性的维度来源。

一　测度结果总体评价

玉龙雪山景区和苍山景区山地旅游非功用性体验价值测度结果显示，在山地旅游非功用性体验价值投入和体验价值收益的各维度及其具体测量项上，两地的得分都表现出了较高水平。在山地旅游非功用性体验价值投入维度方面，玉龙雪山景区各维度得分均值从高到低依次为精神引入（5.204）、仪式输入（5.105）、情感注入（4.942）、风险介入（4.087）、差异带入（3.560）和身体浸入（3.347），苍山景区各维度得分均值从高到低依次为情感注入（4.931）、仪式输入（4.930）、精神引入（4.836）、风险介入（3.587）和身体浸入（2.897），初步可以窥见两地在体验价值投入维度方面存在差异；在具体的测量属性方面，玉龙雪山景区有7个测量项得分均值在5分以上，5个测量项得分均值在4~5分，9个测量项得分均值在3~4分。苍山景区有6个测量项得分均值在5分以上，5个测量项得分均值在4~5分，8个测量项得分均值在3~4分，2个测量项得分均值在2~3分。

在山地旅游非功用性体验价值收益维度方面，情感价值维度由于带有反向测量项而被单独分析，玉龙雪山景区和苍山景区情感价值得分均值分别为3.372和3.047。其余各维度中，玉龙雪山景区各维度得分均值从高到低依次为审美价值（5.923）、"家国"价值（5.446）、符号价值（5.416）、时空价值（5.399）、成己价值（5.328）、人际价值（5.076）。苍山景区各维度得分均值从高到低依次为审美价值（5.820）、"家国"价值（5.427）、符号价值（5.224）、成己价值（5.077）、人际价值（4.973）、时空价值（4.946）。在具体的测量项方面，除情感价值维度测量外，玉龙雪山景区有2个测量项得分均值在6分以上，24个测量项得分均值在5~6分，2个测量项得分均值在4~5分；苍山景区有1个测量项得分均值在6分以上，19个测量项得分均值在5~6分，8个测量项得分均值在4~5分。情感价值测量项，玉龙雪山景区有4个测量项得分均值均在3~4分，苍山景区分别有2个测量项得分均值在2~3分和3~4分。

从各维度和具体测量项得分均值来看，绝大部分山地旅游非功用性体验价值投入和体验价值收益维度得分都比较高，但也存在一些维度得分均值较低，例如非功用性体验价值投入中的身体浸入。这一维度根据质性分析结果并参考现有文献，应是非功用性体验投入价值的关键一环，其得分高低是否会显著影响山地旅游非功用性体验的整体水平应是值得关注的问题，本书将在下一章节讨论。回归到本章，从各维度和具体测量项得分均值上亦能直观感受到玉龙雪山景区和苍山景区存在非功用性体验价值差异，然而，这些差异是否显著，具体又有怎样的特点，将通过系统对比加以揭示。

二　山地旅游非功用性体验价值投入对比分析

（一）　山地旅游非功用性体验价值投入维度对比分析

为了对比玉龙雪山景区和苍山景区山地旅游非功用性体验价值投入各维度的表现，本书拟将方差分析或独立样本 T 检验技术运用于两地山地旅游非功用性体验价值投入数据。研究将以案例地（玉龙雪山景区为 1，苍山景区为 2）为分组变量，进行均值比较的变量为经过一系列量表检验过程提炼出的 6 个山地旅游非功用性体验价值投入维度的大均值得分，即各维度经过量表修正得以保留的测量项的均值的简单平均数（曲颖，2013）。经过正态性检验发现，各维度数据与正态分布的拟合性较差，尽管方差分析对正态分布的前提假设较为稳健（张文彤等，2018），但在接下来的方差齐性检验过程中发现，精神引入、风险介入、仪式输入、情感注入等 4 个维度通过了方差齐性检验，而身体浸入和差异带入等 2 个维度未通过方差齐性检验。因此，从研究的科学性出发，本书将使用方差分析或独立样本 T 检验对应的非参数检验技术 Kruskal-Wallis 检验或 Mann-Whitney U test，由于大样本之下 Mann-Whitney U test 和 Kruskal-Wallis 检验结果相同，本书将主要展示 Mann-Whitney U test 结果（见表 3-24）。

表 3-24 山地旅游非功用性体验价值投入 Mann-Whitney U test 结果

	精神引入	身体浸入	风险介入
曼-惠特尼 U	24423.500	24926.000	23869.500
威尔科克森 W	52389.500	52892.000	51835.500
Z	-2.817	-2.486	-3.180
渐近显著性（双尾）	0.005	0.013	0.001
	差异带入	仪式输入	情感注入
曼-惠特尼 U	26914.000	26722.000	28503.500
威尔科克森 W	54880.000	54688.000	56469.500
Z	-1.164	-1.293	-0.113
渐近显著性（双尾）	0.244	0.196	0.910

资料来源：笔者用 SPSS26.0 软件分析整理。

根据 Mann-Whitney U test 结果，在 0.050 的显著性水平下，精神引入、身体浸入和风险介入等 3 个山地旅游非功用性体验价值投入维度在玉龙雪山景区和苍山景区之间具有显著性差异，差异带入、仪式输入和情感注入等 3 个山地旅游非功用性体验价值投入维度在玉龙雪山景区和苍山景区之间不具有显著性差异。结合两地山地旅游非功用性体验价值投入各维度大均值得分来看（见表 3-25），玉龙雪山景区各项非功用性体验价值投入维度的大均值得分均高于苍山景区，表明在山地旅游非功用性价值投入方面玉龙雪山景区表现出了整体优势，旅游者在玉龙雪山景区旅游情境下的非功用性体验价值投入相较于苍山景区更加明显，这与玉龙雪山景区长久以来较为成熟的情感形象和品牌个性不无关系，与此同时，从 Mann-Whitney U test 结果和各维度大均值得分综合来看，玉龙雪山景区对苍山景区在非功用性体验价值投入各维度上的"领先"水平不尽相同，有必要对两地各维度的表现进行具体分析。

表 3-25 两地山地旅游非功用性体验价值投入维度差异

	精神引入	身体浸入	风险介入	差异带入	仪式输入	情感注入
玉龙雪山景区（n=243）	5.204[a]	3.347[a]	4.087[a]	3.560	5.105	4.942
苍山景区（n=236）	4.836[a]	2.897[a]	3.587[a]	3.375	4.930	4.931

上标字母 a 表示该维度在两个目的地之间在 0.050 的水平下具有显著性差异

资料来源：笔者用 SPSS26.0 软件分析整理。

　　具体来看，在具有显著性差异的 3 个非功用性体验价值投入维度中，玉龙雪山景区与苍山景区得分最高的维度皆为精神引入，这也在一定程度上佐证了山地所具有的精神性特质对于旅游者的吸引力是山地旅游的重要优势。与此同时，玉龙雪山景区和苍山景区在这一维度上的显著性差异也表明，这一维度可能成为两地围绕旅游非功用性体验进行差异化产品开发、市场定位的突破口。风险介入维度是玉龙雪山景区和苍山景区非功用性体验价值收益中大均值得分差值最大的维度，旅游者普遍在玉龙雪山景区表现出高于苍山景区的价值投入。相比于苍山景区，玉龙雪山景区的环境更加艰险，旅游者将面临更大的旅游风险。一方面，对追求新奇刺激和自我挑战的旅游者来说是较为独特的吸引要素，另一方面，对于具有更为"温和"、在扎根理论分析成果中表现出追求放松身心和追寻古人踪迹等非功用性体验动机的旅游者而言，苍山景区可能会获得比玉龙雪山景区更高质量的非功用性旅游体验。身体浸入维度尽管在玉龙雪山景区和苍山景区之间也表现出了显著差异，但在李克特七点量表的测度中，二者的大均值得分均没有超过 4 分，表明旅游者在两地的非功用性体验中，身体的痛苦程度处于较低水平，外在的身体刺激不足。这固然有助于吸引大众旅游者，但对于追求"苦行""自虐"的探险旅游者而言，吸引力可能会大打折扣，也会在一定程度上影响整体的非功用性旅游体验。

　　不具备显著性差异的 3 个维度分别为差异带入、仪式输入、情感注入。这表明这 3 个维度是非功用性体验价值投入的"保健"维度，是旅游者进行山地旅游非功用性体验的要素，但不是形成差异化体验的充分条件。结合扎根理论分析可以看出，这 3 个维度与旅游者个人的内在素质、生活经历及旅游经验等关联性较强，本书中玉龙雪山景区、苍山景区两地人口统计学变量亦未发现显著差异，也间接证实了维度差异不显著的合理性。

（二）体验价值投入差异维度属性对比分析

　　在识别出两地山地旅游非功用性体验价值的差异维度后，对具有显著性差异维度的具体属性进行对比分析，以期精准辨识玉龙雪山景区、苍山景区非功用性体验价值投入维度的具体差异属性。重复上述体验价值投入维度对比分析的实施过程，对精神引入、身体浸入、风险介入等 3 个维度下的具体测量项实施 Mann-Whitney U test 技术。用于均值比较的变量为各具体测量项的得分均值。

由表 3-26 可知，在精神引入这一维度中，Spi7（能让我挑战自己）测量项在玉龙雪山景区和苍山景区之间的差异性最为显著，这是由两地长久以来溢出的旅游形象差异决定的。就一般旅游者的技能水平而言，玉龙雪山景区之旅需要较高的挑战水平，而苍山景区则处于较低的挑战水平。因此，玉龙雪山景区的挑战性可以作为其促销手段加以宣传。但需要警惕的是，若是宣传过度，吸引了一批具有高技能水平的旅游者而不能提供与之匹配的具有挑战性的旅游产品，则可能会为山地旅游非功用性体验带来负面效应（谢彦君，2013）。苍山景区则应避免在这一玉龙雪山景区占优势的维度属性上与之竞争。在身体浸入和风险介入两个维度中，Bod4（我感觉身体痛苦）和 Ris1（我担心身体受伤）测量项是两地差异较为显著的维度属性。从得分均值来看，玉龙雪山景区相较于苍山景区更能给旅游者带来负向刺激，而这样的负向刺激是否能够"逆转"为正向体验，还需要结合非功用性体验价值收益做进一步分析。对苍山景区而言，其资源和产品特质决定了其在身体和风险感知方面相对偏弱。针对这一问题，苍山景区一是可以通过细分市场的精准定位将劣势转化为差异化优势，二是可以通过产品开发，合理融入身体浸入和风险介入具体的维度属性，提升旅游者的非功用性体验质量。

表 3-26 两地山地旅游非功用性体验价值投入维度具体属性差异

	Spi4	Spi6	Spi7	Bod4	Bod6	Bod7	Ris1	Ris2	Ris3
玉龙雪山景区（n=243）	5.547[b]	4.477[b]	5.588[a]	3.374[a]	3.630[c]	3.037[b]	4.399[a]	3.992[a]	3.872[b]
苍山景区（n=236）	5.229[b]	4.169[b]	5.110[a]	2.873[a]	3.271[c]	2.547[b]	3.797[b]	3.479[a]	3.487[b]

上标字母 a、b 和 c 分别表示该具体测量项在两个目的地之间在 0.010、0.050 和 0.100 的水平下具有显著性差异

资料来源：笔者用 SPSS26.0 软件分析整理。

三　山地旅游非功用性体验价值收益对比分析

（一）　山地旅游非功用性体验价值投入维度对比分析

为比较玉龙雪山景区和苍山景区山地旅游非功用性体验价值投入各维度的表现，本书顺承山地旅游非功用性体验价值投入对比分析的研究思路，拟以玉龙雪山景区、苍山景区两个案例地为分类变量，并以 7 个山地旅游非功用性体验价值收益维度的大均值得分作为均值比较变量进行方差分析或独立样本 T 检验。在正态性检验后发现，各维度数据与正态分布的拟合性较差，且仅有时空价值、符号价值等 2 个维度通过方差齐性检验。从研究的科学性出发，本书将继续使用非参数检验技术 Mann-Whitney U test 进行分析（见表 3-27）。

根据 Mann-Whitney U test 结果，在 0.010 的显著性水平下，时空价值这一山地旅游非功用性体验价值收益维度在玉龙雪山景区和苍山景区之间具有显著性差异；在 0.100 的显著性水平下，情感价值、符号价值、成己价值等 3 个山地旅游非功用性体验价值收益维度在玉龙雪山景区和苍山景区之间具有显著性差异；审美价值、"家国"价值、人际价值等 3 个山地旅游非功用性体验价值收益维度在玉龙雪山景区和苍山景区之间不具有显著性差异。结合两地山地旅游非功用性体验价值收益各维度大均值得分来看（见表 3-28），玉龙雪山景区各项非功用性体验价值收益维度的大均值得分均高于苍山景区，除情感价值外，其余 6 个山地旅游非功用性体验价值收益维度的高得分表明了玉龙雪山景区相较于苍山景区，在非功用性体验价值收益方面的整体优势，这也与非功用性体验价值投入表现出的特征较为契合。而情感价值这一维度由于测量项均是否定项，因此得分愈高，其反映出的情感体验愈负面，也即苍山景区的情感体验较之玉龙雪山景区更为积极。与此同时，从 Mann-Whitney U test 结果和各维度大均值得分综合来看，玉龙雪山景区、苍山景区的非功用性体验价值收益在各维度上的差异显著性水平存在差异，有必要对两地各维度的表现进行具体分析。

表 3-27 山地旅游非功用性体验价值收益 Mann-Whitney U test 结果

	审美价值	情感价值	时空价值	符号价值	"家国"价值	人际价值	成己价值
曼-惠特尼 U	26898.500	25778.000	23143.000	26114.000	28439.000	26893.000	25852.500
威尔科克森 W	54864.500	53744.000	51109.000	54080.000	56405.000	54859.000	53818.500
Z	-1.181	-1.920	-3.664	-1.699	-0.158	-1.178	-1.868
渐近显著性（双尾）	0.238	0.055	0.000	0.089	0.875	0.239	0.062

资料来源：作者用 SPSS26.0 软件分析整理。

表 3-28 两地山地旅游非功用性体验价值收益维度差异

	审美价值	情感价值	时空价值	符号价值	"家国"价值	人际价值	成己价值
玉龙雪山景区（n=243）	5.923	3.372[b]	5.399[a]	5.416[b]	5.446	5.076	5.328[b]
苍山景区（n=236）	5.820	3.041[b]	4.946[a]	5.224[b]	5.427	4.973	5.077[b]

上标字母 a 和 b 分别表示该维度在两个目的地之间在 0.010 和 0.100 的水平下具有显著差异

资料来源：笔者用 SPSS26.0 软件分析整理。

具体来看，在具有显著性差异的 4 个山地旅游非功用性体验价值收益维度中，时空价值是玉龙雪山景区和苍山景区非功用性体验价值收益差异最明显的维度，这一维度亦是在具有显著性差异的 4 个维度中除情感价值外，苍山景区大均值得分最低的维度。在某种意义上，山地所具有的高梯度效应，以及旅游者置身其中在真实与想象的穿越中建构"第三空间"的时空价值，是山地旅游最能体现优势和特质的非功用性价值收益维度之一。因此，这一方面说明这一维度可以作为玉龙雪山景区的优势维度加以挖掘，另一方面作为苍山景区的相对短板亦需要加以弥补。符号价值是具有显著差异的 4 个维度中，玉龙雪山景区、苍山景区两地大均值得分皆为最高的体验价值收益维度。这进一步证实了山地作为自然—人文综合体所具有的象征意义在山地旅游非功用性体验价值维度中的重要地位，倘若能依托山地资源充分挖掘其符号系统的体验价值，那么它将成为山地旅游差异化发展的重要路径。情感价值维度采用了反向测量项，测度结果显示玉龙雪山景区相较于苍山景区大均值得分更高。这一方面反映了玉龙雪山景区相比苍山景区更为深刻、复杂的情感体验，另一方面也表明旅游者对苍山景区的负面情感更弱。因此，苍山景区应抓住情感体验价值优势，强化与旅游者的情感联结，形成良好的非功用性口碑形象。成己价值是最能反映扎根理论分析成果所揭示的山地旅游非功用性体验价值"人—山对话下的成己之路"这一核心范畴的体验价值收益维度。从某种意义上说，成己价值是整个山地旅游非功用性体验的归宿，若能在成己价值中形成显著优势，对任一山地旅游目的地的可持续发展而言都是大有裨益的。玉龙雪山景区和苍山景区两地的大均值得分均超过 5.000 分，属于较高水平，能否在成己价值体验中形成差异或将成为今后玉龙雪山景区、苍山景区非功用性旅游体验质量提升的关键。

不具备显著性差异的山地旅游非功用性体验价值收益维度为审美价值、"家国"价值和人际价值。本书认为，这些差异不显著的非功用性体验价值收益维度亦是"保健"维度。审美体验是超越功利的体验形式，各种对美的形态予以观照的过程都能形成审美愉悦（谢彦君，2017），而"家国"价值和人际价值是能够反映人的社会性的重要体验价值收益维度。因此，尽管在这 3 个维度上两地并未表现出显著性差异，却没有任一维度是应该收缩或规避的，应在保证"保健"维度充分实现的基础上，进行差异化发展。

（二）体验价值收益差异维度属性对比分析

重复上述体验价值投入维度对比分析的实施过程，对情感价值、时空价值、符号价值、成己价值等 4 个维度下的具体测量项实施 Mann-Whitney U test 技术。用于均值比较的变量为各具体测量项的得分均值。

由表 3-29 可知，不同于山地旅游非功用性体验价值投入各维度具体属性的表现，在玉龙雪山景区、苍山景区两地具有显著性差异的非功用性体验价值收益维度，其具体属性并非皆具有显著性差异，这在一定程度上说明了体验价值收益维度的复杂性。在情感价值维度的测量项中，Fee5（令我既痛苦又享受）和 Fee6（令我既讨厌又喜欢）等两个测量项在玉龙雪山景区、苍山景区两地具有显著性差异。正如扎根理论所分析的，旅游者在山地情境下形成了一个多种情感交织的情感交错场。情感愈呈现出矛盾性、复杂性特点，表明山地情境对旅游者情感的调动愈深刻。结合两地 Fee5 和 Fee6 等两个测量项的得分均值来看，两地都低于 0.400 分，得分水平较低，在这种情况下，哪一目的地能够通过组合产品的开发充分调动旅游者的情感体验，引发旅游者的情感共鸣等，那么它将能建立情感价值维度优势。时空价值维度下的每一测量项在两地均呈现出显著性差异，因此可以说，时空价值这一维度及其属性是玉龙雪山景区和苍山景区非功用性差异化体验的关键维度，是玉龙雪山景区山地旅游非功用性体验价值收益的优势维度。符号价值中，测量项 Sym3（我体会了浓厚的民俗/宗教氛围）在两地之间具有显著差异。这一点也与两地现实的发展状况较为契合，苍山景区在节事活动、旅游演艺等业态、产品开发和品牌培育方面与玉龙雪山景区相比存在一定差距。在玉龙雪山景区已经对这一非功用性属性形成优势的背景下，苍山景区应与之形成错位发展态势，避免同质化的恶性竞争与形象屏蔽。对于成己价值，测量项 Sel6（使我寻找到生命的意义）和 Sel8（使我完成了自我突破）是体现两地差异显著的具体属性。这与两地不同的挑战水平和旅游氛围、情境有关，应成为玉龙雪山景区在后续市场定位、产品营销过程中重点关注的非功用性体验属性。与此同时，苍山景区也应明确与玉龙雪山景区相比其在相应属性上的优势，并在提升非功用性旅游体验质量的过程中进一步强化。

表 3-29　两地山地旅游非功用性体验价值收益维度具体属性差异

	Fee3	Fee4	Fee5	Fee6	Spa1	Spa2	Spa3	Spa7	Sym2
玉龙雪山景区 （n=243）	3.021	3.066	3.609^c	3.794^b	5.560^a	5.346^a	5.329^b	5.362^a	5.551
苍山景区 （n=236）	2.691	2.775	3.275^c	3.424^b	4.979^a	4.818^a	5.021^b	4.966^a	5.339
	Sym3	Sym4	Sym5	Sel1	Sel3	Sel5	Sel6	Sel7	Sel8
玉龙雪山景区 （n=243）	5.519^b	5.387	5.210	5.358	5.325	5.362	5.325^b	5.222	5.379^c
苍山景区 （n=236）	5.250^b	5.199	5.110	5.25	5.195	5.136	4.983^b	4.797	5.106^c

上标字母 a、b 和 c 分别表示该具体测量项在两个目的地之间在 0.010、0.050 和 0.100 的水平下具有显著性差异

资料来源：笔者用 SPSS26.0 软件分析整理。

综上所述，玉龙雪山景区与苍山景区在山地旅游非功用性体验价值投入和体验价值收益的得分上整体处于较高水平。玉龙雪山景区相比苍山景区，在多个维度及具体属性上获得了较高得分，表现出了山地旅游非功用性体验价值水平的整体优势。与此同时，本书也探寻了在玉龙雪山景区、苍山景区间差异显著的优势维度和差异较小的"稳健"维度对于两地山地旅游非功用性体验价值提升的意义。无论是处于相对优势地位的玉龙雪山景区还是相对劣势地位的苍山景区，明晰优势与不足都无疑具有重要意义。

第四章

山地旅游非功用性体验
价值维度组态分析

经过扎根理论分析，本书从山地旅游非功用性体验价值投入和体验价值收益两个方面对山地旅游非功用性体验价值各维度进行了系统阐释，并以此为基础开发了山地旅游非功用性体验价值测度量表。在整个研究过程中，山地旅游非功用性体验价值投入与体验价值收益平行共存，二者不言自明的联系是否存在复杂的因果关系尚待探究。目前，学界对旅游体验价值的研究较多地局限在价值收益部分，对体验价值投入的关注不足（那梦帆，2019）。即使在强调旅游体验价值"投入—收益"向度的研究成果中，也未对二者内在关系加以揭示，而这将是本书接下来要探讨的问题。本章包含以下三个部分：第一部分为山地旅游非功用性体验价值"投入—收益"模型的提出，通过这一模型，将山地旅游非功用性体验价值投入与体验价值收益相勾连；第二部分为基于体验价值"投入—收益"模型的定性比较分析，通过 csQCA 的引入，揭示山地旅游非功用性体验价值投入与体验价值收益之间存在的复杂因果关系和条件组态；第三部分将在此基础上，探讨山地旅游非功用性体验价值收益水平的提升问题。

第一节　研究假设与模型构建

一　研究问题的明确

在"绪论"部分，本书阐述了主要希冀解决的三个问题。通过第一章的理论基础阐释和第二章的扎根理论分析过程回答了研究问题 1，通过第三章的量表开发检验与案例分析回答了研究问题 2，本章将对山地旅游非功用性体验价值研究的问题 3 进行分析，探索"山地旅游非功用性体验价值各维度间存在怎样的关系，如何基于这种关系提升山地旅游非功用性体验价值水平以促进山地旅游可持续发展？"经过前述章节分析，本书将对此问题进行解构。首先探析山地旅游非功用性体验价值投入与体验价值收益之间的因果关系，在此基础上，提出具体的优化路径及建议。因此，本章将"绪论"提出的问题 3 解构为两个问题：

问题 1：山地旅游非功用性体验价值投入与体验价值收益之间存在怎样的因果关系？

问题 2：如何提升山地旅游非功用性体验价值收益水平？

二　研究假设

在扎根理论分析的探索性研究和量表测度的描述性研究之后，本章要进行的是针对山地旅游非功用性体验价值投入和体验价值收益之间因果关系的"因果性研究"。这一因果关系研究的理论渊源是微观经济学中要素投入—产量—收益—利润的基本链式函数（哈尔·R. 范里安，2015）。市场营销学的相关研究业已表明，顾客在关注产品享乐属性的同时，会产生规避损失的倾向（Dhar et al., 2000）。因此，旅游体验价值投入与收益之间的因果关系亦是显而易见的。然而长久以来，旅游体验的愉悦性本质所带有的超功利意味，使对投入与收益的讨论有些格格不入，遂二者之间深刻的内在关系往往被忽略。毋庸置疑的是，即使不涉及外在的功能与功用，旅游体验价值收益仍与其投入密切相关。由此，本书将尝试对山地旅游非功用性体验价值投入和体验价值收益的因果关系进行分析。

通过前述扎根理论分析及玉龙雪山景区、苍山景区的案例对比可以发现，山地旅游非功用性体验价值投入与体验价值收益之间并非简单的、线性的因果关系。山地旅游非功用性体验价值收益应是受到体验价值投入多维度、属性的综合影响。在此需要说明的是，本书并未否定已有研究包括经济成本、时间成本等功能性投入（那梦帆，2019）及旅游者个人素质与外部环境等对体验价值收益的影响。然而这些因素已然对山地旅游非功用性体验价值投入产生了作用，对这些因素的控制将使非功用性体验价值投入失去意义。因此在后续的研究中，将单纯分析山地旅游非功用性体验价值投入与体验价值收益之间的因果关系而未纳入其余变量。综合以上分析，本书提出如下假设：山地旅游非功用性体验价值投入与山地旅游非功用性体验价值收益之间存在复杂因果关系。在此基础上，根据山地旅游非功用性体验价值收益的具体维度分解出如下假设：

假设1：山地旅游非功用性体验价值投入与山地旅游审美价值之间存在复杂因果关系；

假设2：山地旅游非功用性体验价值投入与山地旅游情感价值之间存在复杂因果关系；

假设3：山地旅游非功用性体验价值投入与山地旅游时空价值之间存在复杂因果关系；

假设4：山地旅游非功用性体验价值投入与山地旅游符号价值之间存在复杂因果关系；

假设5：山地旅游非功用性体验价值投入与山地旅游"家国"价值之间存在复杂因果关系；

假设6：山地旅游非功用性体验价值投入与山地旅游人际价值之间存在复杂因果关系；

假设7：山地旅游非功用性体验价值投入与山地旅游成己价值之间存在复杂因果关系。

三　体验价值"投入—收益"模型构建

综合扎根理论及量表检验分析成果，本书提出山地旅游非功用性体验价值"投入—收益"模型。如图4-1所示，山地旅游非功用性体验价值投入与体验价值收益构成了一个复杂的因果模型。各山地旅游非功用性体验价值投入维度综合作用于山地旅游非功用性体验价值收益维度，引起了山地旅游非功用性体验价值收益水平的差异。

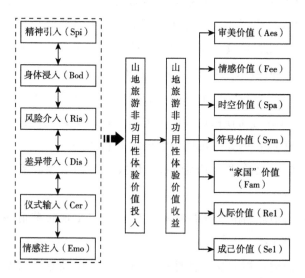

图 4-1 山地旅游非功用性体验价值"投入—收益"模型
资料来源：笔者自绘。

第二节 "投入—收益"模型定性比较分析

一 研究方法选择

组态，简要地说就是指能够产生既定结果的要素（或促进因素、前因变量、基本要素、决定因素等）的特定条件组合（伯努瓦·里豪克斯等，2017），每种组态可以对应零个、一个或多于一个案例。从伽利略的物理理论到牛顿三大定律的提出，简单线性和对称思维对近代自然科学以及其他研究领域均产生了重要影响（李莉叶，2013）。然而随着系统论和复杂性理论的提出，关注系统与环境之间的关系，从整体性视角剖析要素间的组合作用，也即组态的影响，逐渐成为备受关注的研究命题（Woodside et al.，2016）。从旅游研究的角度出发，旅游现象集成了人的复杂性和环境的复杂性，亦需克服简单线性思维，以承认非对称关系为基础，对旅游科学问题进行探析。在对山地旅游非功用性体验价值投入与体验价值收益因果关系的探索中，本书的前提假设即是承认二者之间存在复杂而非简单的因果关系，存在多种组态的影响。因此，对这一问题的探究有必要尝试新的研究方法。

定性比较分析（Qualitative Comparative Analysis，QCA）是一种力求整合"定性"（案例导向）和"定量"（变量导向）分析方法长处的组态比较分析方法。其以集合论和布尔代数为基础，关注跨案例的"多重并发因果关系"。"多重"是指路径的数量，而"并发"意味着每条路径都是由不同条件的组态构成的。简单而言，"多重并发因果关系"即所谓"殊途同归"。综合来看，QCA方法旨在以整体性视角，通过案例间的比较分析，发现条件组态与结果变量间的因果关系。常见的QCA技术主要包括清晰集定性比较分析（csQCA）、多值集定性比较分析（mvQCA）和模糊集定性比较分析（fsQCA）三种。从适用范围来看，运用最广的无疑是csQCA。csQCA是在20世纪80年代后期由Ragin和Kriss开发的第一种QCA技术，其分析步骤主要包括：①二分数据表构建；②必要条件检验；③真值表构建；④结果分析。

csQCA的实施过程以SPSS26.0和Excel2019进行数据预处理，并以fsQCA3.1软件完成csQCA的主要技术步骤。

二　定性比较分析过程

（一）变量选定与赋值

1.变量选定

（1）结果变量

本书以山地旅游非功用性体验价值收益为结果变量。具体而言，本书关注的焦点在于每一种山地旅游非功用性体验价值收益维度的条件变量组态，因此，本书将以审美价值（Aes）、情感价值（Fee）、时空价值（Spa）、符号价值（Sym）、"家国"价值（Fam）、人际价值（Rel）、成己价值（Sel）作为具体的结果变量实施csQCA。

（2）条件变量

本书确定的条件变量是山地旅游非功用性体验价值投入的精神引入（Spi）、身体浸入（Bod）、风险介入（Ris）、差异带入（Dis）、仪式输入（Cer）、情感注入（Emo）。

2. 变量赋值

在量表检验阶段，本书获取了玉龙雪山景区、苍山景区两地共计 479 份样本数据。根据前述分析，经过一系列卡方检验未发现人口统计学变量在玉龙雪山景区、苍山景区之间存在显著差异。因此，479 份样本数据可以作为 csQCA 的案例单元进行综合分析。为了顺利实施 csQCA 技术，以山地旅游非功用性体验价值投入和体验价值收益各维度测量项得分均值作为相应条件变量与结果变量的原始数据。

本书在"二分归属原则"的指导下以研究案例的理论合理性及整体权重比例确定二分阈值，进行 [1, 0] 赋值。由于本书关注的是高水平山地旅游非功用性体验价值收益，因此参考前人研究成果，以条件变量和结果变量的原始数据均值作为二分阈值。除情感价值变量外，剩余条件变量与结果变量高于均值赋值为 1，否则赋值为 0；情感变量以反向测量项设问，故而低于均值赋值为 1，否则赋值为 0。相应的数据处理借助 SPSS26.0 和 Excel2019 进行，并导出".csv"数据格式便于 fsQCA3.1 软件读取。

（二） 必要条件检验

csQCA 中的必要条件检验可以通过一致性指标来判断，在 fsQCA3.1 软件中有相应的功能模块。根据 Ragin 等学者给出的建议，一个条件变量的一致性指标大于 0.900 时，可以认为该指标是相应结果变量的必要条件，即结果的出现一定伴随着该条件变量的产生（孙佼佼等，2021）。本书通过运行 fsQCA3.1 软件对各结果变量的条件变量分别做必要条件检验，检验结果表明各条件变量与相应结果变量间的一致性指标均小于 0.900（见表 4-1）。因此，这些条件变量单独并不足以引致结果变量的产生，对条件变量组态进行分析是必要的。

（三） 真值表构建与结果输出

运用 fsQCA3.1 软件的真值表构建功能将变量赋值后的二分数据表转

化为真值表，整合为组态数据。依据 Ragin 在 fsQCA3.1 软件操作手册中关
于案例频率和一致性阈值的建议以及多数研究实践中的经验（范香花等，
2020；孙佼佼等，2021），设定案例阈值为 1，一致性阈值为 0.750。在删
除真值表中不符合案例阈值要求的行后，将真值表按一致性排序，低于一
致性的结果编码为 0，等于或高于一致性的结果编码为 1。在上述操作完成
之后，利用真值表中的标准化分析模块对案例中的矛盾组态进行归并，并
最终形成基于各结果变量的条件变量组态。

表 4-1　条件变量的必要条件检验

	Aes		Fee		Spa		Sym	
	一致性	覆盖率	一致性	覆盖率	一致性	覆盖率	一致性	覆盖率
Spi	0.640	0.661	0.488	0.505	0.696	0.733	0.705	0.705
Bod	0.355	0.431	0.250	0.305	0.492	0.610	0.458	0.539
Ris	0.517	0.533	0.365	0.378	0.632	0.665	0.593	0.593
Dis	0.428	0.453	0.269	0.285	0.564	0.608	0.537	0.551
Cer	0.664	0.699	0.503	0.532	0.734	0.788	0.764	0.780
Emo	0.745	0.681	0.557	0.512	0.795	0.742	0.816	0.724

	Fam		Rel		Sel			
	一致性	覆盖率	一致性	覆盖率	一致性	覆盖率		
Spi	0.672	0.776	0.702	0.725	0.725	0.768		
Bod	0.427	0.582	0.501	0.610	0.477	0.596		
Ris	0.555	0.641	0.613	0.633	0.616	0.653		
Dis	0.527	0.624	0.579	0.612	0.578	0.628		
Cer	0.668	0.788	0.714	0.752	0.736	0.796		
Emo	0.762	0.780	0.803	0.734	0.819	0.770		

资料来源：笔者用 fsQCA3.1 软件分析整理。

标准化分析模块的分析结果会报告简约解、中间解和复杂解三类解，
在实际运用中，各类解都具有一定的适用范围，但大多数学者认为，中间
解在很大程度上规避了复杂解的条件组态过多而不易操作以及简约解的条
件组态过度简约而无所适从的局限。从本书报告的条件组态来看，中间解
亦是最具有操作性的。因此，后续分析将围绕中间解进行。

三 定性比较组态阐释

(一) 审美价值组态阐释

在以审美价值（Aes）为结果变量实施 csQCA 技术后，从真值表的标准化分析模块中得到 7 组条件组态（见表 4-2）。根据 Ragin 等学者关于解决方案覆盖率及一致性的规定（Ragin，2008），7 组条件组态的覆盖率（>0.200）和一致性（>0.750）对审美价值结果变量的解释力度较强。

表 4-2 审美价值的条件组态

序号	组合	原生覆盖率	唯一覆盖率	一致性
1	~Bod * Cer * Emo	0.339	0.115	0.889
2	Spi * ~Bod * ~Ris * ~Dis	0.223	0.073	0.865
3	Spi * ~Bod * ~Dis * Cer	0.189	0.007	0.890
4	~Ris * ~Dis * Cer * Emo	0.200	0.003	0.896
5	Spi * ~Dis * Cer * Emo	0.185	0.015	0.889
6	~Spi * Bod * ~Dis * Cer * Emo	0.007	0.007	1.000
7	Bod * Ris * ~Dis * ~Cer * Emo	0.003	0.003	1.000

解决方案覆盖率：0.474

解决方案一致性：0.891

资料来源：笔者用 fsQCA3.1 软件分析整理。

具体来看，组态 1 阐释的是在身体浸入水平较低时，在高水平的仪式输入和情感注入状态下旅游者仍然可以获得较高水平的审美价值；组态 2 阐释的是精神引入处于高水平状态时，即使身体浸入、风险介入和差异带入水平较低，也可以引致高的审美价值；组态 3 阐释的是当精神引入和仪式输入水平较高而身体浸入和差异带入水平较低时，旅游者可以获得高水平的审美价值；组态 4 阐释的是在风险介入和差异带入水平低而仪式输入和情感注入水平高时，可以引致高的审美价值；组态 5 阐释的是差异带入水平较低时，高水平的精神引入、仪式输入和情感注入可以为旅游者带来高水平的审美价值；组态 6 阐释的是在身体浸入、仪式输入和情感注入水平较高时，即使精神引入与差异带入水平较低，旅游者的审美体验也可以处于高水平状态；组态 7 阐释的是当差异带入和仪式输入水平较低时，高水平的身体浸入、风险介入与情感注入能够引致高水平的审美价值。

由此可以看出，对于审美价值这一结果变量，在 csQCA 的中间解中，山地旅游非功用性体验价值投入的条件变量均在条件组态里发挥了作用。值得注意的是，各条件变量在条件组态中的作用不尽相同，在一种组态下扮演着高水平角色的条件变量在另一组态下可能以低水平发挥作用或完全不发挥作用。其中，精神引入、身体浸入、风险介入、仪式输入等 4 个条件变量并非全然以高水平引致高的审美价值，这体现了山地旅游非功用性体验价值的复杂性。与此同时，受山地环境与资源条件的限制，并非所有的山地皆能满足每一项非功用性体验价值的充分投入，也未能使得每一项非功用性体验价值收益充分彰显，这给予了一些在精神引入、身体浸入、风险介入、仪式输入等方面存在"先天不足"的山地以优化发展的新思路。另外值得关注的是，差异带入变量在其所在的条件组态中皆呈现低水平状态，这可能与差异带入带给旅游者心境的负面影响有关；情感注入变量在其所在组态中皆呈现出高水平状态，并且在情感注入变量出现时，仪式输入变量也一定存在，这可以作为山地旅游审美价值优化提升的关键变量。

（二）情感价值组态阐释

在以情感价值（Fee）为结果变量实施 csQCA 技术后，从真值表的标准化分析模块中得到 9 组解释力较强的条件组态（见表 4-3）。

表 4-3　情感价值的条件组态

序号	组合	原生覆盖率	唯一覆盖率	一致性
1	~Bod * ~Dis * Cer	0.284	0.031	0.880
2	Spi * ~Dis * Emo	0.226	0.065	0.855
3	~Bod * ~Ris * ~Spi * ~Dis	0.296	0.215	0.855
4	~Spi * ~Dis * Cer * ~Emo	0.034	0.003	0.900
5	Bod * Ris * ~Dis * ~Cer	0.026	0.003	0.875

序号	组合	原生覆盖率	唯一覆盖率	一致性
6	~ Bod * Ris * Spi * Cer * ~ Emo	0. 019	0. 011	1. 000
7	Bod * ~ Ris * ~ Spi * Cer * Emo	0. 007	0. 007	1. 000
8	~ Bod * ~ Ris * Spi * Cer * Emo	0. 153	0. 019	0. 869
9	Bod * Ris * ~ Dis * ~ Emo	0. 034	0. 007	0. 900

解决方案覆盖率：0. 646

解决方案一致性：0. 865

资料来源：笔者用 fsQCA3. 1 软件分析整理。

具体来看，组态 1 阐释的是在身体浸入与差异带入处于低水平状态时，高水平的仪式输入能够引致旅游者高水平的情感体验，进而获得高的情感价值；组态 2 阐释的是在高水平的精神引入和情感注入，以及较低水平的差异带入条件下，旅游者可以获得高水平的情感价值；组态 3 阐释的是当精神引入、身体浸入、风险介入和差异带入都处于低水平状态时，仍可以引发旅游者高水平的情感价值；组态 4 阐释的是在精神引入、差异带入和情感注入处于低水平状态，而仪式输入处于高水平状态时，高水平的情感价值得以产生；组态 5 阐释的是在高水平的身体浸入和风险介入状态下，即使差异带入和仪式输入水平较低，也可能引致高水平的情感价值；组态 6 阐释的是当身体浸入和情感注入处于低水平状态时，高水平的精神引入、风险介入与仪式输入可以带来高的情感价值；组态 7 阐释的是当身体浸入、仪式输入和情感注入水平高，而精神引入和风险介入水平较低时，旅游者可以获得高的情感价值；组态 8 阐释的是在低水平的身体浸入和风险介入状态下，伴随着精神引入、仪式输入和情感注入的高水平，高的情感价值水平得以体现；组态 9 阐释的是当身体浸入和风险介入水平较高时，即使差异带入和情感注入水平较低，仍然可以引致高水平的情感价值。

由此可以看出，在 csQCA 输出的中间解中，各条件变量在不同的条件组态里均发挥着作用，作用方向及水平与所处组态的其他变量作用方向及水平有关。其中，差异带入变量在其所在的条件组态中，皆是以低水平状态发挥作用。这一表现与其在审美价值结果变量的条件组态中相似。尽管我们尚不能以此推论在旅游者山地旅游非功用性体验中低水平的差异带入变量更容易引致高水平的山地旅游非功用性体验值收益，却至少可以说明这一投入变量显然并非"多多益善"。与此同时可以发现，虽然 6 组投入变量不尽然存在于一个条件组态中，但有些条件变量在组态中的分布仍具有一定的规律。例如在一个条件组态中，当精神引入这一投入变量存在时，情感注入变量往往存在，其作用的水平可能并不相同，但二者之间天然紧密的联系应该引起山地旅游目的地开发、营销的关注。此外，身体浸入这一投入变量在全部 9 个组态中的 7 个组态里均有分布，这也间接地反映出身体浸入对情感价值的重要性。

（三）时空价值组态阐释

在以时空价值（Spa）为结果变量实施 csQCA 技术后，从真值表的标准化分析模块中得到 8 组解释力较强的条件组态（见表 4-4）。

表 4-4　时空价值的条件组态

序号	组合	原生覆盖率	唯一覆盖率	一致性
1	Spi * ~Ris * Cer	0.178	0.026	0.824
2	Ris * ~Dis * Cer	0.106	0.034	0.965
3	Spi * Cer * Emo	0.511	0.310	0.859
4	~Ris * Dis * Cer * Emo	0.045	0.018	0.923
5	~Spi * ~Bod * Ris * Cer * ~Emo	0.007	0.003	1.000
6	~Spi * Bod * Ris * ~Dis * Emo	0.022	0.003	1.000
7	Spi * ~Bod * Ris * Dis * ~Cer * ~Emo	0.015	0.015	0.800
8	~Spi * ~Bod * Ris * Dis * ~Cer * Emo	0.011	0.011	1.000

解决方案覆盖率：0.647

解决方案一致性：0.872

资料来源：笔者用 fsQCA3.1 软件分析整理。

具体来看，组态 1 阐释的是当风险介入水平较低而精神引入和仪式输入处于高水平时，可以引致高水平的时空价值；组态 2 阐释的是在低水平的差异带入变量下，高的风险介入和仪式输入水平能使旅游者获得高水平的时空价值；组态 3 阐释的是当旅游者在山地情境下具有高水平的精神引入、仪式输入和情感注入时，能够获得高水平的时空价值；组态 4 阐释的是在风险介入水平较低的情况下，只要具有高水平的差异带入、仪式输入和情感注入，便可能获得高水平的时空价值；组态 5 阐释的是即使精神引入、身体浸入和情感注入水平比较低，只要风险介入和仪式输入水平比较高，仍然可能引致高水平的时空价值；组态 6 阐释的是当身体浸入、风险介入和情感注入处于高水平状态时，低水平的精神引入和差异带入亦可产生高水平的时空价值；组态 7 阐释的是在身体浸入、仪式输入和情感注入水平比较低时，高水平的精神引入、风险介入和差异带入能够使山地旅游非功用性体验的时空价值以高水平状态得到凸显；组态 8 阐释的是当精神引入、身体浸入和仪式输入处于低水平状态而风险介入、差异带入和情感注入处于高水平状态时，可能引起高水平的时空价值。

由此可以看出，在 csQCA 输出的中间解中，各条件变量在不同的条件组态里均发挥着作用。与审美价值和情感价值结果变量的条件组态略有不同的是，在时空价值的条件组态中存在由 6 个投入变量复合集成的条件组态（分别是组态 7 和组态 8），一定程度上表明时空价值受投入变量的综合影响更强。此外也可以发现，在审美价值和情感价值中以低水平状态发挥作用的差异带入变量在时空价值的多个条件组态中呈现出高水平状态；风险介入在时空价值结果变量中发挥作用时，亦在多个条件组态中呈现出高水平状态。综合来看，高水平的时空价值往往与高水平的风险介入及差异带入有关，这也应该成为山地旅游非功用性时空价值提升的重要切入点。

（四） 符号价值组态阐释

在以符号价值（Sym）为结果变量实施 csQCA 技术后，从真值表的标准化分析模块中得到 7 组解释力较强的条件组态（见表 4-5）。

具体来看，组态 1 阐释的是当精神引入、仪式输入和情感注入处于高水平状态时，可引致高水平的符号价值；组态 2 阐释的是在低水平的身体浸入和风险介入状态下，倘若精神引入和仪式输入水平较高，旅游者亦能获得高水平的符号价值；组态 3 阐释的是当风险介入和差异带入呈现低水平状态，而仪式输入和情感注入处于高水平状态时，可以引致高水平的符号价值；组态 4 阐释的是在精神引入、风险介入和情感注入水平较高时，即使差异带入水平较低，也可能获得高的符号价值；组态 5 阐释的是在身体浸入处于低水平的情况下，高水平的差异带入、仪式输入和情感注入可以引致高水平的符号价值；组态 6 阐释的是在身体浸入、风险介入和情感注入呈现高水平状态时，差异带入和仪式输入的低水平状态仍可引致高的符号价值；组态 7 阐释的是当精神引入、差异带入和情感注入水平较低而身体浸入、风险介入和仪式输入水平较高时，可以产生高水平的符号价值。

表 4-5　符号价值的条件组态

序号	组合	原生覆盖率	唯一覆盖率	一致性
1	Spi * Cer * Emo	0.541	0.290	0.866
2	Spi * ~ Bod * ~ Ris * Cer	0.179	0.015	0.882
3	~ Ris * ~ Dis * Cer * Emo	0.203	0.059	0.879
4	Spi * Ris * ~ Dis * Emo	0.059	0.011	0.882
5	~ Bod * Dis * Cer * Emo	0.103	0.043	0.896
6	Bod * Ris * ~ Dis * ~ Cer * Emo	0.003	0.003	1.000
7	~ Spi * Bod * Ris * ~ Dis * Cer * ~ Emo	0.003	0.003	1.000

解决方案覆盖率：0.681

解决方案一致性：0.868

资料来源：笔者用 fsQCA3.1 软件分析整理。

由此可以看出，在 csQCA 输出的中间解中，各条件变量均在条件组态里扮演着一定的角色，影响着符号价值这一结果变量。在所有的条件变量中，仪式输入和情感注入变量在组态中出现的次数最多，各达到 6 次。而仪式输入在条件组态里发挥作用时，情感注入变量往往也会发挥作用，这体现了符号价值与仪式输入、情感注入的紧密联系，也反映了仪式输入与情感注入对符号价值存在明显的交互作用。符号价值的高水平在很大程度上得益于旅游者对山地丰富文化景观符号的解码，而这往往是在仪式输入与情感注入两种非功用性体验价值投入中得到体现。此外，在符号价值的条件组态中还可以发现身体浸入变量与风险介入变量之间的紧密关系，二者在共同存在的条件组态里，以相同的作用水平（同时为高水平/低水平状态）发挥着作用，意味着在高水平的符号价值中，身体浸入变量与风险介入变量存在一种"绑定"关系，这也为符号价值的优化提升提供了一定的思路参考。

（五）"家国"价值组态阐释

在以"家国"价值（Fam）为结果变量实施 csQCA 技术后，从真值表的标准化分析模块中得到 9 组解释力较强的条件组态（见表 4-6）。

表 4-6 "家国"价值的条件组态

序号	组合	原生覆盖率	唯一覆盖率	一致性
1	Spi * ~Ris * ~Dis * ~Cer	0.075	0.041	0.814
2	Spi * ~Dis * ~Cer * Emo	0.044	0.010	0.866
3	~Ris * ~Dis * Cer * Emo	0.189	0.141	0.948
4	~Spi * Bod * Cer * Emo	0.100	0.013	0.878
5	Spi * ~Ris * Dis * Cer	0.031	0.010	1.000
6	~Bod * Dis * Cer * Emo	0.093	0.034	0.931
7	Spi * Bod * Ris * Emo	0.282	0.282	0.828
8	~Bod * Ris * ~Dis * Cer * ~Emo	0.010	0.010	1.000
9	Bod * Ris * ~Dis * ~Cer * Emo	0.003	0.003	1.000

解决方案覆盖率：0.689

解决方案一致性：0.873

资料来源：笔者用 fsQCA3.1 软件分析整理。

具体来看，组态 1 阐释的是在风险介入、差异带入和仪式输入都处于低水平状态时，高水平的精神引入能够引致高水平的"家国"价值；组态 2 阐释的是当差异带入和仪式输入水平都比较低而精神引入和情感注入水平比较高时，旅游者可以获得高水平的"家国"价值；组态 3 阐释的是在风险介入和差异带入都呈现出低水平状态时，高水平的仪式输入和情感注入能够产生高水平的"家国"价值；组态 4 阐释的是当仪式输入和情感注入处于高水平状态时，即使精神引入和身体浸入水平较低，仍能产生高水平的"家国"价值；组态 5 阐释的是在低水平的风险介入条件下，伴随着高水平的精神引入、差异带入与仪式输入，高水平的"家国"价值得以产生；组态 6 阐释的是当身体浸入处于较低水平而差异带入、仪式输入和情感注入处于较高水平时，能够产生高水平的"家国"价值；组态 7 阐释的是高水平的精神引入、身体浸入、风险介入和情感注入能够引致高水平"家国"价值；组态 8 阐释的是在高水平的风险介入和仪式输入状态下，即使身体浸入、差异带入和情感注入水平较低，亦能使"家国"价值处于高水平状态；组态 9 阐释的是在高水平的身体浸入、风险介入、情感注入与低水平的差异带入和仪式输入的综合作用下，能够产生高水平的"家国"价值。

由此可以看出，在 csQCA 输出的中间解中，各条件变量在不同条件组态里以不同的作用方向和作用水平影响着"家国"价值这一结果变量。类似于符号价值的条件组态，从"家国"价值的条件组态中可以窥见，仪式输入和情感注入仍然作为出现频次较多的变量分布于各条件组态中。特别地，当仪式输入和情感注入变量皆为高水平状态时，如组态 3、组态 4 和组态 6 等 3 个条件组态，能够引致高水平的"家国"价值。此时，包括精神引入、身体浸入、风险介入、差异带入等在内的 4 个变量皆能通过在条件组态中的低水平组合发挥正向作用。与此同时，"家国"价值的条件变量组合还存在一个显著特点，当差异带入变量存在于某条件组态中时，仪式输入变量也会在其中发挥作用。因此，在关注差异带入变量的同时，也要尽可能地关注仪式输入变量。

（六）人际价值组态阐释

在以人际价值（Rel）为结果变量实施 csQCA 技术后，从真值表的标准化分析模块中得到 6 组解释力较强的条件组态（见表 4-7）。

具体来看，组态 1 阐释的是当差异带入水平较低而身体浸入、风险介入和情感注入水平较高时，能够引致高水平的山地旅游非功用性人际价值；组态 2 阐释的是在低水平的差异带入状态下，伴随着高水平的身体浸入、仪式输入和情感注入，高水平的人际价值得以产生；组态 3 阐释的是高水平的精神引入、身体浸入、仪式输入和情感注入能够引致高水平的人际价值；组态 4 阐释的是当精神引入和仪式输入处于高水平状态时，即使身体浸入、风险介入和差异带入处于低水平状态，仍可能产生高水平的人际价值；组态 5 阐释的是在低水平的身体浸入和风险介入状态下，倘若差异带入、仪式输入和情感注入处于高水平状态，仍然可能产生高水平的人际价值；组态 6 阐释的是当精神引入、风险介入和差异带入处于高水平状态而身体浸入、仪式输入和情感注入处于低水平状态时，人际价值可能呈现出高水平状态。

表 4-7　人际价值的条件组态

序号	组合	原生覆盖率	唯一覆盖率	一致性
1	Bod * Ris * ~Dis * Emo	0.038	0.003	1.000
2	Bod * ~Dis * Cer * Emo	0.042	0.003	1.000
3	Spi * Bod * Cer * Emo	0.320	0.301	0.912
4	Spi * ~Bod * ~Ris * ~Dis * Cer	0.146	0.146	0.863
5	~Bod * ~Ris * Dis * Cer * Emo	0.031	0.030	0.800
6	Spi * ~Bod * Ris * Dis * ~Cer * ~Emo	0.015	0.015	0.800

解决方案覆盖率：0.540

解决方案一致性：0.891

资料来源：笔者用 fsQCA3.1 软件分析整理。

由此可以看出，在 csQCA 输出的中间解中，各条件变量均通过不同的条件组态影响着人际价值这一结果变量。在人际价值的条件变量组态中，情感注入变量出现的频次最多，可以看作影响人际价值的关键价值投入变量。这一点也符合两个变量在内涵上的紧密关联。人际价值的彰显在很大程度上源于其与他者的情感互动，而这一部分亦是情感注入的重要内容。因此，若想提升人际价值收益，有必要重点关注情感注入的状态。在各变量的关系方面，人际价值的各条件组态显示，身体浸入变量的作用水平总是与差异带入变量相反，差异带入与风险介入变量在大部分条件组态中也以相反的作用水平呈现，这反映出就人际价值而言，多条件变量的组合作用至关重要，某一方面投入变量受山地环境和资源所限而呈现出的低水平状态，可以通过与其他高水平投入变量的叠加组合消弭劣势，形成高水平的价值收益。

（七）成己价值组态阐释

在以成己价值（Rel）为结果变量实施 csQCA 技术后，从真值表的标准化分析模块中得到 9 组解释力较强的条件组态（见表 4-8）。

表 4-8　成己价值的条件组态

序号	组合	原生覆盖率	唯一覆盖率	一致性
1	Spi * ~Ris * Cer	0.195	0.015	0.912
2	Spi * Bod * Cer	0.349	0.030	0.902
3	Spi * Cer * Emo	0.530	0.063	0.898
4	~Spi * ~Bod * Dis * Emo	0.067	0.067	0.857
5	Spi * Bod * Ris * Emo	0.330	0.033	0.888
6	~Spi * Ris * ~Dis * Cer * ~Emo	0.007	0.007	1.000
7	Bod * Ris * ~Dis * ~Cer * Emo	0.003	0.003	1.000
8	Bod * ~Ris * ~Dis * Cer * Emo	0.007	0.003	1.000
9	Spi * ~Bod * Ris * Dis * ~Cer * ~Emo	0.015	0.015	0.800

解决方案覆盖率：0.718

解决方案一致性：0.888

资料来源：笔者用 fsQCA3.1 软件分析整理。

具体来看，组态 1 阐释的是当风险介入处于低水平状态时，高水平的精神引入和仪式输入能够引致高水平的成己价值；组态 2 阐释的是在高水平的精神引入、身体浸入和仪式输入状态下，旅游者得以获得高水平的成己价值；组态 3 阐释的是当精神引入、仪式输入和情感注入处于高水平状态时，可以产生高水平的成己价值；组态 4 阐释的是当精神引入和身体浸入处于低水平状态，而差异带入和情感注入处于高水平状态时，可能产生高水平的成己价值；组态 5 阐释的是在精神引入、身体浸入、风险介入和情感注入处于高水平状态时，能够引致高水平的成己价值；组态 6 阐释的是当风险介入和仪式输入处于高水平状态时，即使精神引入、差异带入和情感注入水平较低，亦可以产生高水平的成己价值；组态 7 阐释的是在差异带入和仪式输入处于低水平状态，而身体浸入、风险介入和情感注入处于高水平状态时，成已价值可能处于高水平状态；组态 8 阐释的是在高水平的身体浸入、仪式输入和情感注入状态下，即使风险介入和差异带入水平较低，也可产生较高水平的成已价值；组态 9 阐释的是当精神引入、风险介入和差异带入处于高水平状态，而身体浸入、仪式输入和情感注入处于低水平状态时，能够引致高水平的成已价值。

由此可以看出，对于成已价值这一结果变量，在 csQCA 输出的中间解中，山地旅游非功用性体验价值投入的条件变量均在条件组态里发挥了作用。与其他价值收益结果变量的条件组态存在显著区别的是，成已价值的 9 个条件变量组态中有 3 个条件组态里的变量皆以高水平状态发挥作用。从某种意义上讲，这意味着山地旅游非功用性成已价值实现高水平收益的条件更为严苛，"困难程度"可能更高，结合具体条件组态的覆盖率可以发现，组态 2、组态 3、组态 5 这 3 个皆由高水平变量组成的条件组态，原生覆盖率分别为 0.349、0.530、0.330，这意味着这几类条件组态囊括了较多的案例，代表性较强。从具体的条件变量来看，精神引入变量、仪式输入变量与情感注入变量出现的频次最多，三者也在多个条件组态中呈现出高水平状态。因此，针对成已价值收益的优化提升可以此三个变量为重点加以突破。此外，身体浸入和仪式输入变量亦在条件组态中出现了较多次，综合来看，这体现出成已价值的实现往往以精神导引和身体参与为前提，并表现出强的情感性与神圣性，这与山地旅游非功用性体验的内涵及其基本特征较为契合，也应在山地旅游产品设计、营销推广等方面予以关注。

第三节　山地旅游非功用性体验价值 收益水平的提升

经过 csQCA 方法的实施，本书分别以山地旅游非功用性体验价值投入和体验价值收益维度作为条件变量和结果变量，共计形成 55 个条件组态。通过对各条件组态的含义进行阐释并归纳总结其特征，更加深刻地明晰了山地旅游非功用性体验价值投入维度和体验价值收益维度之间的复杂因果关系，也指出了山地旅游非功用性体验价值收益提升优化的路径。从山地旅游目的地的角度而言，以旅游者需求为导向，大力提升山地旅游非功用性体验价值收益水平是形成山地旅游核心吸引特质和差异化竞争优势的关键。基于本书构建的山地旅游非功用性体验价值"投入—收益"模型，山地旅游非功用性体验价值收益水平的提升与山地旅游非功用性体验价值投入间的复杂因果关系值得关注。为了使所呈现的条件组态重点更突出、更具操作性，本书将以山地旅游非功用性体验价值投入为着眼点，提炼山地旅游非功用性体验价值收益水平提升的路径和策略建议。

一　定位重构：精神性的"召唤结构"

山地旅游目的地大多为自然与人文资源的复合体和富集地，这成为山地旅游发展长久以来的优势凭借和定位导向。在非功用性消费需求日益凸显的背景下，目的地定位中的品牌个性、情感特质等非功用性定位维度应该得到业界足够的关注（曲颖，2014）。以山地旅游非功用性体验价值收益各维度为结果变量的条件组态表明，精神引入在高水平情感价值、"家国"价值、人际价值、成己价值的彰显中是极为关键的条件变量，特别是在"家国"价值和人际价值中存在以高水平精神引入为主导、变量皆为高水平的条件组态，意味着精神引入水平的提升能够在很大程度上规避其他投入变量受客观因素所限的"先天不足"。与此同时，精神引入变量往往与情感注入变量有着紧密联系，在其他投入变量的综合作用下强化山地旅游非功用性体验。因此，山地旅游目的地有必要在定位中弱实体资源，重精神导引。

从苍山景区与玉龙雪山景区旅游非功用性体验的对比中可以发现，苍山景区在多个体验价值维度上均弱于玉龙雪山景区。从目的地定位的角度强化精神性，提升旅游者非功用性体验价值投入水平，将成为淡化其他体验价值维度劣势，提升整体非功用性体验价值水平的突破口。苍山景区以及与苍山景区具有相似发展境况的山地旅游目的地应重点挖掘目的地的精神性特质，进而塑造鲜明的品牌个性与情感形象。例如，苍山景区目前着眼于发展生态旅游，打造生态旅游目的地，却较为欠缺精神性特质的形象赋能。"风花雪月，银苍玉洱"是极具浪漫属性的形象个性，目前却仍然停留在宣传口号层面而未能深化。苍山景区在未来的发展中应将这一形象个性与生态旅游发展定位相叠加，深度挖掘南诏遗存及白族文化中的浪漫传说，巧借已有的文学、影视等口碑基础，打造最浪漫的生态旅游胜地，赋予苍山景区精神性特质的新活力，弥补单一的功能性定位吸引力不足的局限，构建浪漫化的"召唤结构"，形成强劲的旅游吸引力。

二 业态创新：具身化的"沉浸场所"

山地具有多种业态集成创新的空间优势和资源优势。然而从目前山地旅游的发展现实来看，一大部分山地旅游目的地在解决保护性开发与内部可进入性问题的过程中走向了极端。或是为严格保护生态，恪守"绿水青山"而不进行开发；或是以索道等快速交通的引入，进行"快山"式开发（史鹏飞等，2020）。如此做令山地旅游的核心优势难以彰显，诸多山地旅游目的地仍以浅层次的观光业态为主导，难以充实山地旅游者的非功用性体验。在山地旅游非功用性体验价值收益的条件组态分析中，身体浸入变量对各项体验价值收益均有影响，尤其在情感价值和成己价值方面发挥了极为重要的作用。在全部的 55 个条件组态中，身体浸入变量在 17 个条件组态里发挥了高水平作用。因此，本书认为在山地旅游非功用性体验价值收益水平的提升过程中，应通过培育与创新业态强化身体浸入作用。尽管山地高梯度效应赋予了业态创新以无限可能，但山地生态的脆弱性与敏感性亦成了巨大障碍。综合来看，针对山地本身的业态拓展应当是理性而科学的，一是应重评估轻体量，在科学评估的基础上进行轻度开发；二是应以退为进，善做减法。山地业态不能求大求全，应依托资源彰显特色。

从玉龙雪山景区和苍山景区的对比中可以发现，玉龙雪山景区的身体浸入水平高于苍山景区。究其原因，一方面玉龙雪山景区自身的业态较之苍山景区更为丰富，也更为合理。例如，玉龙雪山景区充分考虑了内部可进入性和旅游者参与性的平衡，在索道交通引入的同时，给旅游者预留了充分的体验空间以沉浸身心、挑战山地艰险，并通过摄影旅拍、旅游演艺等基地的打造逐步丰富山地旅游业态。另一方面，通过大玉龙景区整合以及与丽江古城的双核互动，玉龙雪山景区创新了业态发展模式（田瑾等，2021），这些都能作为其他山地旅游目的地参考的经验。因此，玉龙雪山和苍山景区都应紧盯旅游者的具身体验需求，破除具身体验障碍，精致"布点"，串联成线，延伸空间。首先，是形成新的品牌、产品孵化点，在优化苍山及玉龙雪山景区现有节庆、演艺等产品的基础上，布局探险、研学等旅游产品；其次，要强调业态产品的层次性和主题化，拓展徒步游线，结合 VR、AR 技术的深度运用延展旅游者的身体；最后，要进一步丰富业态组合，强化与周边山村的合作互动，精心打造以特色美食、精品民宿、摄影写生、民俗节事为吸引点的延伸业态，构建深度体验的"沉浸场所"。

三　产品设计：挑战性的"成己镜像"

山地环境往往使旅途带有一定的风险，这部分风险可能成为山地旅游非功用性体验的障碍，也可能反向促进高水平体验价值收益的生成。根据谢彦君提出的"挑战—技能"模型，高质量的旅游体验应当追求产品挑战性与旅游者自身技能水平的平衡（谢彦君，2013）。结合 csQCA 的结果来看，这也意味着尽管风险介入变量与山地旅游非功用性体验价值收益之间并非单纯的线性函数关系，但风险带来的挑战性仍是山地旅游非功用性体验价值收益的重要变量。特别地，风险介入还与身体浸入、差异带入等变量关系密切。因此山地旅游产品的设计应在确保安全的前提下，适度增加产品的挑战性，并根据不同的细分市场设计"硬挑战"（挑战水平高）和"软挑战"（挑战水平低）等不同的产品类型，以满足不同技能水平的旅游者的挑战需求。值得注意的是，不能将挑战性作为类似于登山装备的附加产品而过度宣传，需要真正将之注入核心体验产品之中，否则可能会使具备高技能水平的旅游者怀揣高的旅游期望去面对真实的、低的挑战水平，获得低的体验价值收益并给目的地形象带来负面影响。

从玉龙雪山景区和苍山景区的对比分析中可以看出，玉龙雪山景区在情感价值反向测量项上的得分要高于苍山景区。从实地调研的结果来看，这与部分商家为牟取登山装备之利，过度宣传玉龙雪山景区具有高挑战性不无关系。具体从山地本身的挑战性差异来分析，各类山地都应立足自身的挑战性水平丰富挑战性产品类型。在玉龙雪山景区等一些高海拔、环境较为艰涩的山地，一方面，可进行与山地自身挑战性相匹配的体验宣传，紧盯背包客等群体的探险需求，适时拓展山地极限运动等产品以强化并更新山地挑战性。另一方面，亦可通过特定主题的训练营、挑战赛等产品吸引一些自身技能水平较低的旅游者，构建多层次的吸引体系。在苍山景区等一些海拔较低、气候更为适宜、环境挑战性不高的山地，可以通过 VR、AR 技术的运用，以及跳伞、蹦极等高挑战性产品的开发强化旅游者的身心挑战，借助雪、雾、花等元素于挑战性中增添趣味性和浪漫性，将山地构建为一个"成己镜像"，使旅游者在突破风险与挑战的过程中发现自身潜能，直指成己价值这一山地旅游非功用性体验的终极取向。

四　意境生成：差异化的"第三空间"

在人类活动范围愈来愈广、旅游活动日益频繁的背景下，生活世界与旅游世界的边界渐趋模糊，旅游者越来越难以获得差异化体验。山地在环境原真性与相对封闭性等方面的特质使之仍然具有差异化体验的比较优势。此外，在山地旅游非功用性体验价值收益的各条件组态里亦能够窥见差异带入所起到的作用。尽管在审美价值、情感价值等多个体验价值收益维度中皆以低水平状态发挥作用，但其存在以及与其他条件变量组合的作用仍然不可忽视。与此同时，csQCA 的结果也表明山地情境的差异化水平甚至会以低水平状态为主导。这启示山地旅游目的地在营造目的地意境时，应注重差异化与熟悉感的协调。一方面不能全然地求新求异，隔断生活世界与旅游世界的联系，令旅游者无所适从；另一方面也需立足山地的原真环境，以"陌生化"的意境创作手法发现山地不同寻常的美，满足旅游者探新猎奇、离群避世等体验需求。整体的山地意境应注重以故事线进行产品的组合串联，充分发挥山地高梯度效应下的时空优势，从不同角度、高度、深度延展旅游者的感知边界，调动旅游者的好奇心与想象力，充分发挥其主观能动性，达成旅游者心理空间与山地物理空间的某种契合。

在意境的营造方面，本书涉及的玉龙雪山景区和苍山景区两个山地旅游目的地显然还存在巨大的改进空间。以苍山景区为例，苍山景区景致随着季节及气候变化或绿意盎然，或烟雨蒙蒙，或白雪皑皑，不同天候下的景致差异极具吸引力。可惜的是，当旅游者置身其间时，同一时空下的景致缺乏变化，随着身体移动，初入时的兴奋逐渐转变为麻木，新奇感消失殆尽，极易产生审美疲劳。此时，对其进行意境的人为构造很有必要，应依山就势，挖掘苍山景区中的差异化元素，通过产品、线路、活动的设计与创新，在点、线、面等各个方面形成富于变化的感知意境。玉龙雪山景区内冰川公园、牦牛坪、蓝月谷等景点及其依托产品风格迥异，但游览时间的限制及现有的游线组合尚不能将差异化优势充分发挥，可通过智慧手段的引入进一步优化游览时间及线路组合，全方位调动旅游者的想象力与求知欲，形成一个真实与想象交织的、无限开放的"第三空间"。

五　文化表征：神圣感的"体验世界"

正如杨凯凯等（2006）所指出的，相比于自然环境，人文景观更能体现山地旅游目的地的个性特质。几乎所有的山地都被赋予了故事传说，渗透着人文精神，充满神圣意义。可以说，对山地旅游目的地文化内涵的深刻挖掘是提升山地旅游非功用性体验价值的主线。通过文化浸润强化山地的人格化意义，凸显山地的神圣性与崇高感，山地之旅将成为重要的人生烙印，这彰显了山地旅游非功用性体验的非凡意义。从旅游者的角度看，吸收了文化表征的深刻内涵继而转化为山地旅游非功用性体验价值收益的重要一环的便是仪式输入。根据扎根理论分析成果，旅游者偏爱以各种仪式性的表征方式赋予旅程以独特的象征意义，仪式输入在很大程度上提升了山地旅游非功用性体验价值收益水平。这一点也可以在各价值收益变量的条件组态中得到佐证。仪式输入往往与精神引入、情感注入等变量存在较强的交互作用，通过不同组态影响着多种山地旅游非功用性体验价值收益变量。因此，对于山地旅游非功用性体验而言，文化赋能应抓住山地文化特质的内涵，强化整个山地旅游世界的神圣感，以便在保证一定仪式输入水平的基础上，提升山地旅游非功用性体验价值收益水平。

就玉龙雪山和苍山景区而言，存在纳西族、白族这样的特色文化背景，但欠缺细节的挖掘，文化表征还很不充分。以仪式输入赋能文化表征涉及山地旅游规划、开发、营销等多个环节，然而文化表征可以丰富却不能泛化，可以多元却不能迷失。因此，在如何营造一个具有神圣感的"体验世界"方面，本书对玉龙雪山和苍山景区的建议是"大题小做"，从细节入手，办好一个节事，做好一场演艺，设计好文化性的、人性化的服务设施，让旅游者能够在细微处体味精致的山地文化，汲取超越世俗的神圣感，深化内在感受，使山地文化体验成为人生谱系中浓墨重彩的一笔。例如，以玉龙雪山为演出背景的《印象·丽江》带来了"与天地共舞，与自然同声"的震撼，但倘若能够借助游线设计、文创产品等实现对演艺观看前后文化氛围的烘托与强化，将会为旅游者带来更具震撼力的具身体验。与此同时，诸如指示牌、垃圾箱等旅游设施，可以在设计中更多地融入文化符号，装饰具有神圣感的山地旅游世界，潜移默化地带给旅游者浸润心灵的力量。

六 情感联结：互动性的"对话之域"

人与山地间的情感联结具有深厚的历史基因与文化渊源。人—山多维度互动下的情感注入彰显了山地旅游人际价值、情感价值等多类体验价值收益。从 csQCA 的组态分析结果中也可以发现，情感注入变量在多个山地旅游非功用性体验价值收益维度中均扮演着重要角色，并与精神引入、身体浸入等变量存在密切的组合关系。因此，山地旅游非功用性体验价值收益水平的提升应该注重情感注入的重要作用，强化旅游者与山地的情感联结。从根本上讲，情感联结强化的关键在于互动性，即旅游者与山地环境、山地文化等的人山对话，与同伴、邂逅的其他旅游者、社区居民、服务人员等的人际交往。在人—山对话方面，互动的前提便是人与山地的充分接触，需要身体的深度沉浸，需要构建一个"全漫空间"（史鹏飞等，2020）。在人际交往方面，除了交往空间的构建之外，山地旅游目的地还应积极提升服务人员素质，积极吸引社区居民的广泛参与。

不管是在扎根理论分析的游记资料里，还是从研究团队在玉龙雪山景区、苍山景区的实地调研中，都能够感受到旅游者在与外部世界互动中多样的情感注入。玉龙雪山景区和苍山景区及其他山地旅游目的地应充分给予旅游者互动的空间，不应以栈道围栏、演艺舞台等形式将旅游者间隔于自然风光和民俗风情之外，要通过社区居民的参与和陌生化手法的运用，将山地构建成旅游者寄托情感的异地生活空间，凸显山地的地方感。尽管山地旅游社区参与的深入探讨已经超出了本书所涉范围，但在此仍然需要强调的是，虽然社区居民在某种意义上不能作为山地旅游发展的动力，这一群体却是山地旅游营造地方感的关键（赵星会，2019）。脱离了这一群体，意味着旅游者面临的山地情境将遗失其中的"活态"部分，也意味着将人与山地间隔开来，不利于旅游者非功用性体验价值水平的提升，也绝非山地旅游发展的价值取向。因此，包括玉龙雪山景区、苍山景区在内的山地旅游目的地需要充分重视社区居民参与，强化旅游者与社区居民的互动性，构建人与山、人与人的"对话之域"。

研究结论与展望

　　本书在学界旅游体验和山地旅游研究不断深化，尤其是西方地理学"情感转向"和流动性及具身范式逐渐受到学术观照的背景下，针对山地旅游急剧增长的市场需求和发展潜力，将当前日益凸显的情感性、精神性等非功用性消费需求与山地自古以来丰富的象征性、精神性特质相联结，提炼出"山地旅游非功用性体验价值"这一研究主题，通过依次回答本书"绪论"部分所提出的 3 个问题，对山地旅游非功用性体验价值进行了层层剖析。本部分将对本书的发现及研究结论进行归纳与梳理，对本书的创新及不足之处进行客观陈述，对未来研究的拓展及深化方向提出些许建议。

一　研究结论

　　山地旅游因何而兴？旅游者于山地追求为何？对这两个问题的长期跟踪与思考，使本书在聚焦旅游者与山地"人—山"关系的过程中，着重思考了倘若旅游者只是为了享受精致的服务、千篇一律的产品，那何以选择山地？于旅游者而言，山地的比较优势究竟为何？山地旅游的内在价值何以彰显等现实问题，抽象出了"山地旅游非功用性体验价值"这一核心研究主题，并将之拆分为"什么是山地旅游非功用性体验价值？其中包含哪些潜在的具体维度？""如何测度山地旅游非功用性体验价值？不同案例地非功用性体验价值维度是如何表现的？""山地旅游非功用性体验价值各维度间存在怎样的关系，如何基于这种关系提升山地旅游非功用性体验价值水平以促进山地旅游可持续发展？"等 3 个研究问题。带着这些研究问题，本书对山地旅游非功用性体验价值进行了质性探索、量化阐述及组态分析。主要研究结论如下。

第一，山地旅游非功用性体验价值理论化的核心范畴可以概括为"人—山对话下的成己之路"。通过扎根理论对山地旅游网络游记的逐级编码，本书从 195 篇网络游记，共计 150 余万字的网络游记资料中抽象出 4680 个初始概念，并通过开放式编码抽象出 55 个初始范畴，在主轴式编码抽象提炼后，归并为抽象程度更高的 13 个主范畴，经由故事线串联，"浮现"出山地旅游非功用性体验价值的核心范畴——"人—山对话下的成己之路"。由此明晰了非功用性体验，并非"无"功用的，"无"价值的，而是让人完成对内在功利心和实体功能性的"超越"，在旅游世界里获得成就自我的精神享受。"人"的身体是山地旅游非功用性体验价值生成的中介；"山"的情境是山地旅游非功用性体验价值彰显的载体；"成己"是山地旅游非功用性体验价值的终极指向。山地旅游非功用性体验在中国的实践彰显了个人主义价值，其体验价值的意义中心是自我意识的回归和成就自我的终极指向。

第二，山地旅游非功用性体验价值包括山地旅游非功用性体验价值投入和山地旅游非功用性体验价值收益两个向度共计 13 个维度。通过扎根理论分析成果，本书辨识出了山地旅游非功用性体验价值的具体维度。其中，山地旅游非功用性体验价值投入区别于资源和经济投入，更多地表现出精神性与具身性特征。主要包括跨越日常的精神引入、身临其境的身体浸入、复归现实的风险介入、镜像反射的差异带入、神圣装饰的仪式输入和感同身受的情感注入，共 6 个维度。山地旅游非功用性体验价值收益意指在山地旅游世界和旅游者的浸染中，主、客体经过一系列感知与投射、内化与外显的回环往复实现平衡，在旅游者内心的梳理和调和下最终达成的超越功利、重塑自我的心理状态和生命境界。主要包括剥离功利的审美价值、浸润心灵的情感价值、时空错位的时空价值、意义生产的符号价值、文化皈依的"家国"价值、回归本真的人际价值和自我实现的成己价值，共 7 个维度。

第三，依托扎根理论分析理论命题开发出的山地旅游非功用性体验价值测度量表在一系列信效度分析中可以得到较好的检验。通过一系列科学的量表开发程序开发的山地旅游非功用性体验价值量表，包含山地旅游非功用性体验价值投入和山地旅游非功用性体验价值收益两个部分。其中，山地旅游非功用性体验价值投入量表共计包含 21 个具体测量项（精神引入维度 3 项，身体浸入维度 3 项，风险介入维度 3 项，差异带入维度 4 项，仪式输入维度 4 项，情感注入维度 4 项）；山地旅游非功用性体验价值收益量表共计包括 32 个具体测量项（审美价值维度 6 项，情感价值维度 4 项，时空价值维度 4 项，符号价值维度 4 项，"家国"价值维度 2 项，人际价值维度 6 项，成己价值维度 6 项）。经检验，测度量表所设计的测量项简约地表征了所测维度，具有较好的信效度。

第四，山地旅游非功用性体验价值水平在不同山地旅游目的地表现出了显著性差异，可以作为山地旅游特色化开发、差异化发展的重要依托。除情感价值外，玉龙雪山景区在山地旅游非功用性体验价值投入和山地旅游非功用性体验价值收益方面的整体水平均高于苍山景区，两地在多个山地旅游非功用性体验价值维度和具体属性方面存在统计上的显著性差异。在山地旅游非功用性体验价值投入方面，Mann-Whitney U test 结果表明，两地在精神引入、身体浸入和仪式输入等 3 个维度及其所包含的具体测量项上均具有显著性差异；在山地旅游非功用性体验价值收益方面，Mann-Whitney U test 结果表明，两地在情感价值、时空价值、符号价值、成己价值等 4 个维度，以及情感价值维度测量项中 Fee5（令我既痛苦又享受）和 Fee6（令我既讨厌又喜欢），时空价值维度测量项中 Spa1（我感觉穿越到了另一个季节）、Spa2（我感觉穿越到了另一个世界）、Spa3（我脑海中浮现出许多画面）和 Spa7（我尝试了独特的时空体验），符号价值维度测量项中 Sym3（我体会了浓厚的民俗/宗教氛围），成己价值维度测量项中 Sel6（使我寻找到生命的意义）和 Sel8（使我完成了自我突破）等方面均具有显著性差异，可作为两地山地旅游非功用性体验价值优化提升的重要参考。

第五，山地旅游非功用性体验价值投入和山地旅游非功用性体验价值收益之间存在复杂的因果关系。基于所构建的山地旅游非功用性体验价值"投入—收益"因果模型，通过 csQCA，识别出了山地旅游非功用性体验价值投入和山地旅游非功用性体验价值收益维度之间共计 55 个条件组态。其中，山地旅游非功用性体验价值投入与审美价值收益之间存在 7 个条件组态；与情感价值收益之间存在 9 个条件组态；与时空价值收益之间存在 8 个条件组态；与符号价值收益之间存在 7 个条件组态；与"家国"价值收益之间存在 9 个条件组态；与人际价值收益之间存在 6 个条件组态；与成己价值收益之间存在 9 个条件组态。山地旅游非功用性体验价值投入中的各条件变量在不同条件组态中发挥着不同作用，并非"多多益善"的变量状态以及"殊途同归"的条件组态显示了山地旅游非功用性体验价值投入和体验价值收益之间的复杂因果关系，也为山地旅游非功用性体验价值优化提升提供了重要启示。

第六，山地旅游非功用性体验价值收益水平的提升可从定位重构、业态创新、产品设计、意境生成、文化表征、情感联结等几个方面着手。基于山地旅游非功用性体验价值"投入—收益"的因果模型，本书重点关注如何以山地旅游非功用性体验价值投入为突破口，提升山地旅游非功用性体验价值收益水平。研究认为应重视各维度间的组合关系，从定位重构、业态创新、产品设计、意境生成、文化表征、情感联结等几个方面优化精神引入、身体浸入、风险介入、差异带入、仪式输入、情感注入等体验价值投入维度的作用，将山地旅游目的地构建成精神性的"召唤结构"、具身化的"沉浸场所"、挑战性的"成己镜像"、差异化的"第三空间"、神圣感的"体验世界"和互动性的"对话之域"。

本书着眼于"山地旅游非功用性体验价值"这一研究主题所进行的探究，是对旅游者与山地"人—山"关系新的诠释，在对 3 个具体研究问题做出回答后，本书认为，山地旅游非功用性体验价值是山地旅游发展的内核，是山地旅游的比较优势所在，也是山地旅游内在价值彰显的重要途径，将对深化山地旅游研究并指导山地旅游发展具有重要意义。

二　研究展望

本书以山地旅游非功用性体验价值为切入点，对山地旅游非功用性体验价值内涵、体验价值维度、体验价值测量工具、体验价值维度内在关系、体验价值水平提升等问题进行了系统探究，希冀为山地旅游体验研究的进一步深化提供些许思考，为山地旅游目的地寻找差异化特质和特色化竞争优势提供一些思路。然而，在本书的最后，需要指出的重要一点是：山地旅游非功用性体验价值的强调并不以忽视功用性需求、功用性体验的市场逻辑和衍生价值为前提，情感性、精神性消费需要建立在基本物质需求得以满足的基础之上。因此，功用性与非功用性绝不是非此即彼，而是相互依赖的。山地旅游非功用性体验价值的提出，旨在探究精神文明和物质文明协调发展的新路子，最终的落脚点必将是功用性与非功用性如何协调优化，整体提升山地旅游发展水平的问题。因此，探究山地旅游功用性与非功用性关系，剖析山地旅游功用性与非功用性优化提升路径将是下一步应该关注的焦点。此外，针对山地旅游非功用性体验价值本身，亦有几点值得在后续研究中加以深化。

首先，本书在山地旅游非功用性体验价值探究之初，便将研究焦点对准了一般化的山地旅游活动，这亦是为了后续研究所抽象的山地旅游非功用性体验价值内涵及具体维度、测度工具等能够在一定程度上具有一般性和普遍性。然而需要指出的一点是，本书通过扎根理论抽象出的山地旅游非功用性体验价值内涵及具体维度，带有明显的探险旅游和朝圣旅游色彩。由此，后续研究可以重点关注如山地探险旅游、山地朝圣旅游等特定山地旅游类型下非功用性体验价值与一般性山地旅游活动的联系与区别，进一步细化山地旅游非功用性体验价值研究，并为山地旅游目的地精准营销提供切实指导。

其次，本书经过一系列程序开发了山地旅游非功用性体验价值测度量表，这为山地旅游非功用性体验研究提供了量化基础。对这一重要的量化研究成果，本书认为还应从两个方面继续深化：一是可以遵循本书的程序，通过更为丰富多元的案例检验量表的科学性与合理性，并尝试开发针对特定山地旅游类型的非功用性体验价值量表；二是可以在量表中加入对旅游者人格特质等方面的测度，聚焦山地旅游非功用性体验与旅游者个性差异之间的关系，通过结构方程模型等，进一步深化相关研究。

最后，本书关于山地旅游非功用性体验价值的研究重点强调了山地所具有的精神性、情感性、象征性特质，这些特质与中国古代传统文化相勾连。本书认为，中国山地旅游的研究与实践无法脱离传统文化这片沃土，必须深入扎根，细心求索。因此，后续研究可以关注古代山地游历和现代山地旅游在非功用性特质方面的联系与区别，古今"对话"或可使山地旅游研究有更深层的拓展。

参考文献

埃德蒙德·胡塞尔，2011，《内时间意识现象学》，倪梁康译，商务印书馆。

白凯，2013，《旅游者行为学》，科学出版社。

包军军、白凯，2019，《自我认同建构的旅游介入影响研究——以拉萨"藏漂"为例》，《旅游学刊》第7期。

保继刚主编，2010，《旅游研究进展》第2辑，商务印书馆。

伯努瓦·里豪克斯、查尔斯·C. 拉金编著，2017，《QCA设计原理与应用：超越定性与定量研究的新方法》，杜运周等译，机械工业出版社。

曾文萍、谭杰倪、何静，2010，《浅析山地休闲旅游产品的开发》，《安徽农业科学》第14期。

陈才，2010，《旅游体验的性质与结构——基于博客游记的探讨》，旅游教育出版社。

陈才，2009，《意象·凝视·认同》，博士学位论文，东北财经大学。

陈钢华、李萌、相沂晓，2019，《你的目的地浪漫吗？——对游客感知视角下目的地浪漫属性的探索性研究》，《旅游学刊》第12期。

陈钢华、李萌，2020，《旅游者情感研究进展：历程、主题、理论与方法》，《旅游学刊》第7期。

陈建波、明庆忠、王娟，2017，《中国山地旅游研究进展及展望》，《资源开发与市场》第11期。

陈君奇，2011，《山地度假旅游产品开发研究——以湖北九宫山为例》，硕士学位论文，湖北大学。

陈向明，1999，《扎根理论的思路和方法》，《教育研究与实验》第

4 期。

陈信康、杜佳毅，2019，《主题乐园消费者体验测量量表研究——基于体验质量和体验价值的维度》，《财经问题研究》第 12 期。

陈兴、覃建雄、史先琳，2012，《川西横断山高山峡谷区旅游资源评价及开发构想》，《国土资源科技管理》第 5 期。

陈兴，2013，《中国西部山地旅游可持续发展战略思考》，《西南民族大学学报》（人文社会科学版）第 2 期。

程进、陆林、晋秀龙等，2010，《山地旅游研究进展与启示》，《自然资源学报》第 1 期。

程励、罗翩，2016，《山地探险旅游及探险者决策过程研究》，科学出版社。

褚玉杰、赵振斌、任珮瑶等，2020，《寻找精神家园：边地旅游的概念模型与实证》，《旅游学刊》第 1 期。

崔庆明、徐红罡、杨杨，2014，《世俗的朝圣：西藏旅游体验研究》，《旅游学刊》第 2 期。

丁祖荣、吴有正，1994，《山岳风景区旅游开发中水土流失问题的研究——以皖南齐云山客运索道建设为例》，《水土保持通报》第 3 期。

董亮，2011，《遗产地旅游者旅游动机差异的成因分析——以九寨沟、峨眉山和青城山三个世界遗产地为例》，《旅游科学》第 2 期。

范香花、程励，2020，《共享视角下乡村旅游社区居民旅游支持度的复杂性——基于 fsQCA 方法的分析》，《旅游学刊》第 4 期。

冯德显、吕连琴，2006，《山地旅游开发与管理》，西安地图出版社。

冯德显，2006，《山地旅游资源特征及景区开发研究》，《人文地理》第 6 期。

甘朝有，2001，《旅游心理学》，南开大学出版社。

甘露，2017，《贵州省山地旅游资源开发研究——以贵阳市香纸沟景区为例》，硕士学位论文，贵州师范大学。

哈尔·R. 范里安，2015，《微观经济学：现代观点》第 9 版，费方域等译，格致出版社、上海三联书店、上海人民出版社。

韩春鲜，2015，《旅游感知价值和满意度与行为意向的关系》，《人文地理》第 3 期。

韩国圣、吴佩林、黄跃雯等，2013，《山地旅游发展对社区居民的去权与形成机制——以安徽天堂寨旅游区为例》，《地理研究》第 10 期。

郝革宗，1985，《我国山地的旅游资源》，《山地研究》第 2 期。

郝小斐、张晓鸣、麦娉恬，2020，《圣地巡礼旅游者的行为特征及其同源情感研究——以动漫电影〈你的名字。〉为例》，《旅游学刊》第 1 期。

侯建荣、刘益、郑嘉昊，2016，《音乐情感特征与品牌个性的一致性对品牌体验的影响研究》，《中国管理科学》第 S1 期。

侯长红、林光美、陈倩等，2008，《福建省山地旅游资源开发战略研究》，《林业经济问题》第 3 期。

胡萍，2012，《质性分析工具的比较与应用研究》，硕士学位论文，湖南师范大学。

黄静波，2009，《基于 AHP 法的南岭山地旅游资源定量评价》，《经济地理》第 5 期。

黄晓武，2015，《悬置与非功用性：阿甘本的抵抗策略及其来源》，《马克思主义与现实》第 1 期。

贾婷媛，2011，《夹金山山地生态旅游产品开发研究》，硕士学位论文，成都理工大学。

金鑫，2019，《徽杭古道游客体验感知及其与游客行为意向的关系研究》，硕士学位论文，上海师范大学。

康德，2001，《论优美感和崇高感》，何兆武译，商务印书馆。

科特勒，2003，《营销管理》第 11 版，梅清豪译，上海人民出版社。

孔维民，2002，《情感心理学新论》，吉林人民出版社。

李菲，2020，《名实与真实：探索"真实性"议题的本土话语分析框架》，《旅游学刊》第 3 期。

李峰、张展，2017，《基于情感与功能契合的品牌延伸评价》，《企业经济》第 11 期。

李莉叶，2013，《基于复杂性理论的旅游目的地核心竞争力研究——以云南旅游目的地为例》，博士学位论文，云南大学。

李薇薇、白凯、张春晖，2014，《国家地质公园品牌个性对游客行为意图的影响——以陕西翠华山国家地质公园为例》，《人文地理》第 3 期。

李娟、殷继成、李晓琴，2011，《基于时空三维角度的西部地区山地生态旅游开发模式研究》，《生态经济》第 7 期。

李晓琴、缪寅佳，2011，《高山、极高山地区山地旅游可持续发展研究——以康定木雅贡嘎地区为例》，《国土与自然资源研究》第 5 期。

李颖喆，2013，《山地探险旅游开发研究——以崂山为例》，硕士学位论文，中国海洋大学。

李振亭、徐雨利，2019，《论基于旅游满足的旅游世界构建问题》，《陕西师范大学学报》（哲学社会科学版）第 5 期。

林铭亮、高川秀、林元城等，2020，《旅游地品牌化：唐诗"第三空间"的旅游体验与地方想象的建构》，《旅游学刊》第 5 期。

林源源、周勇，2017，《探险旅游的审美体验探索——基于乞力马扎罗登山者的访谈》，《艺术百家》第 3 期。

刘超、胡梦晴、林文敏等，2017，《山岳型景区旅游形象感知研究：基于 2014~2016 年黄山网络游记分析》，《山地学报》第 4 期。

刘瑾，2015，《从感性认知到意义呈现——对民间"私伙局"粤乐演奏的美学解读》，《中央音乐学院学报》第 4 期。

刘培学、廖茂林、张捷等，2018，《山岳型景区游客轨迹聚类与体验质量差异研究——以世界遗产地三清山为例》，《旅游学刊》第 5 期。

刘婷婷、刘箴、许辉煌等，2020，《基于情绪认知评价理论的虚拟人情绪模型研究》，《心理科学》第 1 期。

刘宇峰、孙虎、原志华，2008，《陕西秦岭山地旅游资源特征及开发模式探讨》，《山地学报》第 1 期。

刘智兴、马耀峰、高楠等，2013，《山岳型旅游目的地形象感知研究——以五台山风景名胜区为例》，《山地学报》第 3 期。

柳志生、邓建，2017，《山地体育旅游产品体验化开发研究》，《体育文化导刊》第 7 期。

龙亚萍、李立华，2018，《四川省山地旅游气候资源评价》，《山地学报》第 1 期。

卢小丽、付帼，2018，《红色旅游质量、满意度与游客忠诚研究——

以井冈山景区为例》,《管理评论》第 2 期。

卢云亭, 1988,《论名山的特性、类别和旅游功能》,《旅游学刊》第 S1 期。

陆林、焦华富, 1996,《山岳旅游者感知行为研究——黄山、庐山实证分析》,《北京大学学报》(哲学社会科学版) 第 3 期。

陆林, 1994,《山岳风景区旅游季节性研究——以安徽黄山为例》,《地理研究》第 4 期。

陆林, 1997,《山岳旅游地旅游者动机行为研究——黄山旅游者实证分析》,《人文地理》第 1 期。

路璐、刘春玲、刘琳, 2018,《滑雪游客感知价值、满意度与行为意向的关系——以崇礼密苑云顶滑雪场为例》,《干旱区资源与环境》第 5 期。

吕丽辉、王玉平, 2017,《山岳型旅游景区敬畏情绪对游客行为意愿的影响研究——以杭州径山风景区为例》,《世界地理研究》第 6 期。

马颖杰、杨德锋, 2014,《服务中的人际互动对体验价值形成的影响——品牌价值观的调节作用》,《经济管理》第 6 期。

马永勇、方百寿、蔡礼彬, 2008,《山岳型景区旅游危机及管理分析——以山东泰山景区为例》,《资源开发与市场》第 8 期。

明庆忠、陆保一, 2019,《冰川旅游发展系统性策略研究》,《云南师范大学学报》(哲学社会科学版) 第 2 期。

明庆忠、史正涛、邓亚静等, 2006,《试论山地高梯度效应——以横断山地的自然—人文景观效应为例》,《冰川冻土》第 6 期。

明庆忠, 2008,《山地人地关系协调优化的系统性基础研究——山地高梯度效应研究》,《云南师范大学学报》(哲学社会科学版) 第 2 期。

那梦帆、谢彦君、Dogan Gursoy, 2019,《旅游目的地体验价值:维度辨识、量表开发与验证》,《旅游学刊》第 12 期。

那梦帆, 2019,《人地关系视角下旅游目的地意象感知的体验价值研究》, 博士学位论文, 东北财经大学。

潘莉, 2018,《我国山岳型旅游地的品牌个性对应分析》,《四川师范大学学报》(社会科学版) 第 2 期。

乔建中，2008，《当今情绪研究视角中的阿诺德情绪理论》，《心理科学进展》第 2 期。

乔建中，2003，《情绪研究：理论与方法》，南京师范大学出版社。

秦雪，2008，《基于游客感知价值的汉中生态旅游研究》，硕士学位论文，西北大学。

邱皓政、林碧芳，2019，《结构方程模型的原理与应用》，中国轻工业出版社。

邱晔、刘保中、黄群慧，2017，《功能、感官、情感：不同产品体验对顾客满意度和忠诚度的影响》，《消费经济》第 4 期。

曲颖、李天元，2012，《旅游目的地非功用性定位研究——以目的地品牌个性为分析指标》，《旅游学刊》第 9 期。

曲颖，2014，《海滨城市旅游目的地非功用性定位研究——以大连为例》，《旅游学刊》第 12 期。

曲颖，2013，《旅游目的地"非功用性"定位研究》，中国社会科学出版社。

沙艳荣、宋宁、杨新春，2009，《秦皇岛探险旅游开发研究》，《经济导刊》第 Z1 期。

沈鹏熠，2012，《旅游体验对游客行为倾向影响的实证研究》，《北京第二外国语学院学报》第 11 期。

石长波、王玉，2009，《基于 AHM 改进模型的黑龙江山地旅游资源评价与开发战略设计》，《旅游学刊》第 2 期。

史鹏飞、明庆忠、韩剑磊等，2020，《慢山：山地旅游发展的适宜模式研究》，《山地学报》第 4 期。

史鹏飞、明庆忠、韩剑磊等，2021，《游客感知与政府宣传：资源相似型旅游目的地形象维度对比研究——以云南西双版纳州和德宏州为例》，《旅游研究》第 1 期。

史鹏飞、明庆忠、韩剑磊等，2021，《山地旅游的非功用性体验研究——基于云南玉龙雪山游记的扎根理论分析》，《人文地理》第 2 期。

斯蒂芬·威廉斯、刘德龄，2018，《旅游地理学——地域、空间和体验的批判性解读》第 3 版，张凌云译，商务印书馆。

孙佼佼、郭英之、杨旸，2021，《中国城市旅游政策何以变迁？——基于苏州的清晰集定性比较分析（csQCA）》，《经济地理》。http：//kns. cnki. net/kcms/detail/43. 1126. K. 20210108. 1553. 004. html，最后访问日期：2021 年 1 月 22 日。

孙天胜、曹诗图，2006，《对当代旅游功利主义倾向的检视与批判》，《旅游科学》第 3 期。

孙喜林、赵艳辉，2016，《旅游心理学》，中国旅游出版社。

孙小龙、林璧属、邝捷，2018，《旅游体验质量评价述评：研究进展、要素解读与展望》，《人文地理》第 1 期。

孙晓涵、李君轶，2021，《中国本土游客情感体验量表开发与检验》，《干旱区资源与环境》第 1 期。

唐飞，2007，《网络自助游的人际互动特征分析》，《辽宁师范大学学报》（自然科学版）第 2 期。

唐柳、李艳娜、杨柳松，2019，《符号学理论下西藏精神旅游开发研究——基于旅游资源精神性活化的视角》，《西藏民族大学学报》（哲学社会科学版）第 1 期。

陶伟、王绍续、朱竑，2015，《身体、身体观以及人文地理学对身体的研究》，《地理研究》第 6 期。

陶玉霞，2018，《旅游：穿越时空的心灵对话》，《旅游学刊》第 8 期。

陶玉霞，2015，《乡村旅游根性意涵的社会调试与价值重建研究》，《人文地理》第 5 期。

田瑾、明庆忠，2020，《国外山地旅游研究热点、进展与启示》，《世界地理研究》第 5 期。

田瑾、明庆忠，2020，《山地研学旅游产品开发研究》，《旅游论坛》第 3 期。

田瑾、明庆忠，2021，《山地旅游目的地"山—镇"双核结构空间联系及耦合机理——来自云南丽江的案例剖析》，《经济地理》第 1 期。

瓦伦·L. 史密斯，2007，《东道主与游客——旅游人类学研究》，张晓萍等译，云南大学出版社。

万田户、冯学钢、黄和平，2015，《江西省山岳型风景名胜区旅游季节性差异——以庐山、井冈山、三清山和龙虎山为例》,《经济地理》第1期。

万绪才、包浩生,2002,《山岳型旅游地旅游环境质量综合评价研究——安徽省黄山与天柱山实例分析》,《南京农业大学学报》第1期。

万绪才、丁登山、汤家法,1998,《安徽省山地旅游资源定量评价与开发》,《山地研究》第4期。

王甫园、许春晓、王开泳,2019,《旅游者与目的地契合的概念与测量》,《资源科学》第3期。

王孟成,2014,《潜变量建模与Mplus应用·基础篇》,重庆大学出版社。

王命盛、罗秋菊,2015,《非宗教山岳景区中的宗教空间要素感知及互动行为研究:基于游客视角》,《旅游论坛》第5期。

王宁,1997,《试论旅游吸引物的三重属性》,《旅游学刊》第3期。

王瑞花,2005,《云南山地旅游资源特征及开发保护策略——以滇中轿子雪山为例》,硕士学位论文,昆明理工大学。

王世金、赵井东、何元庆,2012,《气候变化背景下山地冰川旅游适应对策研究——以玉龙雪山冰川地质公园为例》,《冰川冻土》第1期。

王玮、徐梦熙,2020,《移动互联网背景下整合使用概念、维度及其对任务绩效的影响机制——基于扎根理论的探索性研究》,《南开管理评论》第5期。

王向远,2020,《"观照"概念的现代转化与近代日本美学的东方传统》,《西南民族大学学报》(人文社科版)第9期。

王晓萌,2009,《山岳型风景名胜区的意境及其优化更新研究》,硕士学位论文,福建师范大学。

王颖,2013,《基于游客感知价值的养生旅游评价与开发研究——以江苏茅山景区为例》,硕士学位论文,南京师范大学。

王跃伟、佟庆、陈航等,2019,《乡村旅游地供给感知、品牌价值与重游意愿》,《旅游学刊》第5期。

魏遐、潘益听,2012,《湿地公园游客体验价值量表的开发方法——以杭州西溪湿地公园为例》,《地理研究》第6期。

闻扬、刘霞，2009，《基于社区参与的四川山地旅游发展》，《财经科学》第 2 期。

夏巧云、王朝辉，2012，《基于 Fuzzy-IPA 的山岳型景区游客满意度研究——以黄山风景区为例》，《安徽师范大学学报》（自然科学版）第 5 期。

谢辉基、杨振之，2020，《论旅游体验研究中的"身体"现象及其认知》，《旅游学刊》第 7 期。

谢彦君、樊友猛，2017，《身体视角下的旅游体验——基于徒步游记与访谈的扎根理论分析》，《人文地理》第 4 期。

谢彦君、胡迎春、王丹平，2018，《工业旅游具身体验模型：具身障碍、障碍移除和具身实现》，《旅游科学》第 4 期。

谢彦君、孙佼佼、卫银栋，2015，《论黑色旅游的愉悦性：一种体验视角下的死亡观照》，《旅游学刊》第 3 期。

谢彦君、于佳、郭芳芳，2019，《留言簿话语分析：西藏旅游体验的书写与表白》，《旅游科学》第 3 期。

谢彦君，2011，《基础旅游学》第 3 版，中国旅游出版社。

谢彦君，2015，《基础旅游学》第 4 版，商务印书馆。

谢彦君，1999，《旅游概念存在的泛化倾向及其影响》，《桂林旅游高等专科学校学报》第 1 期。

谢彦君，2013，《旅游世界探源》，旅游教育出版社。

谢彦君，2005，《旅游体验研究——一种现象学视角的探讨》，博士学位论文，东北财经大学。

谢彦君，2017，《旅游体验研究：一种现象学的视角》，中国旅游出版社。

谢彦君，2018，《旅游研究方法》，中国旅游出版社。

徐翠蓉、赵玉宗，2020，《文旅融合：建构旅游者国家认同的新路径》，《旅游学刊》第 11 期。

徐飞雄，1994，《论山地旅游资源分区与开发布局原则——以湖南省为例》，《热带地理》第 1 期。

徐克帅，2016，《红色旅游和社会记忆》，《旅游学刊》第 3 期。

宣程，2019，《情境因素对消费者跨渠道购买行为的影响——基于顾客感知价值的视角》，硕士学位论文，重庆理工大学。

严星雨、杨效忠，2020，《旅游仪式感特征及其对旅游目的地管理的影响研究》，《旅游学刊》第9期。

阳宁东、杨振之，2014，《第三空间：旅游凝视下文化表演的意义重解——以九寨沟藏羌歌舞表演〈高原红〉为例》，《四川师范大学学报》（社会科学版）第1期。

杨方义，2005，《试析中国西南山地社区生态旅游合作社网络的建立》，《生态经济》第3期。

杨凯凯、曾伸、朱睿，2006，《国内山岳型旅游地规划研究综述》，《经济地理》第S2期。

杨钦钦、谢朝武，2019，《冲突情景下旅游安全感知的作用机制：好客度的前因影响与旅游经验的调节效应》，《南开管理评论》第3期。

杨胜利，2018，《孔子人文精神视域下山的多维象征》，《西藏民族大学学报》（哲学社会科学版）第2期。

杨效忠、王杏，2019，《山岳型景区特殊时段旅游拥挤特征及调控模式——以黄山风景区为例》，《地理研究》第4期。

杨新军、宋辉，2005，《中国西部地区特种旅游开发的可行性》，《西北大学学报》（自然科学版）第4期。

冶建明、李静雅、厉亮，2020，《草原旅游地游客感知价值、地方认同与行为意向关系研究》，《干旱区资源与环境》第9期。

叶康先、顾志兴，1982，《莫干山旅游优势和发展方向探讨》，《浙江学刊》第3期。

殷融、曲方炳、叶浩生，2012，《具身概念表征的研究及理论述评》，《心理科学进展》第9期。

银霞，2018，《自我一致性、品牌社群归属对消费者幸福感的影响——基于手机消费的实证分析》，《商业经济研究》第2期。

尹继武，2009，《社会认知与联盟信任形成》，上海人民出版社。

游红霞、田兆元，2019，《朝圣旅游的景观生产与景观叙事——以普陀山南海观音露天大佛为例》，《文化遗产》第2期。

余志远，2016，《成己之路——背包旅游者旅游体验研究》，旅游教育出版社。

约翰·厄里、乔纳斯·拉森，2016，《游客的凝视》第 3 版，黄宛瑜译，格致出版社、上海人民出版社。

张朝有、莫让军，1983，《开发大鸣山风景区、发展旅游事业的初步设想》，《广东园林》第 3 期。

张欢欢，2016，《基于因子分析法的山地旅游游客满意度研究——以河南省鸡公山风景区为例》，《西北师范大学学报》（自然科学版）第 5 期。

张建、汪宇明、赵中华，2005，《论长江流域山岳旅游地发展对神农架开发的启示》，《长江流域资源与环境》第 6 期。

张群，2010，《从体验角度看黑色旅游及其发展探讨》，《安徽农业科学》第 1 期。

张述林、姜辽、张彦歌，2008，《空间思维观下的山地旅游开发理念刍论——以陕西省镇巴县为例》，《人文地理》第 5 期。

张涛，2007，《节事消费者感知价值的维度及其作用机制研究》，博士学位论文，浙江大学。

张文彤、董伟编著，2018，《SPSS 统计分析高级教程》，高等教育出版社。

张艳红、佐斌，2012，《民族认同的概念、测量及研究述评》，《心理科学》第 2 期。

张永领、张红，2014，《基于物元模型的山岳型景区应急能力评价研究——以河南云台山景区为例》，《旅游论坛》第 6 期。

赵刘，2017，《作为意向性的旅游：兼论旅游世界的时空构造》，《旅游学刊》第 4 期。

赵星会，2019，《社区主导型乡村旅游地居民地方感形成机理研究》，硕士学位论文，东北财经大学。

甄巍然、荣佳琦，2019，《"反身性"视阈下城市品牌传播的价值冲突与反思》，《城市发展研究》第 11 期。

郑霖，1998，《论中国名山的分类》，《山地研究》第 1 期。

郑敏、张伟，2008，《山地旅游资源生态补偿机制构建》，《安徽农业科学》第 11 期。

周晓琴、明庆忠、陈建波，2017，《山地健康旅游产品体系研究》，《资源开发与市场》第 6 期。

周颖，2016，《大理苍山世界地质公园旅游发展及"公园再评估"研究》，硕士学位论文，昆明理工大学。

朱鹤、刘家明，2018，《山岳型景区建设下乡村聚落的多维重构——基于云丘山旅游景区微观案例的实证研究》，《地理研究》第 12 期。

邹统钎、高中、钟林生编著，2008，《旅游学术思想流派》，南开大学出版社。

Strauss，A.，J. Corbin，1997，《质性研究概论》，徐宗国译，台北：巨流图书公司。

Baldwin, J., C. Haven-Tang, S. Gill et al. 2020. "Using the Perceptual Experience Laboratory (PEL) to Simulate Tourism Environments for Hedonic Wellbeing," *Information Technology & Tourism* 23(1).

Barros, A., C. Monz, C. Pickering. 2015. "Is Tourism Damaging Ecosystems in the Andes? Current Knowledge and an Agenda for Future Research," *Ambio: A Journal of the Human Environment* 44(2).

Basarin, Biljana, Lukic et al. 2018. "Bioclimatic and Climatic Tourism Conditions at Zlatibor Mountain (Western Serbia)," *Idojaras* 122(3).

Bausch T., C. Unseld. 2018. "Winter Tourism in Germany is Much More than Skiing! Consumer Motives and Implications to Alpine Destination Marketing," *Journal of Vacation Marketing* 24(3).

Bayton, J. A. 1958. "Motivation, Cognition, Learning—Basic Factors in Consumer Behavior," *Journal of Marketing* 22(3).

Belk, Russell W. 1975. "Situational Variables and Consumer Behavior," *Journal of Consumer Research* 2(3).

Bichler, B. F., M. Peters. 2020. "Soft Adventure Motivation: An Exploratory Study of Hiking Tourism," *Tourism Review* 76(2).

Brida, J. G., L. Osti, A. Barquet. 2010. "Segmenting Resident Perceptions towards Tourism—A Cluster Analysis with a Multinomial Logit Model of a Mountain Community," *International Journal of Tourism Research* 12(5).

Bugyi, B.1963. "Data on Medical Tourism and Climate Therapy in the High Tatra Mountains, " *Orvosi Hetilap* 104(1).

Buning, R. J., Z. Cole, M. Lamont. 2019. "A Case Study of the US Mountain Bike Tourism Market, " *Journal of Vacation Marketing* 25(4).

Cai, Y., J.Ma, Y.S.Lee.2020. "How Do Chinese Travelers Experience the Arctic? Insights from a Hedonic and Eudaimonic Perspective, " *Scandinavian Journal of Hospitality and Tourism* 20(2).

Chakraborty, A. 2020. "Emerging Patterns of Mountain Tourism in a Dynamic Landscape: Insights from Kamikochi Valley in Japan, " *Land* 9(4).

Choi, J., S.R.Madhavaram, H.Y.Park.2020. "The Role of Hedonic and Utilitarian Motives on the Effectiveness of Partitioned Pricing, " *Journal of Retailing* 96(2).

Churchill, G. A., Iacobucci D. 2002. *Marketing Research: Methodological Foundations*, Mason: South-Western Publishing Company.

Cohen, E. 1979. "A Phenomenology of Tourist Experiences, " *Sociology* 13 (2).

Cole, V., A. J. Sinclair. 2002. "Measuring the Ecological Footprint of a Himalayan Tourist Center, " *Mountain Research and Development* 22(2).

Dhar, R., K.Wertenbroch.2000. "Consumer Choice between Hedonic and Utilitarian Goods, "*Journal of Marketing Research* 37(1).

Djordjevic, D. S., V. Secerov, D. Filipovic et al. 2016. "The Impact of Climate Change on the Planning of Mountain Tourism Development in Serbia: Case Studies of Kopaonik and Zlatibor, " *Fresen Environ Bull* 25(11).

Duglio, S., M.Letey. 2019. "The Role of a National Park in Classifying Mountain Tourism Destinations: An Exploratory Study of the Italian Western Alps, " *Journal of Mountain Science* 16(7).

Duits, R. 2020. "Mountaineering, Myth and the Meaning of Life: Psychoanalysing Alpinism, " *Journal of the Philosophy of Sport* 47(1).

Faullant, R., K. Matzler, T. A. Mooradian, 2011. "Personality, Basic Emotions, and Satisfaction: Primary Emotions in the Mountaineering Experience, "

Tourism Management 32(6).

Fredman P. 2008. "Determinants of Visitor Expenditures in Mountain Tourism," *Tourism Economics* 14(2).

Fu, Y. K., Y. J. Wang. 2021. "Experiential Value Influences Authentic Happiness and Behavioural Intention: Lessons from Taiwan's Tourism Accommodation Sector," *Tourism Review* 76(1).

Gallarza, M. G., I. G. Saura. 2006. "Value Dimensions, Perceived Value, Satisfaction and Loyalty: An Investigation of University Students' Travel Behaviour," *Tourism Management* 27(3).

Gonseth, C.2013. "Impact of Snow Variability on the Swiss Winter Tourism Sector: Implications in an Era of Climate Change," *Climatic Change* 119(2).

Butz, H.E., L.D.Goodstein.1996. "Measuring Customer Value: Gaining the Strategic Advantage," *Organizational Dynamics* 24(3).

Goossens, C.2000. "Tourism Information and Pleasure Motivation," *Annals of Tourism Research* 27(2).

Hanqin, Z. Q., T. Lam. 1999. "An Analysis Mainland Chinese's Visitors' Motivations to Visit Hong Kong," *Tourism Management* 20(5).

Hirschman, E.C., M.B.Holbrook.1982, "Hedonic Consumption: Emerging Concepts, Methods and Propositions," *Journal of Marketing* 46(3).

Holbrook, M. B. 1999. *Consumer Value: A Framework for Analysis and Research*, New York: Psychology Press.

Hu, H., J.Zhang, G.Chu et al.2018. "Factors Influencing Tourists' Litter Management Behavior in Mountainous Tourism Areas in China," *Waste Management* 79.

Hu Y. 2015. "Identification and Analysis of Symbolic Elements in the Mountain Tourism," *Asian Agricultural Research* 7(9).

Hung, K., J.F.Petrick.2011. "The Role of Self and Functional Congruity in Cruising Intentions," *Journal of Travel Research* 50(1).

Husserl, E.1989. *Ideas Pertaining to a Pure Phenomenology and to a Phenomenological Philosophy Second Book: Studier in the Phenomenology of Constitution*, A.Schuwer,

R.Rojcewicz, trans., Dordrecht: Kluwer Academic Publishers.

Isaac, R.K., E.Çakmak.2014."Understanding Visitor's Motivation at Sites of Death and Disaster: The Case of Former Transit Camp Westerbork, the Netherlands, " *Current Issues in Tourism* 17(2).

Jamalian, M., M.Kavaratzis, M.Saren.2020."A Happy Experience of a Dark Place: Consuming and Performing the Jallianwala Bagh, " *Tourism Management* 81.

Kan, A., G.Li, X.Yang et al.2018."Ecological Vulnerability Analysis of Tibetan Towns with Tourism-based Economy: A Case Study of the Bayi District, " *Journal of Mountain Science* 15(5).

Korňan, M.2020."Potential Negative Effects of Construction of a High-mountain Ski Resort in the High Tatras, Slovakia, on Breeding Bird Assemblages, " *Community Ecology* 21(2).

Léa, L., B.Jean-François, B.Pohl et al.2020. "The Impact of Climate Change and Glacier Mass Loss on the Hydrology in the Mont-Blanc Massif, " *Scientific Reports (Nature Publisher Group)* 10(1).

Luo, J., B.L.Dey, C.Yalkin et al.2020."Millennial Chinese Consumers' Perceived Destination Brand Value, " *Journal of Business Research* 116.

MacCannell, D.1973."Staged Authenticity: Arrangements of Social Space in Tourist Settings, " *American Journal of Sociology* 79(3).

Maher, P.T., T.G.Potter.2001."A Life to Risk: Cultural Differences in Motivations to Climb among Elite Male Mountaineers, " *Usda Ne Exp* 276.

McGuire, W. J. 1976. "Some Internal Psychological Factors Influencing Consumer Choice, " *Journal of Consumer Research* 2(4).

Miserendino, M.L., C.Brand, L.B.Epele et al.2018."Biotic Diversity of Benthic Macroinvertebrates at Contrasting Glacier-fed Systems in Patagonia Mountains: The Role of Environmental Heterogeneity Facing Global Warming, " *Science of the Total Environment* 622.

Mohsin, A.2005."Tourist Attitudes and Destination Marketing—The Case of Australia's Northern Territory and Malaysia, " *Tourism Management* 26(5).

Neches, I. M., G. Erdeli. 2015. "Geolandscapes and Geotourism: Integrating

Nature and Culture in the Bucegi Mountains of Romania, " *Landscape Research* 40(4).

Sanjay, K.Nepal.2002."Mountain Ecotourism and Sustainable Development, " *Mountain Research and Development* 22(2).

Sanjay, K. Nepal. 2008. "Residents' Attitudes to Tourism in Central British Columbia, Canada, " *Tourism Geographies* 10(1).

Ngowi, R.E., D.Jani.2018."Residents' Perception of Tourism and Their Satisfaction: Evidence from Mount Kilimanjaro, Tanzania, " *Development Southern Africa* 35(6).

Pan X., Z. Yang, F. Han et al.2019."Evaluating Potential Areas for Mountain Wellness Tourism: A Case Study of Ili, Xinjiang Province, " *Sustainability* 11(20).

Park C.W., B.J. Jaworski, D.J. MacInnis. 1986."Strategic Brand Concept-image Management, " *Journal of Marketing* 50(4).

Park C. W., S. M. Young. 1986. " Consumer Response to Television Commercials: The Impact of Involvement and Background Music on Brand Attitude Formation, " *Journal of Marketing Research* 23(1).

Paunović I., V. Jovanović. 2019. "Sustainable Mountain Tourism in Word and Deed: A Comparative Analysis in the Macro Regions of the Alps and the Dinarides, " *Acta Geographica Slovenica-Geografski Zbornik* 59(2).

Pham, M.T.1998."Representativeness, Relevance, and the Use of Feelings in Decision Making, " *Journal of Consumer Research* 25(9).

Pomfret, G. 2006. " Mountaineering Adventure Tourists: A Conceptual Framework for Research, " *Tourism Management* 27(1).

Pomfret, G. 2012. "Personal Emotional Journeys Associated with Adventure Activities on Packaged Mountaineering Holidays, " *Tourism Management Perspectives* 4.

Prayag, G., S.Hosany, B.Muskat et al.2017."Understanding the Relationships between Tourists' Emotional Experiences, Perceived Overall Image, Satisfaction, and Intention to Recommend, " *Journal of Travel Research* 56(1).

Prebensen, N. K., J. Vittersø, T. I. Dahl. 2013. " Value Co-creation Significance of Tourist Resources, " *Annals of Tourism Research* 42.

Prentice, R.2006."Evocation and Experiential Seduction: Updating Choicesets Modelling, " *Tourism Management* 27(6).

Purdie, H. 2013. "Glacier Retreat and Tourism: Insights from New Zealand, " *Mountain Research and Development* 33(4).

Pütz, M., D. Gallati, S. Kytzia et al. 2011. "Winter Tourism, Climate Change, and Snowmaking in the Swiss Alps: Tourists' Attitudes and Regional Economic Impacts, " *Mountain Research and Development* 31(4).

Qunming, Z., T. Rong, M. Ting et al. 2017. "Flow Experience Study of Eco-tourists: A Case Study of Hunan Daweishan Mountain Ski Area, " *Journal of Resources and Ecology* 8(5).

Ragin, C. C. 2008. *Redesigning Social Inquiry*, Chicago, IL: University of Chicago Press.

Rehnus, M., M. Wehrle, R. Palme et al. 2014. "Mountain Hares Lepus Timidus and Tourism: Stress Events and Reactions, " *Journal of Applied Ecology* 51(1).

Ryan, C., I. Glendon. 1998. "Application of Leisure Motivation Scale to Tourism, " *Annals of Tourism Research* 25(1).

Sanchez, J., L. Callarisa, R. M. Rodriguez et al. 2006. "Perceived Value of the Purchase of a Tourism Product, " *Tourism Management* 27(3).

Saz, M. I. Gil, Carus L. Ribalaygua. 2008. "Sustainability of High-mountain Recreation Tourism, " *Cuadernos De Desarrollo Rural* 5(60).

Schlemmer, P., M. Barth, M. Schnitzer. 2020. "Comparing Motivational Patterns of E-mountain Bike and Common Mountain Bike Tourists, " *Current Issues in Tourism* 23(10).

Schmitt, B. 1999. "Experiential Marketing, " *Journal of Marketing Management* 15(1-3).

Singh, S. 2005. "Secular Pilgrimages and Sacred Tourism in the Indian Himalayas, " *GeoJournal* 64(3).

Steiger, R., B. Abegg, L. Jänicke. 2016. "Rain, Rain, Go Away, Come again Another Day. Weather Preferences of Summer Tourists in Mountain Environments, " *Atmosphere* 7(5).

Tampakis, S., V. Andrea, P. Karanikola et al. 2019. "The Growth of Mountain

Tourism in a Traditional Forest Area of Greece," *Forests* 10(11).

Tsaur, S. H., C. H. Yen, S. L. Hsiao. 2013. "Transcendent Experience, Flow and Happiness for Mountain Climbers," *International Journal of Tourism Research* 15(4).

Tsiaras, S., Z. Andreopoulou. 2015. "Sustainable Development Perspectives in a Less Favoured Area of Greece," *Journal of Environmental Protection and Ecology* 16(1).

Vukoicic, Danijela, Milosavljevic et al. 2018. "Spatial Analysis of Air Temperature and Its Impact on the Sustainable Development of Mountain Tourism in Central and Western Serbia," *Idojaras* 122(3).

Wang, S., Y. He, X. Song. 2010. "Impacts of Climate Warming on Alpine Glacier Tourism and Adaptive Measures: A Case Study of Baishui Glacier No.1 in Yulong Snow Mountain, Southwestern China," *Journal of Earth Science* 21(2).

Woodruff, R. B. 1997. "Customer Value: The Next Source for Competitive Advantage," *Journal of the Academy of Marketing Science* 25(2).

Woodside, A. G., P. M. Bernal, A. Coduras. 2016. "The General Theory of Culture, Entrepreneurship, Innovation, and Quality-of-life: Comparing Nurturing Versus Thwarting Enterprise Start-ups in BRIC, Denmark, Germany, and the United States," *Industrial Marketing Management* 53(2).

Zeithaml, V. A., A. Parasuraman, L. Berry. 1990. *Delivering Quality Service, Balancing Customer Perceptions and Expectations*, New York: The Free Press.

Zhang, Y., K. X. Shi, T. J. Lee. 2020. "Chinese Girlfriend Getaway Tourism in Buddhist Destinations: Towards the Construction of a Gendered Spirituality Dimension," *International Journal of Tourism Research* 23(1).

Zheng, N. 2019. "Automatic Early Warning Method for Landscape Tourism Ecological Environment Pollution of Mountain Scenic Spot," *Ekoloji Dergisi* 28(107).

Zhou, M., L. Yan, F. Wang et al. 2020. "Self-congruity Theory in Red Tourism: A Study of Shaoshan City, China," *Journal of China Tourism Research* 18(1).

附　录

附录 A　山地旅游网络游记文本目录

第一部分　扎根理论编码游记

序号	作者网名	目的地	网址
001	平静的行者	白狼山	http：//www. mafengwo. cn/i/2842493. html
002	胡平	白云山	https：//zhuanlan. zhihu. com/p/25507751
003	千寻影像纪	苍山	http：//www. mafengwo. cn/i/19333393. html
004	无违旅行	苍山	http：//www. mafengwo. cn/i/18747157. html
005	于悦	翠华山	http：//www. mafengwo. cn/i/12845974. html
006	那人	大茂山	http：//www. mafengwo. cn/i/3085223. html
007	佚名	丹霞山	http：//www. mafengwo. cn/i/18267514. html
008	深绿	东白山	http：//www. mafengwo. cn/i/8936194. html
009	陈先海	东白山	http：//www. mafengwo. cn/i/10772126. html
010	火云不问西东	峨眉山	https：//zhuanlan. zhihu. com/p/82049512
011	果果	峨眉山	https：//zhuanlan. zhihu. com/p/24742329
012	顺时针 1986	峨眉山	http：//www. mafengwo. cn/i/9152145. html
013	狗肉大饼	峨眉山	http：//www. mafengwo. cn/i/12711962. html
014	Ricky	梵净山	https：//zhuanlan. zhihu. com/p/98803225
015	蓝天白云	梵净山	http：//www. mafengwo. cn/i/11159110. html
016	sxh888	梵净山	http：//www. mafengwo. cn/i/7719020. html

序号	作者网名	目的地	网址
017	HF	凤凰山	http：//www. mafengwo. cn/i/17073556. html
018	菜菜	凤凰山	http：//www. mafengwo. cn/i/19137925. html
019	Andrew Turing	贡嘎山	http：//www. mafengwo. cn/i/14123430. html
020	独自醉倒	贡嘎山	http：//www. mafengwo. cn/i/12951094. html
021	正在缓冲…99.9%	贡嘎山	http：//www. mafengwo. cn/i/11483178. html
022	vivi 慢生活	观音山	http：//www. mafengwo. cn/i/17719432. html
023	两个人的行走 2016	光雾山	http：//www. mafengwo. cn/i/20183938. html
024	伍月	光雾山	http：//www. mafengwo. cn/i/17970292. html
025	梦里背包去旅行	贺兰山	http：//www. mafengwo. cn/i/5531540. html
026	我是刘小恬	贺兰山	http：//www. mafengwo. cn/i/20030293. html
027	望山君	恒山	http：//www. mafengwo. cn/i/19534528. html
028	蓝天白云	恒山	http：//www. mafengwo. cn/i/12734078. html
029	仰望星空	衡山	http：//www. mafengwo. cn/i/7301279. html
030	陶朱沉鱼	衡山	http：//www. mafengwo. cn/i/18562597. html
031	snowdy	衡山	http：//www. mafengwo. cn/i/11993818. html
032	蓝田玉烟	花果山	http：//www. mafengwo. cn/i/16847944. html
033	游走旅行的摄影人	花果山	http：//www. mafengwo. cn/i/16930996. html
034	雨打芭蕉	花果山	http：//www. mafengwo. cn/i/16865446. html
035	lilith991 桑桑（黄浦区）	花果山	http：//www. mafengwo. cn/i/16913635. html
036	佚名	华山	https：//www. zhihu. com/question/25074556
037	感情在右	华山	https：//zhuanlan. zhihu. com/p/20576903
038	Wnbo	华山	https：//zhuanlan. zhihu. com/p/56417914
039	马蜂窝用户	华山	http：//www. mafengwo. cn/i/8990193. html
040	CHEN	华山	http：//www. mafengwo. cn/i/5531107. html
041	星空	华山	http：//www. mafengwo. cn/i/11367070. html
042	Wnbo	黄山	https：//zhuanlan. zhihu. com/p/56462165
043	nature Lee	黄山	https：//zhuanlan. zhihu. com/p/29543716
044	活在当下	黄山	http：//www. mafengwo. cn/i/13463326. html
045	彼岸之空	黄山	http：//www. mafengwo. cn/i/7175786. html
046	gougou	黄山	http：//www. mafengwo. cn/i/11255646. html
047	林冲	黄山	http：//www. mafengwo. cn/i/7228634. html

序号	作者网名	目的地	网址
048	森林女巫	鸡公山	http：//www. mafengwo. cn/i/11365510. html
049	彪标	江郎山	http：//www. mafengwo. cn/i/12312958. html
050	林冲	江郎山	http：//www. mafengwo. cn/i/9741277. html
051	马踏东胡	井冈山	http：//www. mafengwo. cn/i/12827614. html
052	千里追风云	井冈山	http：//www. mafengwo. cn/i/16274310. html
053	女单冠军	井冈山	http：//www. mafengwo. cn/i/17769643. html
054	云游仙	井冈山	http：//www. mafengwo. cn/i/12572142. html
055	平平	敬亭山	http：//www. mafengwo. cn/i/15164784. html
056	胡莹	九宫山	http：//www. mafengwo. cn/i/10163150. html
057	Spring 小小雪	九宫山	http：//www. mafengwo. cn/i/10623474. html
058	luhooo	九宫山	http：//www. mafengwo. cn/i/7284188. html
059	尘浪一叶	九华山	https：//zhuanlan. zhihu. com/p/44324431
060	盘古的弟弟	九华山	https：//zhuanlan. zhihu. com/p/20933738
061	逍遥老爷子	九华山	http：//www. mafengwo. cn/i/8074449. html
062	击浪飞歌	九华山	http：//www. mafengwo. cn/i/12440154. html
063	温州古道	九龙山	http：//www. mafengwo. cn/i/10834818. html
064	云是雨的故乡	九寨沟	http：//www. mafengwo. cn/i/15910761. html
065	卓卓卓沐	九寨沟	http：//www. mafengwo. cn/i/6281273. html
066	围城	九寨沟	http：//www. mafengwo. cn/i/5462933. html
067	击浪飞歌	琅琊山	http：//www. mafengwo. cn/i/17517379. html
068	默默读书	崂山	https：//zhuanlan. zhihu. com/p/64504901
069	行者	崂山	http：//www. mafengwo. cn/i/6599315. html
070	秋风大漠	老君山	http：//www. mafengwo. cn/i/5517968. html
071	陶朱沉鱼	老君山	http：//www. mafengwo. cn/i/18614980. html
072	梳女	老君山	http：//www. mafengwo. cn/i/18382930. html
073	石先生	骊山	http：//www. mafengwo. cn/i/11287162. html
074	sarah 一直在路上	骊山	http：//www. mafengwo. cn/i/9122849. html
075	樱~枫 fox	龙虎山	http：//www. mafengwo. cn/i/9528785. html
076	king 三哥	芦芽山	http：//www. mafengwo. cn/i/16930807. html
077	上善若水	庐山	http：//www. mafengwo. cn/i/10815546. html
078	平平	庐山	http：//www. mafengwo. cn/i/17089852. html

序号	作者网名	目的地	网址
079	超级晶晶晶	庐山、龙虎山、三清山、武夷山、华山、衡山、雁荡山、普陀山、九华山、泰山	http：//www. mafengwo. cn/i/11958398. html
080	空山	麦积山	http：//www. mafengwo. cn/i/18388600. html
081	倾心铭志	猫儿山	https：//zhuanlan. zhihu. com/p/85863355
082	木只军	猫儿山	http：//www. mafengwo. cn/i/10185218. html
083	蓝田玉烟	茅山	http：//www. mafengwo. cn/i/16432968. html
084	玩味生活陈明	茅山	http：//www. mafengwo. cn/i/16583544. html
085	小布行路上	梅里雪山	http：//www. mafengwo. cn/i/19027528. html
086	梦呓	梅里雪山	http：//www. mafengwo. cn/i/12715890. html
087	游梦	梅里雪山	http：//www. mafengwo. cn/i/7254134. html
088	RICKY	梅里雪山	http：//www. mafengwo. cn/i/902519. html
089	杨羊 Young	绵山	https：//zhuanlan. zhihu. com/p/112154975
090	空山远谷	绵山	http：//www. mafengwo. cn/i/7256297. html
091	老王	绵山	http：//www. mafengwo. cn/i/7139453. html
092	鲛人的泪	莫干山	https：//zhuanlan. zhihu. com/p/147180483
093	牛奶糖	莫干山	http：//www. mafengwo. cn/i/7682006. html
094	三囡	莫干山	http：//www. mafengwo. cn/i/11868594. html
095	莎莉公主	莫干山	http：//www. mafengwo. cn/i/19610065. html
096	姜新国	牛头山	http：//www. mafengwo. cn/i/10531338. html
097	千帆过尽仍少年	盘山	http：//www. mafengwo. cn/i/17810569. html
098	和我一起睡	普陀山	https：//zhuanlan. zhihu. com/p/85207066
099	林冲	普陀山	http：//www. mafengwo. cn/i/8065725. html
100	汤沧海	齐云山	http：//www. mafengwo. cn/i/12831778. html
101	嘟嘟	齐云山	http：//www. mafengwo. cn/i/18004198. html
102	柒一	青城山	https：//zhuanlan. zhihu. com/p/139406367
103	v用心爱生活 v	青城山	http：//www. mafengwo. cn/i/14565912. html
104	何伟平	青城山	http：//www. mafengwo. cn/i/19561300. html
105	雨崩下的鱼	青城山	http：//www. mafengwo. cn/i/17165059. html
106	林冲	三清山	http：//www. mafengwo. cn/i/19719904. html

序号	作者网名	目的地	网址
107	山鹊	三清山	http：//www. mafengwo. cn/i/8210498. html
108	LinJ	神农架	https：//zhuanlan. zhihu. com/p/24574329
109	golria	神农架	http：//www. mafengwo. cn/i/11127110. html
110	秋日侠影	神农架	http：//www. mafengwo. cn/i/13619422. html
111	璞石∷天祺	神农架	http：//www. mafengwo. cn/i/7956873. html
112	哈哈乖	四姑娘山	https：//zhuanlan. zhihu. com/p/22750957
113	见山	四姑娘山	https：//zhuanlan. zhihu. com/p/100856609
114	银杏下的沼泽	四姑娘山	https：//zhuanlan. zhihu. com/p/34664379
115	万能小仙	四姑娘山	http：//www. mafengwo. cn/i/11073594. html
116	逍遥老爷子	四姑娘山	http：//www. mafengwo. cn/i/20042551. html
117	我是话唠的 Helen	四姑娘山	http：//www. mafengwo. cn/i/19404286. html
118	木四点	四姑娘山	http：//www. mafengwo. cn/i/17470402. html
119	Jade	嵩山	https：//zhuanlan. zhihu. com/p/88281643
120	宽容信仰	嵩山	http：//www. mafengwo. cn/i/17776015. html
121	lazyorange	嵩山	http：//www. mafengwo. cn/i/17487976. html
122	Wnbo	太白山	https：//zhuanlan. zhihu. com/p/56412283
123	醉月伐桂戏嫦娥	太白山	https：//zhuanlan. zhihu. com/p/46974567
124	＿＿Vivi	太白山	http：//www. mafengwo. cn/i/7234343. html
125	熊猫 TIN（NB）	太白山	http：//www. mafengwo. cn/i/17075944. html
126	桥上客	太岳山	http：//www. mafengwo. cn/i/14298610. html
127	王小虾	泰山	https：//www. zhihu. com/question/35934738/answer/66644616
128	方世灿	泰山	https：//zhuanlan. zhihu. com/p/26237926
129	Wnbo	泰山	https：//zhuanlan. zhihu. com/p/58190310
130	Aria 小花	泰山	http：//www. mafengwo. cn/i/8991433. html
131	豆豆想要环游世界	泰山	http：//www. mafengwo. cn/i/8850714. html
132	林冲	泰山	http：//www. mafengwo. cn/i/11146286. html
133	算了算了	泰山、华山、衡山、恒山、嵩山、庐山、黄山	https：//www. zhihu. com/question/49004553/answer/666493566
134	大陈小事	天目山	http：//www. mafengwo. cn/i/20510443. html

序号	作者网名	目的地	网址
135	华亭杜少卿	天目山	http：//www. mafengwo. cn/i/9478473. html
136	方小鹤	天山天池	http：//www. mafengwo. cn/i/17365180. html
137	航线斯巴达	天山天池	http：//www. mafengwo. cn/i/17964493. html
138	Chouette	天台山	http：//www. mafengwo. cn/i/20639020. html
139	综合导讯	天柱山	https：//zhuanlan. zhihu. com/p/127260383
140	飞哥	天柱山	http：//www. mafengwo. cn/i/15640041. html
141	脱巾独步	天柱山	http：//www. mafengwo. cn/i/7464095. html
142	大 wing 同学	天柱山	http：//www. mafengwo. cn/i/10274394. html
143	望月尘	五台山	http：//www. mafengwo. cn/i/10327026. html
144	润土	五台山	https：//zhuanlan. zhihu. com/p/56410260
145	楠男自语	五台山	http：//www. mafengwo. cn/i/11973866. html
146	柳默潮	五台山	http：//www. mafengwo. cn/i/20664031. html
147	套不住的马	五指山	http：//www. mafengwo. cn/i/20523712. html
148	远方	五指山	http：//www. mafengwo. cn/i/13622971. html
149	汽车之家—游记	武当山	https：//zhuanlan. zhihu. com/p/139969332
150	幽幽董	武当山	http：//www. mafengwo. cn/i/19113319. html
151	lynnlin	武当山	http：//www. mafengwo. cn/i/13711717. html
152	疯子何	武功山	http：//www. mafengwo. cn/i/16521759. html
153	糖糖的汤汤	武功山	http：//www. mafengwo. cn/i/14262058. html
154	喜欢旅行的老富	武功山	http：//www. mafengwo. cn/i/18274705. html
155	毛三三	武功山	http：//www. mafengwo. cn/i/10310106. html
156	De Gea	武夷山	https：//zhuanlan. zhihu. com/p/105217288
157	大鲁天下	武夷山	http：//www. mafengwo. cn/i/7730270. html
158	清歌长袖	武夷山	http：//www. mafengwo. cn/i/12183342. html
159	Potter_Yang	武夷山	http：//www. mafengwo. cn/i/20049481. html
160	我是小鱼干儿	西岭雪山	http：//www. mafengwo. cn/i/18946978. html
161	二哈的秘诀	西岭雪山	http：//www. mafengwo. cn/i/10386370. html
162	星云 Rancy	香山	https：//zhuanlan. zhihu. com/p/81895386
163	星际旅者	香山	http：//www. mafengwo. cn/i/17932462. html
164	祥子	香山	http：//www. mafengwo. cn/i/17799892. html
165	熊鸽	小五台山	http：//www. mafengwo. cn/i/15634788. html

续表

序号	作者网名	目的地	网址
166	小黄白灵驼	小五台山	http：//www. mafengwo. cn/i/894082. html
167	青山丽水	小五台山	http：//www. mafengwo. cn/i/5320103. html
168	天生的魔女	雪峰山	http：//www. mafengwo. cn/i/6634085. html
169	李蜜	雁荡山	https：//zhuanlan. zhihu. com/p/42137542
170	林冲	雁荡山	http：//www. mafengwo. cn/i/10629434. html
171	飞飞	雁荡山	http：//www. mafengwo. cn/i/7000967. html
172	姚可	雁荡山	http：//www. mafengwo. cn/i/6352577. html
173	黑揍红	沂蒙山	http：//www. mafengwo. cn/i/17183410. html
174	恩布	玉龙雪山	http：//www. mafengwo. cn/i/2907786. html
175	杨羊 Young	玉龙雪山	http：//www. mafengwo. cn/i/18647059. html
176	蓝天白云	玉龙雪山	http：//www. mafengwo. cn/i/3277620. html
177	任我行！	岳麓山	http：//www. mafengwo. cn/i/10874490. html
178	易水	云丘山	http：//www. mafengwo. cn/i/844176. html
179	蓝田玉烟	云丘山	http：//www. mafengwo. cn/i/11129018. html
180	澄萱	云丘山	http：//www. mafengwo. cn/i/11092222. html
181	雨点	云台山	https：//zhuanlan. zhihu. com/p/59908483
182	蓝天白云	云台山	http：//www. mafengwo. cn/i/15269223. html
183	蝎子网游	云台山	http：//www. mafengwo. cn/i/7114127. html
184	南行	张家界	https：//zhuanlan. zhihu. com/p/58818105
185	Christine	张家界	http：//www. mafengwo. cn/i/17817439. html
186	小雪儿	张家界	http：//www. mafengwo. cn/i/6308636. html
187	Dr-Doctor 风潇潇	张家界	http：//www. mafengwo. cn/i/19379383. html
188	LJ22	长白山	https：//zhuanlan. zhihu. com/p/46057860
189	舒兰英子	长白山	http：//www. mafengwo. cn/i/7324235. html
190	乔好运	长白山	http：//www. mafengwo. cn/i/7192265. html
191	Yoyo Zhuang	长白山	http：//www. mafengwo. cn/i/6307436. html
192	偷吃记得带我	终南山	http：//www. mafengwo. cn/i/10446290. html
193	Echo	终南山	http：//www. mafengwo. cn/i/11935450. html
194	英子	祖山	http：//www. mafengwo. cn/i/14412223. html

第二部分　理论饱和度检验游记

序号	作者网名	目的地	网址
001	负贰	峨眉山	http：//www.mafengwo.cn/i/11361922.html
002	wanderlust 欢	贡嘎山	http：//www.mafengwo.cn/i/20124127.html
003	王喵喵的光影日记	华山	http：//www.mafengwo.cn/i/17903581.html
004	飞哥	黄山	http：//www.mafengwo.cn/i/11351186.html
005	暮云秋影	庐山	http：//www.mafengwo.cn/i/11918446.html
006	滥觞先生	庐山	http：//www.mafengwo.cn/i/13884816.html
007	西部印象户外	梅里雪山	http：//www.mafengwo.cn/i/19290991.html
008	尤文文	武夷山	https：//zhuanlan.zhihu.com/p/47973161
009	午后漫步	云丘山	https：//zhuanlan.zhihu.com/p/37178953
010	郭折腾	张家界	http：//www.mafengwo.cn/i/8072238.html

附录 B　云南玉龙雪山旅游非功用性
体验价值调查问卷

问卷编号

亲爱的朋友您好：

"银装素裹玉龙山，晶莹剔透雪山情。"本问卷拟对云南玉龙雪山旅游
非功用性体验价值进行分析。若您认为玉龙雪山之行是一次令人印象深刻
的旅程，希望您抽出宝贵的时间对以下问题作答。此次问卷全部遵循匿名
的原则，回答并无对错之分，最终结果只用于学术研究。感谢您真诚的合
作与支持！

第一部分　山地旅游非功用性体验价值投入

1. 关于精神动机，您认为前往玉龙雪山＿＿＿＿？　　【量表题】

1（非常不赞同）～7（非常赞同）

	1	2	3	4	5	6	7
能让我亲近自然	○	○	○	○	○	○	○
能让我追寻古人踪迹	○	○	○	○	○	○	○
能让我体会新奇刺激	○	○	○	○	○	○	○
能让我逃离生活压力	○	○	○	○	○	○	○
能让我获得他人的赞许	○	○	○	○	○	○	○
能让我挑战自己	○	○	○	○	○	○	○

2. 关于身体感知，您在玉龙雪山旅途中_____？　　　【量表题】

1（非常不赞同）～7（非常赞同）

	1	2	3	4	5	6	7
我感觉身体痛苦	○	○	○	○	○	○	○
我一度感觉筋疲力尽	○	○	○	○	○	○	○
我一度感觉意识模糊	○	○	○	○	○	○	○

3. 关于风险感知，您在玉龙雪山旅途中_____？　　　【量表题】

1（非常不赞同）～7（非常赞同）

	1	2	3	4	5	6	7
我担心高原反应	○	○	○	○	○	○	○
我担心身体受伤	○	○	○	○	○	○	○
我担心自己无法坚持	○	○	○	○	○	○	○
我会考虑安全第一	○	○	○	○	○	○	○
我会考虑量力而行	○	○	○	○	○	○	○

4. 关于差异感知，您在玉龙雪山旅途中_____？　　【量表题】

1（非常不赞同）~7（非常赞同）

	1	2	3	4	5	6	7
环境状况与我想象的不同	○	○	○	○	○	○	○
周边居民（如热情程度、生活状态等）与我想象的不同	○	○	○	○	○	○	○
登顶难度与我想象的不同	○	○	○	○	○	○	○
饮食体验与我想象的不同	○	○	○	○	○	○	○
目的地与我想象中的差异令我身体不适	○	○	○	○	○	○	○
目的地与我想象中的差异令我内心紧张	○	○	○	○	○	○	○
目的地与我想象中的差异令我想要放弃旅程	○	○	○	○	○	○	○
目的地与我想象中的差异令我重新调整目标和状态	○	○	○	○	○	○	○

5. 关于仪式感知，您在玉龙雪山旅途中_____？　　【量表题】

1（非常不赞同）~7（非常赞同）

	1	2	3	4	5	6	7
我觉得攀登行为很有神圣感	○	○	○	○	○	○	○
我觉得环境氛围很有神圣感	○	○	○	○	○	○	○
我积极进行了祈祷、膜拜活动	○	○	○	○	○	○	○
目的地的民俗/宗教活动令我想要拍照留念	○	○	○	○	○	○	○
目的地的民俗/宗教活动引发了我的共鸣	○	○	○	○	○	○	○

6. 关于思绪变化，您在玉龙雪山旅途中_____？　　【量表题】

1（非常不赞同）~7（非常赞同）

	1	2	3	4	5	6	7
我想起了过往的生活经历	○	○	○	○	○	○	○
我想起了过往的旅游经历	○	○	○	○	○	○	○

续表

	1	2	3	4	5	6	7
我对旅行有了深刻感悟	○	○	○	○	○	○	○
我对人生有了深刻感悟	○	○	○	○	○	○	○
我对自我/社会进行了反思	○	○	○	○	○	○	○
我感动于他人（如修建工人、执勤人员）的辛苦付出	○	○	○	○	○	○	○
我能够对他者（如徒步朝圣者、居民）的不易感同身受	○	○	○	○	○	○	○

第二部分　山地旅游非功用性体验价值收益

7. 关于审美价值，您认为玉龙雪山之旅＿＿＿＿？　【量表题】

1（非常不赞同）~7（非常赞同）

	1	2	3	4	5	6	7
有美丽的自然风光	○	○	○	○	○	○	○
有美丽的小镇/乡村	○	○	○	○	○	○	○
我感觉美景令我忘记了身体疲惫	○	○	○	○	○	○	○
我感觉美景令我忘记了生活烦恼	○	○	○	○	○	○	○
我感受到了山地景观的美妙神奇	○	○	○	○	○	○	○
我感受到了自然力量的伟大	○	○	○	○	○	○	○
我感受到了人类力量的渺小	○	○	○	○	○	○	○

8. 关于情感体验，您认为玉龙雪山之旅＿＿＿＿？　【量表题】

1（非常不赞同）~7（非常赞同）

	1	2	3	4	5	6	7
令我失望	○	○	○	○	○	○	○
令我遗憾	○	○	○	○	○	○	○
令我既痛苦又享受	○	○	○	○	○	○	○
令我既讨厌又喜欢	○	○	○	○	○	○	○

9. 关于时空环境，您认为玉龙雪山之旅_____？　　【量表题】

1（非常不赞同）~7（非常赞同）

	1	2	3	4	5	6	7
我感觉穿越到了另一个季节	○	○	○	○	○	○	○
我感觉穿越到了另一个世界	○	○	○	○	○	○	○
我感觉脑海中浮现出许多画面	○	○	○	○	○	○	○
我感到有些场景似曾相识	○	○	○	○	○	○	○
我感到时间流逝变慢	○	○	○	○	○	○	○
我尝试了独特的时空体验	○	○	○	○	○	○	○
我尝试了全新的时空体验	○	○	○	○	○	○	○

10. 关于山地符号，您认为玉龙雪山之旅_____？　　【量表题】

1（非常不赞同）~7（非常赞同）

	1	2	3	4	5	6	7
我体会了丰富的象征寓意	○	○	○	○	○	○	○
我体会了鲜明的民族文化	○	○	○	○	○	○	○
我体会了浓厚的民俗/宗教氛围	○	○	○	○	○	○	○
我体会了精致的艺术价值	○	○	○	○	○	○	○
我体会了诗词文学的意境	○	○	○	○	○	○	○
我燃起了诗词创作的热情	○	○	○	○	○	○	○
我得到了获取知识的机会	○	○	○	○	○	○	○
我增强了持续钻研的动力	○	○	○	○	○	○	○
我理解了目的地的名气	○	○	○	○	○	○	○
我觉得目的地名气与实际相符	○	○	○	○	○	○	○

11. 关于家与国，您认为玉龙雪山之旅_____？　　【量表题】

1（非常不赞同）~7（非常赞同）

	1	2	3	4	5	6	7
我希望家人能经常陪在身边	○	○	○	○	○	○	○
我希望与家人分享旅行经历	○	○	○	○	○	○	○
我获得了更多关于民族的知识	○	○	○	○	○	○	○
我理解了国家对于自己的意义	○	○	○	○	○	○	○
我心生了对历史的感慨	○	○	○	○	○	○	○
我心生了对国家的自豪	○	○	○	○	○	○	○

12. 关于人际价值，您认为玉龙雪山之旅_____？　【量表题】
1（非常不赞同）~7（非常赞同）

	1	2	3	4	5	6	7
我收到了来自当地人/其他旅游者的关心	○	○	○	○	○	○	○
我收到了来自当地人/其他旅游者的鼓励	○	○	○	○	○	○	○
我与当地人/其他旅游者进行了交流	○	○	○	○	○	○	○
我与当地人/其他旅游者进行了游戏	○	○	○	○	○	○	○
我通过互联网与他人进行了互动	○	○	○	○	○	○	○
使我结交了新朋友	○	○	○	○	○	○	○
使我与同伴度过一段美好时光	○	○	○	○	○	○	○
使我与家人、朋友的关系更密切	○	○	○	○	○	○	○

13. 关于自我成就，您认为玉龙雪山之旅_____？　【量表题】
1（非常不赞同）~7（非常赞同）

	1	2	3	4	5	6	7
使我变得更加独立	○	○	○	○	○	○	○
使我感受到别人对我的依赖	○	○	○	○	○	○	○
使我感觉达成所愿	○	○	○	○	○	○	○
使我感觉幸福满足	○	○	○	○	○	○	○

	1	2	3	4	5	6	7
使我感觉获得洗礼	○	○	○	○	○	○	○
使我寻找到生命的意义	○	○	○	○	○	○	○
使我重新认识了自己	○	○	○	○	○	○	○
使我完成了自我突破	○	○	○	○	○	○	○

第三部分　人口统计学信息

14. 您的性别：_____　　【单选题】

○ 男　　　　　　　○ 女

15. 您的年龄段：_____　　【单选题】

○ 18 岁以下　　○ 18~25 岁　　○ 26~30 岁　　○ 31~40 岁

○ 41~50 岁　　○ 51~60 岁　　○ 60 岁以上

16. 您的受教育程度：_____　　【单选题】

○ 初中或以下　　○ 高中或中专　　○ 大专

○ 本科　　　　　○ 硕士研究生　　○ 博士研究生

17. 您的平均月收入：_____　　【单选题】

○ 2500 元以下　　○ 2500~5000 元　　○ 5001~10000 元

○ 10001~20000 元　　○ 20000 元以上

18. 您的年出游频率：_____　　【单选题】

○ 1 次　　　　　○ 2~3 次　　　　○ 4~5 次　　　　○ 5 次以上

19. 您本次旅行的出游方式：_____　　【单选题】

○ 自助游　　　　○ 跟团游　　　　○ 自驾游　　　　○ 其他____

20. 您本次旅行的同行者：_____　　【单选题】

○ 独自出行　　　○ 未婚情侣　　　○ 已婚夫妇

○ 家庭旅行　　　○ 好友结伴　　　○ 其他____

再次感谢您真诚的合作与支持！

附录 C 云南苍山旅游非功用性 体验价值调查问卷

问卷编号	

亲爱的朋友您好：

"风花雪月古城开，洱海苍山次第排。"本问卷拟对云南苍山旅游非功用性体验价值进行分析。若您认为苍山之行是一次令人印象深刻的旅程，希望您抽出宝贵的时间对以下问题作答。此次问卷全部遵循匿名的原则，回答并无对错之分，最终结果只用于学术研究。感谢您真诚的合作与支持！

第一部分 山地旅游非功用性体验价值投入

1. 关于精神动机，您认为前往苍山_____？ 【量表题】

1（非常不赞同）~7（非常赞同）

	1	2	3	4	5	6	7
能让我亲近自然	○	○	○	○	○	○	○
能让我追寻古人踪迹	○	○	○	○	○	○	○
能让我体会新奇刺激	○	○	○	○	○	○	○
能让我逃离生活压力	○	○	○	○	○	○	○
能让我获得他人的赞许	○	○	○	○	○	○	○
能让我挑战自己	○	○	○	○	○	○	○

2. 关于身体感知，您在苍山旅途中_____？ 【量表题】

1（非常不赞同）~7（非常赞同）

	1	2	3	4	5	6	7
我感觉身体痛苦	○	○	○	○	○	○	○
我一度感觉筋疲力尽	○	○	○	○	○	○	○
我一度感觉意识模糊	○	○	○	○	○	○	○

3. 关于风险感知，您在苍山旅途中_____？　　【量表题】
1（非常不赞同）~7（非常赞同）

	1	2	3	4	5	6	7
我担心高原反应	○	○	○	○	○	○	○
我担心身体受伤	○	○	○	○	○	○	○
我担心自己无法坚持	○	○	○	○	○	○	○
我会考虑安全第一	○	○	○	○	○	○	○
我会考虑量力而行	○	○	○	○	○	○	○

4. 关于差异感知，您在苍山旅途中_____？　　【量表题】
1（非常不赞同）~7（非常赞同）

	1	2	3	4	5	6	7
环境状况与我想象的不同	○	○	○	○	○	○	○
周边居民（如热情程度、生活状态等）与我想象的不同	○	○	○	○	○	○	○
登顶难度与我想象的不同	○	○	○	○	○	○	○
饮食体验与我想象的不同	○	○	○	○	○	○	○
目的地与我想象中的差异令我身体不适	○	○	○	○	○	○	○
目的地与我想象中的差异令我内心紧张	○	○	○	○	○	○	○
目的地与我想象中的差异令我想要放弃旅程	○	○	○	○	○	○	○
目的地与我想象中的差异令我重新调整目标和状态	○	○	○	○	○	○	○

5. 关于仪式感知，您在苍山旅途中_____？　　【量表题】
1（非常不赞同）~7（非常赞同）

	1	2	3	4	5	6	7
我觉得攀登行为很有神圣感	○	○	○	○	○	○	○
我觉得环境氛围很有神圣感	○	○	○	○	○	○	○
我积极进行了祈祷、膜拜活动	○	○	○	○	○	○	○
目的地的民俗/宗教活动令我想要拍照留念	○	○	○	○	○	○	○
目的地的民俗/宗教活动引发了我的共鸣	○	○	○	○	○	○	○

6. 关于思绪变化，您在苍山旅途中_____？　　【量表题】

1（非常不赞同）~7（非常赞同）

	1	2	3	4	5	6	7
我想起了过往的生活经历	○	○	○	○	○	○	○
我想起了过往的旅游经历	○	○	○	○	○	○	○
我对旅行有了深刻感悟	○	○	○	○	○	○	○
我对人生有了深刻感悟	○	○	○	○	○	○	○
我对自我/社会进行了反思	○	○	○	○	○	○	○
我感动于他人（如修建工人、执勤人员）的辛苦付出	○	○	○	○	○	○	○
我能够对他者（如徒步朝圣者、居民）的不易感同身受	○	○	○	○	○	○	○

第二部分　山地旅游非功用性体验价值收益

7. 关于审美价值，您认为苍山之旅_____？　　【量表题】

1（非常不赞同）~7（非常赞同）

	1	2	3	4	5	6	7
有美丽的自然风光	○	○	○	○	○	○	○
有美丽的小镇/乡村	○	○	○	○	○	○	○
我感觉美景令我忘记了身体疲惫	○	○	○	○	○	○	○
我感觉美景令我忘记了生活烦恼	○	○	○	○	○	○	○
我感受到了山地景观的美妙神奇	○	○	○	○	○	○	○
我感受到了自然力量的伟大	○	○	○	○	○	○	○
我感受到了人类力量的渺小	○	○	○	○	○	○	○

8. 关于情感体验，您认为苍山之旅_____？ 【量表题】

1（非常不赞同）~7（非常赞同）

	1	2	3	4	5	6	7
令我失望	○	○	○	○	○	○	○
令我遗憾	○	○	○	○	○	○	○
令我既痛苦又享受	○	○	○	○	○	○	○
令我既讨厌又喜欢	○	○	○	○	○	○	○

9. 关于时空环境，您认为苍山之旅_____？ 【量表题】

1（非常不赞同）~7（非常赞同）

	1	2	3	4	5	6	7
我感觉穿越到了另一个季节	○	○	○	○	○	○	○
我感觉穿越到了另一个世界	○	○	○	○	○	○	○
我感觉脑海中浮现出许多画面	○	○	○	○	○	○	○
我感到有些场景似曾相识	○	○	○	○	○	○	○
我感到时间流逝变慢	○	○	○	○	○	○	○
我尝试了独特的时空体验	○	○	○	○	○	○	○
我尝试了全新的时空体验	○	○	○	○	○	○	○

10. 关于山地符号，您认为苍山之旅_____？ 【量表题】

1（非常不赞同）~7（非常赞同）

	1	2	3	4	5	6	7
我体会了丰富的象征寓意	○	○	○	○	○	○	○
我体会了鲜明的民族文化	○	○	○	○	○	○	○
我体会了浓厚的民俗/宗教氛围	○	○	○	○	○	○	○
我体会了精致的艺术价值	○	○	○	○	○	○	○
我体会了诗词文学的意境	○	○	○	○	○	○	○
我燃起了诗词创作的热情	○	○	○	○	○	○	○

续表

	1	2	3	4	5	6	7
我得到了获取知识的机会	○	○	○	○	○	○	○
我增强了持续钻研的动力	○	○	○	○	○	○	○
我理解了目的地的名气	○	○	○	○	○	○	○
我觉得目的地名气与实际相符	○	○	○	○	○	○	○

11. 关于家与国，您认为苍山之旅_____？ 【量表题】
1（非常不赞同）~7（非常赞同）

	1	2	3	4	5	6	7
我希望家人能经常陪在身边	○	○	○	○	○	○	○
我希望与家人分享旅行经历	○	○	○	○	○	○	○
我获得了更多关于民族的知识	○	○	○	○	○	○	○
我理解了国家对于自己的意义	○	○	○	○	○	○	○
我心生了对历史的感慨	○	○	○	○	○	○	○
我心生了对国家的自豪	○	○	○	○	○	○	○

12. 关于人际价值，您认为苍山之旅_____？ 【量表题】
1（非常不赞同）~7（非常赞同）

	1	2	3	4	5	6	7
我收到了来自当地人/其他旅游者的关心	○	○	○	○	○	○	○
我收到了来自当地人/其他旅游者的鼓励	○	○	○	○	○	○	○
我与当地人/其他旅游者进行了交流	○	○	○	○	○	○	○
我与当地人/其他旅游者进行了游戏	○	○	○	○	○	○	○
我通过互联网与他人进行了互动	○	○	○	○	○	○	○
使我结交了新朋友	○	○	○	○	○	○	○
使我与同伴度过一段美好时光	○	○	○	○	○	○	○
使我与家人、朋友的关系更密切	○	○	○	○	○	○	○

13. 关于自我成就, 您认为苍山之旅_____?　　【量表题】

1 (非常不赞同) ~7 (非常赞同)

	1	2	3	4	5	6	7
使我变得更加独立	○	○	○	○	○	○	○
使我感受到别人对我的依赖	○	○	○	○	○	○	○
使我感觉达成所愿	○	○	○	○	○	○	○
使我感觉幸福满足	○	○	○	○	○	○	○
使我感觉获得洗礼	○	○	○	○	○	○	○
使我寻找到生命的意义	○	○	○	○	○	○	○
使我重新认识了自己	○	○	○	○	○	○	○
使我完成了自我突破	○	○	○	○	○	○	○

第三部分　人口统计学信息

14. 您的性别: _____　　【单选题】

○ 男　　　　　　　○ 女

15. 您的年龄段: _____　　【单选题】

○ 18 岁以下　　○ 18~25 岁　　○ 26~30 岁　　○ 31~40 岁

○ 41~50 岁　　○ 51~60 岁　　○ 60 岁以上

16. 您的受教育程度: _____　　【单选题】

○ 初中或以下　　○ 高中或中专　　○ 大专

○ 本科　　　　　　○ 硕士研究生　　○ 博士研究生

17. 您的平均月收入: _____　　【单选题】

○ 2500 元以下　　○ 2500~5000 元　　○ 5001~10000 元

○ 10001~20000 元　　○ 20000 元以上

18. 您的年出游频率: _____　　【单选题】

○ 1 次　　　　　○ 2~3 次　　　　○ 4~5 次　　　　○ 5 次以上

19. 您本次旅行的出游方式: _____　　【单选题】

○ 自助游　　　　○ 跟团游　　　　○ 自驾游　　　　○ 其他____

20. 您本次旅行的同行者：＿＿＿＿＿＿＿　【单选题】
○ 独自出行　　　○ 未婚情侣　　　○ 已婚夫妇
○ 家庭旅行　　　○ 好友结伴　　　○ 其他＿＿＿

再次感谢您真诚的合作与支持！

图书在版编目（CIP）数据

山地旅游非功用性体验价值研究 / 明庆忠，史鹏飞
著 . -- 北京：社会科学文献出版社，2023.1（2023.9 重印）
（云南省哲学社会科学创新团队成果文库）
ISBN 978 - 7 - 5228 - 0363 - 0

Ⅰ . ①山… Ⅱ . ①明… ②史… Ⅲ . ①山地 - 旅游业
发展 - 研究 Ⅳ . ①F590.75

中国版本图书馆 CIP 数据核字（2022）第 115263 号

云南省哲学社会科学创新团队成果文库
山地旅游非功用性体验价值研究

著　　者 / 明庆忠　史鹏飞

出 版 人 / 冀祥德
组稿编辑 / 宋月华
责任编辑 / 袁卫华
文稿编辑 / 汝硕硕
责任印制 / 王京美

出　　版 / 社会科学文献出版社
　　　　　　地址：北京市北三环中路甲 29 号院华龙大厦　邮编：100029
　　　　　　网址：www. ssap. com. cn
发　　行 / 社会科学文献出版社（010）59367028
印　　装 / 北京虎彩文化传播有限公司

规　　格 / 开　本：787mm × 1092mm　1/16
　　　　　　印　张：14.75　字　数：231 千字
版　　次 / 2023 年 1 月第 1 版　2023 年 9 月第 2 次印刷
书　　号 / ISBN 978 - 7 - 5228 - 0363 - 0
定　　价 / 138.00 元

读者服务电话：4008918866